STUDIES IN CHRISTIAN MISSION

GENERAL EDITOR
Marc R. Spindler, University of Leiden

EDITORIAL BOARD
Pieter N. Holtrop, Kampen
Jean Pirotte, University of Louvain-la-Neuve

VOLUME 7

ÉGLISES ET SANTÉ
DANS LE TIERS MONDE

CHURCHES AND HEALTH CARE
IN THE THIRD WORLD

STUDIES IN CHRISTIAN MISSION

VOLUME 5

ÉGLISES ET SANTÉ
DANS LE TIERS MONDE

HIER ET AUJOURD'HUI

CHURCHES AND HEALTH CARE
IN THE THIRD WORLD

PAST AND PRESENT

SOUS LA DIRECTION DE

JEAN PIROTTE ET HENRI DERROITTE

E.J. BRILL

LEIDEN • NEW YORK • KØBENHAVN • KÖLN

1991

This series offer a forum for scholarship on the history of Christian missionary movements world-wide, the dynamics of Christian witness and service in new surrounds, the transition from movements to churches, and the areas of cultural initiative or involvement of Christian bodies and individuals, such as education, health, community development, press, literature and art. Special attention is given to local initiative and leadership and to Christian missions from the Third World. Studies in the theories and paradigms of mission in their respective contexts and contributions to missiology as a theological discipline is a second focus of the series. Occasionally volumes will contain selected papers from outstanding missiologists and proceedings of significant conferences related to the themes of the series.

Enquiries regarding the submission of works for publication in the series may be directed to Professor Marc R. Spindler, IIMO, University of Leiden, Rapenburg 61, 2311 GJ Leiden, The Netherlands.

The paper in this book meets the guidelines for permanence and durability of the Committee on Production Guidelines for Book Longevity of the Council on Library Resources.

Library of Congress Cataloging-in-Publication Data

Eglises et santé dans le Tiers Monde : hier et aujourd'hui = Churches
  and health care in the Third World : past and present / sous la
direction de Jean Pirotte et Henri Derroitte.
      p.   cm. — (Studies in Christian mission, ISSN 0924-9389 ; v.
5)
   French and English.
   ISBN 9004094709
   1. Missionaries, Medical.   I. Pirotte, Jean.   II. Derroitte,
Henri.   III. Series.
R722.E37   1991
610.69'5'091724—dc20
                                         91-25874
                                           CIP

ISSN   0924-9389
ISBN   90 04 09470 9

PRINTED IN THE NETHERLANDS

Cet ouvrage est publié avec l' aide du CODI
(Centre pour le développement intégré, Université de Louvain, Louvain-la-Neuve)

TABLE DES MATIÈRES
CONTENTS

LE CENTRE VINCENT LEBBE

Cet ouvrage est une réalisation du Centre Vincent Lebbe de l'Université Catholique de Louvain. Dans le cadre de la Faculté de théologie de l'Université, ce centre porte un intérêt scientifique à tous les problèmes de l'inculturation du christianisme dans le monde, hier et aujourd'hui. Il se compose de huit membres, dont une majorité enseigne à l'Université : Édouard Brion, Maurice Cheza, Henri Derroitte, Jean Pirotte, Maurice Simon, Claude Soetens, Marie-Alice Tihon et Joseph Antony Zziwa. Adresse : 45 Grand-Place, 1348 Louvain-la-Neuve.

ONT COLLABORÉ À CE VOLUME...

MAURICE CHEZA. Prêtre du diocèse de Namur, maître de conférences à la Faculté de théologie de Louvain-la-Neuve, ancien professeur aux grands séminaires de Lubumbashi (Zaïre) et de Namur et au séminaire Cardijn de Jumet, il est engagé dans diverses activités théologiques et pastorales en lien avec les Églises du Tiers Monde. Il a défendu en 1963 une thèse de doctorat en théologie sur *Le chanoine Joly (1847-1909) et la méthodologie missionnaire*. Il est membre du Centre Vincent Lebbe.

HENRI DERROITTE. Licencié en sciences religieuses, assistant à la Faculté de théologie de Louvain-la-Neuve, il prépare un doctorat sur les revues théologiques africaines entre 1969 et 1988. Il est membre du Centre Vincent Lebbe.

ÉLISABETH DUFOURCQ. Ingénieur de recherches à l'Institut national de la santé et de la recherche médicale (Paris), diplômée de Sciences politiques (Paris), elle termine une thèse de sciences politiques sur l'implantation hors d'Europe des congrégations féminines d'origine française.

CHRISTOFFER GRUNDMANN. Pasteur, il travaille au Département théologique de l'Institut allemand de la mission tropicale à Tübingen. Il est modérateur du projet « Healing » (Association internationale d'études missionnaires).

FRANÇOIS HOUTART. Docteur en sociologie, il est professeur à l'Université de Louvain (Louvain-la-Neuve). Il a publié de nombreux ouvrages dans le domaine de la sociologie de la religion et dirige la revue *Social Compass*.

FRANÇOIS KABASELE. Professeur aux Facultés catholiques de Kinshasa, il enseigne également à l'Institut *Lumen Vitae* à Bruxelles. Il est prêtre du diocèse de Mbuji-Mayi (Zaïre) et docteur en théologie et en sciences religieuses (Paris).

JEAN PALSTERMAN. Prêtre du diocèse de Malines-Bruxelles, il est professeur de théologie morale à la Faculté de théologie de Louvain-la-Neuve.

P.B.G. PEERENBOOM. Docteur en médecine, il a participé pendant neuf années au Cameroun à l'œuvre médicale de l'Église évangélique. Il a présenté aux Pays-Bas une thèse sur l'évolution technique d'un programme de vaccination dans l'Église Évangélique du Cameroun.

JEAN PIROTTE. Docteur-agrégé en histoire, il est maître de recherches au Fonds national de la recherche scientifique et enseigne à l'Université de Louvain (Louvain-la-Neuve). Il a publié plusieurs travaux sur l'histoire des mentalités religieuses aux 19e et 20e siècles (histoire des missions, iconographique religieuse). Il est membre du Centre Vincent Lebbe.

WERNER PROMPER. Prêtre du diocèse de Liège, il est docteur en missiologie et a enseigné à l'Institut de missiologie de Münster (Westphalie) de 1964 à 1984. Auparavant, de 1955 à 1961, il avait été secrétaire du Collège pour l'Amérique latine à Louvain. Il prépare la publication d'une biographie de Lambert Conrardy.

FRANÇOISE RAISON-JOURDE. Après avoir enseigné à Madagascar de 1965 à 1974, elle est maintenant maître de conférences en histoire à l'Université de Paris VII. Elle a présenté une thèse sur l'histoire de Madagascar : *Construction nationale, identité chrétienne et modernité. Le premier XIXe siècle malgache (1780-1880).*

FRANÇOIS RENAULT. Missionnaire d'Afrique (Père Blanc), docteur es lettres, ancien professeur à l'Université d'Abidjan, il est l'auteur de plusieurs travaux sur la traite des esclaves en Afrique. Il prépare actuellement une biographie du cardinal Lavigerie pour le centenaire de sa mort en 1992.

MICHAËL SINGLETON. Docteur en philosophie et en anthropologie sociale, il a travaillé longtemps en Afrique, surtout en Tanzanie et au Sénégal. Il enseigne aux Facultés Notre-Dame de la Paix à Namur et au CIDEP à Louvain-la-Neuve (Centre international de formation et de recherche en population et développement en association avec les Nations Unies).

ÉTIENNE THÉVENIN. Professeur agrégé d'histoire, titulaire d'un DEA d'histoire contemporaine, il enseigne à l'Université de Nancy II et prépare une thèse sur Raoul Follereau et les associations qui, dans le monde, portent son nom.

GERRIE TER HAAR. Ayant étudié l'histoire des religions à l'Université d'Amsterdam, elle est attachée à l'Université d'État à Utrecht. Elle prépare une thèse de doctorat à l'Institut d'anthropologie culturelle de l'Université Libre d'Amsterdam sur le ministère de guérison de Mgr Milingo, ancien archevêque de Lusaka (Zambie).

INTRODUCTION

Églises et santé. La question a derrière elle les siècles de rapports, étroits bien qu'ambigus, que religions et santé ont entretenus et entretiennent encore. Le christianisme, dès sa fondation par un Jésus de Nazareth soulageant les infortunes et cherchant à en libérer ses contemporains, a pris en compte le mal physique. Religion de l'incarnation au plus profond des réalités humaines, le christianisme veut être présent aux moments cruciaux de l'existence, dans la souffrance et à l'heure de la mort. Il est vrai d'autre part que, pour résoudre les problèmes de la maladie, la spécificité du domaine médical s'est clarifiée au cours des temps et s'est imposée dans le monde moderne. Il reste néanmoins que la foi est partie prenante dans le problème de la recherche du sens qui surgit inévitablement face à la souffrance et à la mort, tout comme elle doit l'être dans toute tentative de mettre l'homme debout. Et, par ailleurs, il est tout aussi incontestable que, dans les faits, les Églises ont compté et comptent encore, notamment dans les pays pauvres, parmi les principaux agents du soulagement des misères.

En 1989, les médias ont largement attiré l'attention sur le centenaire de la mort du P. Damien De Veuster, apôtre des lépreux, qui mourut à Molokaï dans le Pacifique, lui-même atteint de la lèpre.[1] On ignore plus généralement que cette année est aussi le 75e anniversaire de la mort du prêtre liégeois Lambert Conrardy, qui après avoir fermé les yeux au P. Damien en 1889 continua son œuvre pendant sept ans ; poussé par la nécessité d'acquérir une meilleure formation médicale, il acquit son diplôme de médecine, puis retourna vers les lépreux en fondant une grande léproserie à Shek-Lung, île de Chine entre Hong-Kong et Canton ; c'est dans cette île qu'il mourut en 1914.

Commémorer serait vain si l'évocation des disparus, aussi remarquables soient-ils, ne nous amenait à nous interroger en profondeur sur la portée de leurs actions dans le contexte de leur époque et sur le lien éventuel à établir avec les problèmes d'aujourd'hui. Telle est la signification de la rencontre pluridisciplinaire et œcuménique des 19, 20 et 21 octobre 1989 à Louvain-la-Neuve, rencontre dont le Centre Vincent Lebbe de l'Université de Louvain prit l'initiative à l'occasion de l'anniversaire des décès du P. Damien et de Lambert Conrardy.[2] Prenant appui sur les événements commémorés, il s'agissait d'amorcer une réflexion sur le rôle des

---

[1] Voir notamment le colloque organisé les 9 et 10 mars 1989 à Leuven par le KADOC et la *Katholieke Universiteit te Leuven* sur le Père Damien. Les actes en ont été publiés : *Rond Damiaan*, sous la dir. de R. BOUDENS, Leuven, 1989.

[2] Un premier écho de ce colloque a déjà été donné dans la revue *Vivant Univers*, n° 388, juillet-août 1990 : *La santé en Afrique*.

Églises chrétiennes dans le domaine de la santé, hier dans les pays de mission, aujourd'hui dans ces mêmes régions où s'élabore et se mûrit une véritable inculturation du christianisme.

Théologiens, historiens, sociologues, mais aussi médecins et responsables d'organisations sanitaires, eurent ainsi l'occasion, pendant trois jours, de réfléchir aux enjeux de ces questions, d'une façon générale, et plus particulièrement dans les pays d'Afrique. Comment évaluer les résultats et lacunes de l'action sanitaire des missions dans le passé ? Les communautés chrétiennes actuelles doivent-elles porter le poids d'institutions mises en place hier ? Quels rapports les Églises doivent-elles entretenir avec les organisations médicales officielles ? Convient-il de promouvoir des pratiques traditionnelles de guérison dans lesquelles les pharmacopées locales apparaissent imprégnées d'éléments cosmologiques ? Comment les Églises se situent-elles dans la dialectique « foi-guérison » développée actuellement par certains groupes religieux ? Plus profondément, comment poser les jalons d'une théologie de la santé et de la guérison ? Réunies dans le présent ouvrage, qui respecte la diversité des opinions émises, les principales interventions au cours de ces journées s'organisent en un diptyque : l'hier et l'aujourd'hui. Cet ensemble est précédé d'un chapitre liminaire sur les enjeux et les stratégies de l'action médicale dans les missions depuis un siècle (Jean Pirotte). Chacun des deux grands tableaux du diptyque se clôt par un ensemble de remarques de synthèse et de suggestions ouvrant des pistes à explorer (réflexions de Maurice Cheza, Henri Derroitte, François Kabasele, Jean Palsterman et P.B.G. Peerenboom).

L'hier, se coulant dans le moule de l'action missionnaire, c'est d'abord la pratique des religieuses, femmes occupant depuis plusieurs siècles la première place dans le travail sanitaire (article d'Élisabeth Dufourcq) ; c'est aussi l'intuition des fondateurs de congrégations et instituts, comme Lavigerie, ne dissociant pas l'approche chrétienne des populations et le soulagement de leurs souffrances (article de François Renault) ; à des niveaux différents de présence et de responsabilité, c'est encore l'action d'hommes comme Lambert Conrardy auprès des lépreux (article de Werner Promper) ou comme le docteur Aujoulat, travaillant tant en Afrique qu'à l'intérieur des gouvernements et d'associations internationales (article d'Étienne Thévenin). Sur le terrain même, l'immensité des enjeux, mais aussi toute l'ambiguïté des actions entreprises, se révèlent dans la confrontation des points de vue, ceux de l'étranger et ceux de l'autochtone ; cette problématique apparaît lorsque, par exemple, on retrace l'évolution de l'œuvre médicale de l'Église évangélique au Cameroun (article de P.B.G. Peerenboom) ou lorsqu'on décrit les interrogations des Malgaches devant l'action des missionnaires lors des grandes épidémies (article de Françoise Raison-Jourde).

Si le passé se prête aux bilans et aux évaluations, le présent est davantage travaillé par des questionnements : ceux des sociologues, des théologiens et, de façon plus concrète et pressante encore, ceux des praticiens et des populations elles-mêmes. Sur place, l'urgence des besoins transparaît dans l'énumération des tâches assumées par les sœurs missionnaires de Notre-Dame d'Afrique : soins aux femmes et aux enfants, accompagnement des handicapés, éducation à l'hygiène et à la prise en charge personnelle, formation d'infirmières et d'animatrices, utilisation des médecines locales, etc... (article d'Henri Derroitte). On le pressent, pour des problèmes aussi fondamentaux, les interrogations des sociologues sont multiples ; elles portent à la fois sur les aspects culturels impliqués dans l'action sanitaire et sur les logiques institutionnelles des Églises face aux problèmes de santé (article de François Houtart). Plus fondamentalement, il s'agit de voir ce que peuvent offrir les Églises pour répondre aux demandes des populations, non seulement en matière de santé physique, mais aussi pour promouvoir un salut plus global de la personne vivant dans une communauté humaine (article de Michaël Singleton).[3] Ici, les théologiens sont interpellés, tout comme ils le sont lorsqu'on traite des guérisons par la foi ou grâce aux charismes, comme c'est le cas dans la pratique de l'archevêque Milingo en Zambie (article de Gerrie Ter Haar). Une théologie de la guérison et de la santé devra s'élaborer à l'avenir ; les tentatives de réflexion entreprises dans les Églises protestantes témoignent des efforts accomplis dans ce sens (article de Christoffer Grundmann). Mais la complexité des enjeux, l'urgence des besoins sur le terrain et l'option évangélique en faveur des pauvres, de même que l'interférence permanente des problèmes économiques, scientifiques et techniques avec les diverses visions de l'homme et de l'univers, rendent la tâche délicate. Le défi reste pour demain.

Outre les différents auteurs, le Centre Vincent Lebbe remercie les personnes et institutions qui ont contribué à la publication de cet ouvrage, notamment le CODI, Centre pour le développement intégré (Université de Louvain à Louvain-la-Neuve), il remercie par ailleurs ceux qui ont aidé à la mise en forme des textes : Yvonne Pirotte-Arnould, Marie-Jeanne Vervack et Joseph-Antony Zziwa.

Jean PIROTTE

---

[3] Le texte de l'exposé à visée plus anthropologique de MBONYINKEBE Sebahire, *Quêtes de guérison et de salut en Afrique contemporaine : continuités et ruptures,* n'est malheureusement pas parvenu aux éditeurs.

INTRODUCTION

Health and the Churches : the issue has a long history behind it. Relations between various religions and matters of health have been close and at times even ambiguous. From its foundation by a Jesus of Nazareth who brought relief to the afflicted and liberation to his fellows, Christianity has sought, amongst other things, to cope with the reality of physical evil. Intent on incarnating itself at the deepest levels of human existence, Christianity has sought to be at hand during the crucial moments of human life, in moments of suffering and at the hour of death. Over the centuries, a more specifically medical approach to ill-health has emerged and established itself. None the less, faith continues to share in the search for the meanings to be given to disease and death as well as in the efforts to get the suffering back on their feet when possible. Moreover, it cannot be denied that the Churches have played and continue to play (especially in less favoured nations) an important role in the alleviating of human misery.

In 1989, mass media drew the world's attention to the centenary of the death of Father Damian De Veuster, known as the apostle of lepers, who died at Molokai in the Pacific Ocean, after he too contracted leprosy.[1] Nor should it be forgotten that during the same year the 75th anniversary occured of the death of Lambert Conrardy, a priest from Liege (Belgium) who, having attended to Father Damian at his death bed in 1889, continued for seven years to care for the lepers. Urged on by the necessity to have a better formation, Lambert Conrardy studied medicine and became a medical doctor. He returned to the lepers and built a big leprosarium on the island of Shek-Lung (China), between Hong-Kong and Canton. He died in the same place in 1914.

It would be meaningless to commemorate great men if such a commemoration did not lead us to reflect and question ourselves on the effects of the courage, the sense of duty and responsibility those great men displayed within the context of their own times and eventually to make a link with similar problems of today. Such is the significance of the interdisciplinary and ecumenical colloquium which was organised by the Centre Vincent Lebbe of the Catholic University of Louvain, and held at Louvain-la-Neuve from the 19th to the 21st October 1989 to mark the anniversary of the death of Father Damian De Veuster and Father

---

[1] See, in particular, the colloquium of 9th and 10th March 1989, organised by KADOK and Katholieke Universiteit te Leuven, on Father Damian. The acts of that colloquium have been published as *Rond Damiaan* under the direction of R. BOUDENS, Leuven, 1989.

Lambert Conrardy.[2] In taking advantage of the celebration of those events, it was deemed worthwhile to reflect on the role of the Christian Churches in the field of medical services, yesterday in the mission countries, today in the same countries where a true inculturation of Christianity has been elaborated and has come of age.

During those three days, theologians, historians, sociologists as well as medical doctors and other specialists of interested health organisations had the occasion to reflect on the challenges posed by these questions in general and in particular to countries in Africa. How can the successes and failures of the past medical activity of the missions be evaluated ? Do the various Christian communities of today have to continue to bear the burdens of the institutions established in the past ? What kind of relations must the Churches have with today's official medical organisations ? Is it worthwhile to promote the traditional practice of healing in which locally obtained medicines are infused with cosmological elements ? How do the Churches situate themselves in the « faith-healing » dialectic as developped today by some religious groups ? How should the ground be prepared for a theology of health and healing ? Collected in the present work, which respects the various opinions expressed, are the principal interventions during that colloquium. They are organised as a diptych : yesterday and today. The whole work is preceded by a leading chapter which recapitulates the challenges and strategies of medical activity in the mission countries for over a century (Jean Pirotte). Each of the two parts of the diptych closes with a synthesis of remarks and suggestions aimed to open up new areas to be explored (Maurice Cheza, Henri Derroitte, François Kabasele, Jean Palsterman and P.B.G. Peerenboom).

Looking at yesteryears' general missionary activity in the mission countries in the field of health service, women occupy the first place for many centuries in the fight against disease (the paper of Élisabeth Dufourcq). The past is also the intuition of the founders of the various religious congregations and institutions, such Cardinal Lavigerie, who did not dissociate the approach of evangelisation of the local populations from the effort to bring relief to their suffering (the paper of François Renault). On the level of personal presence and responsibility is the activity of men like Lambert Conrardy living among lepers (the paper of Werner Promper) or Dr. Aujoulat, working in Africa with the governments and international associations (the paper of Étienne Thévenin). In the field, the enormity of the challenges as well as the ambiguity of courses of action undertaken become manifest in the confrontation of points of view, especially in those of the expatriates and the natives. Such a problem arises when, for example, one tries to trace the evolution of medical work in the Evangelical Church in Cameroon (the paper of P.B.G. Peerenboom) or when one looks at the attitude and behaviour of Madagascans towards missionary activity during great epidemics (the paper of Françoise Raison-Jourde).

---

[2] About that colloquium, see the review *Vivant Univers*, July-August 1990 (388) : *La santé en Afrique.*

If the past readily lends itself to scrutiny and evaluation, the present is even more subjected to serious questioning : the questions of sociologists, theologians, and in a more concrete pressing manner those of the people working in the field and of the local populations. The urgency of needs appears clearly in the number of responsibilities that the Sisters of Our Lady of Africa had to fulfil, such as : care of women and children, the handicapped, education in hygiene and public health, formation of nurses and animators, and the use of local medicines (the paper of Henri Derroitte). Sociologists have many questions to ask concerning the cultural aspects implied in medical care and the strategies of the ecclesiastical establishment towards the problems of health care (the paper of François Houtart). A much more fundamental question has to do with what the Churches can offer to satisfy the demands of the local populations not only in material physical needs but also to promote the global salvation of the person in a human community (the paper of Michael Singleton).[3] Here the theologians are challenged when they are confronted with the question of healing by faith or grace carried out by means of charisms, such as the practice of Archbishop Milingo in Zambia (the paper of Gerrie Ter Haar). A theology of healing and health service would need to be elaborated in the future. The attempts made in the Protestant Churches to reflect on such issues witness to the efforts made in this direction (the paper of Christoffer Grundmann). But the complexity of the challenges, the urgency of the needs in the field as well as the evangelical option for the poor, on the one hand, and the continual interference of economic, scientific and technical problems coupled with the diverse visions of man and the universe, on the other hand, make the whole enterprise a very delicate task. The challenges remain for tomorrow.

In addition to the various authors of the papers, the Centre Vincent Lebbe would like to thank the people and the institutions which contributed to the publication of this work, namely the CODI (Centre for integrated development, University of Louvain, Louvain-la-Neuve). The Centre Vincent Lebbe thanks also those who helped to put the proceedings in publishable form : Yvonne Pirotte-Arnould, Marie-Jeanne Vervack and Joseph-Antony Zziwa.

Jean PIROTTE

---

[3] Unfortunately, the text with a more anthropological outlook of MBONYINKEBE Sebahire, *Quêtes de guérison et de salut en Afrique contemporaine : continuités et ruptures,* did not reach the editors.

Photo 1. Visite au "nganga". Le malade n'est pas seulement atteint dans un de ses organes, mais dans tout son être et dans sa relation au groupe. Le guérisseur traditionnel cherche à aider le malade à se réintégrer au groupe, à retrouver son identité sociale. Photo Vivant Univers.

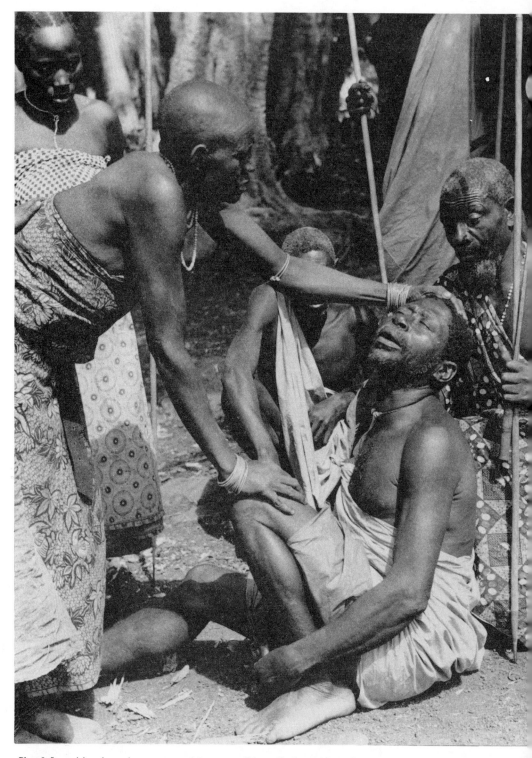

Photo 2. Imposition des mains par une guérisseuse traditionnelle. La santé est plus que l'absence de maladie. C'est un ét[...] de complet bien-être, physique, mental et social. Le ''nganga'' est donc plus qu'un simple guérisseur: les services qu'[...] veut rendre sont à la fois, indistinctement, ceux du médecin, du vétérinaire, du psychologue, de l'assistant social et d[...] conseiller conjugal. Photo Vivant Univers.

Photo 3. Guérison par la foi. Une femme appartenant à une Eglise chrétienne indépendante africaine impose les mains pour obtenir une guérison. Lagos, Nigéria. Photo Vivant Univers.

Photo 4. Dispensaire de Gitwenge, au Burundi. A côté des indispensables hôpitaux des villes, les dispensaires ruraux jouent un grand rôle. La médecine scientifique ne sera-t-elle pas appelée à redéfinir ses priorités: une médecine plus préventive que curative, plus collective qu'individuelle, plus axée sur les ruraux que sur les citadins? Photo Vivant Univers.

JEAN PIROTTE

CHAPITRE LIMINAIRE

MISSION ET SANTÉ DU 19e SIÈCLE À NOS JOURS
ENJEUX ET STRATÉGIES

Définir les enjeux et préciser les stratégies des missions chrétiennes dans les questions médicales depuis plus d'un siècle pourrait apparaître comme une gageure, voire comme un exercice inutile. Une hypothétique « pesée » des idéaux et des méthodes supposerait que l'on puisse sonder les cœurs et départager, dans les intuitions des fondateurs d'instituts et dans l'action de chaque missionnaire, ce qui relève du précepte évangélique de l'amour du prochain et ce qui est de l'ordre du calcul ou de la tactique d'approche des populations. Envisagé sous cet angle, le propos serait vain ; on n'aboutirait sans doute qu'à des jugements subjectifs et anachroniques, portés en fonction des valeurs et des combats de notre fin du 20e siècle.

Pourtant, si l'on prend garde de ne pas se laisser enfermer dans de tels jugements, ce problème présente un immense intérêt. L'implication actuelle des Églises dans le domaine de la santé en de nombreux pays, notamment les plus pauvres, ne peut être ignorée. L'ampleur du phénomène, dans le passé et le présent, nous invite à nous interroger sur les fondements et les justifications de tels engagements, sur leur concordance avec les idéaux des Églises, sur la genèse de ces activités, sur la diversité de leurs formes au cours des temps et, enfin, sur les modalités de l'action sanitaire aujourd'hui et sa signification dans le monde moderne.

Apporter des réponses à ces interrogations multiples n'est évidemment pas l'objectif de ces quelques pages ; leur ambition se limite à poser des questions avec un maximum de sérénité et de recul historique. À la jonction des problématiques de l'anthropologie, de la théologie, de l'histoire de la médecine et de l'histoire des Églises, ce chapitre liminaire tente en quelque sorte de planter le décor en formulant un certain nombre de questions de base concernant les rapports généraux entre religion et santé (point A), concernant les liens historiques entre les missions chrétiennes et le soulagement des misères physiques, surtout depuis un siècle (point B) et, enfin, concernant les situations vécues par les communautés chrétiennes actuelles, héritières de l'époque missionnaire (point C).

A. *Religion et santé*[1]

La pertinence du propos découle des relations indéniables qui lient religion et santé depuis des temps anciens. En se plaçant au point de vue de l'homme en quête de salut, le problème de la santé pose inévitablement les questions de la souffrance, de la mort et du sens de la vie. C'est ici que, de manière fondamentale, interviennent les réponses des religions et, en l'occurrence, du christianisme. Religion de l'incarnation, le christianisme veut être présent au cœur de la condition humaine, aux moments de la souffrance et de la mort. Cette réponse du religieux à une demande de l'homme dans le domaine de la recherche du sens se situe dans son champ propre, hors de toute concurrence avec le monde médical.

Mais si l'on quitte le champ proprement religieux, tel que nos distinctions l'ont délimité depuis l'avènement progressif de la pensée critique, pour examiner les sociétés où ces distinctions n'ont pas cours, on constate que des liens étroits unissent croyances et art de guérir, liens néfastes aux yeux de la pensée contemporaine. Même si les temps nous semblent lointains où l'art de guérir se coulait dans les théories globales sur le monde et la divinité, il n'est pas sans intérêt, comme nous le constaterons dans le troisième point, de remarquer qu'aux époques les plus reculées les pratiques médicales associent une thérapeutique empirique à la divination, à la magie ou au recours aux forces supérieures. Microcosme reflétant l'harmonie de l'univers, l'organisme humain était jadis conçu dans le cadre d'une cosmologie sacralisée ; les troubles de la santé s'intégraient dans le système des représentations globales du monde et de la société. Cette alliance du savoir empirique et de l'explication sacrée se concrétisait au niveau des agents : devins, sorciers, exorcistes, conjurateurs de sorts et guérisseurs et même représentants de la médecine savante.[2] Nous ne pouvons

---

[1] Pour les questions d'histoire de la médecine, on se référera à des synthèses comme celle de Maurice BARIETY et Charles COURY, *Histoire générale de la médecine*, Paris, Fayard, 1963 ou à celle parue sous la direction de Jean IMBERT, *Histoire des hôpitaux en France*, Toulouse, Privat, 1982. Pour les liens entre religion et médecine, voir Phyllis L. GARLICK, *Man's search for health. A study in the inter-relation of religion and medicine*, Londres, Highway Press, 1952. Un ouvrage récent fait le point sur les mentalités en Occident, spécialement en France aux 19e et 20e siècles : Pierre GUILLAUME, *Médecins, Église et foi depuis deux siècles*, Paris, Aubier, 1990. Dans les dernières années, plusieurs revues ont consacré des numéros spéciaux à l'étude des rapports entre religion et santé, notamment : *Guérison-salut*, t. XXI, de *Spiritus*, n° 81, déc. 1980. – *Mal et guérison*, t. XL de *Lumen vitae. Revue internationale de la formation religieuse*, 1985, n° 3. – *Religion, health and healing. Religion, santé et guérison*, t. XXXIV de *Social compass*, 1987, n° 4. Enfin, sur le thème religion et santé, des réflexions intéressantes peuvent être glanées dans une revue spécialisée dans l'étude des rapports entre foi et sciences : *Zygon. Journal of religion and science* (paraît depuis 1966 ; actuellement, Cambridge Mass. et Oxford, R.U.).

[2] Voir Jacob NEUSNER, Ernest S. FRERICHS et Paul V. FLESHER, *Religion, science and magic in concert and in conflict*, Oxford, 1989.

ignorer, sous peine de faire erreur dans l'analyse des sociétés actuelles, moins monolithiques qu'on ne le croit dans leur acceptation de la révolution critique, que les pratiques de guérison ont longtemps fonctionné et fonctionnent souvent encore dans le cadre des diverses représentations du monde autour desquelles s'organisent les sociétés.[3]

Amorcée dès l'antiquité, notamment avec Hippocrate de Cos (460-377 av. J.-C.), initiateur de l'observation clinique, la désacralisation de la médecine et l'intégration du cycle « santé-maladie » dans l'ordre des phénomènes naturels connurent cependant des régressions. Les systèmes philosophiques et la rigidité dogmatique l'emportèrent souvent encore sur l'observation, comme ce fut le cas lorsque les théories de Galien (131-201) furent érigées en canons immuables pour de longs siècles. Sans entrer dans le détail des successions des progrès et stagnations de l'observation, on peut dire que les anatomistes de la Renaissance ouvrirent une brèche importante dans les interdits et le dogmatisme ; l'émancipation de la médecine va se poursuivre aux 17ᵉ et 18ᵉ siècles par la naissance de la physiologie moderne. Les champs deviendront désormais mieux distincts : la médecine, désacralisée, s'orientera de plus en plus nettement vers l'expérimentation et la recherche de causes horizontales.

Mais, quelles que soient ces avancées des sciences médicales, l'organisation concrète des soins de santé demeura l'apanage des œuvres charitables et des institutions religieuses. Les fondations hospitalières ecclésiastiques conserveront une grande partie de la bienfaisance, bien que, depuis la fin du moyen âge se fasse jour peu à peu la notion d'assistance à charge de l'État. Le mouvement de laïcisation des hôpitaux et de la bienfaisance à partir du 16ᵉ siècle enlèvera partiellement aux organisations religieuses la gestion des établissements, mais leur laissera un rôle considérable dans la dispensation des soins eux-mêmes. Dans la mesure où la planification sanitaire était à peine ébauchée jusqu'au 20ᵉ siècle, un rôle supplétif énorme était laissé à la charité privée et aux associations charitables religieuses.

C'est dans ce contexte global des liens entre religion et santé, liens essentiels par certains côtés, contingents et ambigus par d'autres, que se situe l'action sanitaire des Églises dans les pays de mission. De cette action, nous allons retracer quelques grandes lignes depuis la fin du 19ᵉ siècle ; malgré l'importance des missions médicales dans le courant protestant, nous aborderons principalement les missions catholiques.[4]

---

[3] Voir François HOUTART et Geneviève LEMERCINIER, *Les représentations de la santé dans les groupes populaires du Nicaragua*, dans *Social compass*, t. XXXIV, 1987, p. 323-352. Par ailleurs, les 26 et 27 octobre 1989 fut organisé à Bruxelles, au Palais des Académies, dans le cadre d'Europalia-Japon, un colloque sur le thème : Souffrance et société (*Pain and Society*), précisément pour étudier les aspects culturels de la souffrance vécue, au Japon et en Occident.

[4] Sur les missions protestantes, voir : *Ärzte helfen in aller Welt. Das Buch der ärztlichen Mission*, s. dir. de Samuel MÜLLER, Stuttgart, Evang. Missionsverlag GMBH, 1957. – *Ärztlicher Dienst im Umbruch der Zeit*, s. dir. de Martin SCHEEL, Stuttgart, Evang. Missionsverlag GMBH, 1967. Concernant le rôle des missions médicales dans le courant

B. *Le rôle historique des missions*

Avant le 19ᵉ siècle, les missions d'Ancien Régime reproduisent outre-mer la situation de chrétienté que l'on connaît en Europe. Ainsi, des hôpitaux et œuvres charitables naissent aux Amériques depuis le 16ᵉ siècle sous l'égide de l'Église ; mais l'Église elle-même y vit sous le contrôle des couronnes espagnole et portugaise, dans ce régime contraignant connu sous les noms de *Patronato* en espagnol et *Padroado* en portugais.

1. *Le réveil missionnaire du 19ᵉ siècle.*[5] — Bien qu'il ne rénovât guère dans un premier temps les mentalités, ce réveil s'opéra dans un ensemble de circonstances qui allaient profondément modifier les conditions de travail. En premier lieu, cet essor missionnaire est imprégné de l'atmosphère romantique du temps. Tout ce mouvement, de même que la formidable prolifération d'œuvres de propagande et de soutien à l'arrière, découle sans doute partiellement d'un élan de sentimentalisme généreux attisé par le courant romantique. À l'attrait exotique des continents lointains et à l'enthousiasme de la création dans des territoires neufs se mêla longtemps, comme moteur de ce courant, la compassion éprouvée pour des populations présentées comme dénuées, voire dégradées ; il importait de se pencher sur les misères du corps comme sur celles de l'âme. Désormais, contrastant avec le financement des gouvernements à l'époque du *Patronato*, les missions s'appuient sur le peuple chrétien. L'accumulation d'innombrables petits dons consentis par les fidèles aux œuvres de soutien aboutit à un véritable financement populaire du travail missionnaire : la mission repose essentiellement sur un peuple qui, non seulement soutient l'effort, mais fournit les ouvriers.

Comme autre composante essentielle, on ne peut négliger que cet essor missionnaire se situe dans le sillage du mouvement colonial. La seconde grande expansion coloniale qui commença au 19ᵉ siècle avait créé un contexte favorable sur les plans à la fois psychologique et matériel. Sur le plan psychologique, le colonialisme alimenta un attrait des continents lointains et diffusa une mystique de la vocation européenne à porter aux autres peuples « la » civilisation jugée supérieure ; ce concept incluait les modes de vie et l'organisation sociale : hygiène, façons de se soigner, bienfaisance, etc. Sur le plan matériel, si l'on excepte certaines régions islamiques où, pour des raisons d'ordre public, le

---

protestant et œcuménique, voir Edward M. DODD, *The gift of the healer,* New York, Friendship Press, 1964. On trouvera aussi un bref aperçu dans Christoffer GRUNDMANN, *The role of medical missions in the missionary enterprise : a historical and missiological survey,* dans *Mission studies. Journal of the I.A.M.S.,* vol. II-2, 1985, p. 39-48.

[5] Voir J. PIROTTE, *L'accueil ou le refus du christianisme dans les missions catholiques du XIXᵉ au XXᵉ siècle,* dans *Propagande et contre-propagande religieuses,* s. dir. de J. MARX, Bruxelles, U.L.B., 1987, p. 145-163.

prosélytisme chrétien ne fut pas encouragé, les pouvoirs coloniaux mirent en place des conditions objectivement favorables, bien que parfois ambiguës : protection des missionnaires, aménagement des voies de communication, subventions aux écoles et aux hôpitaux. En tant qu'États modernes, les États colonisateurs furent amenés à intervenir de plus en plus dans un nombre croissant de secteurs de la vie des gens. La planification sanitaire fut l'un de ces secteurs, d'autant plus que pour la première fois dans l'histoire, les énormes progrès de la médecine accomplis depuis le milieu du 19ᵉ siècle permettaient d'agir avec plus d'efficacité ; on passait progressivement de l'art de guérir à une science médicale digne de ce nom, qui laissait moins de place à la fatalité. Souvent cependant, jusqu'au 20ᵉ siècle, cette préoccupation pour la santé dans les colonies passa en fait au second plan par rapport à des urgences plus immédiates : organisation des territoires sur les plans administratif et militaire, construction des infrastructures de base permettant l'exploitation économique.

Dans ces conditions, les missions jouèrent largement un rôle supplétif dans le domaine de la santé. Elles prirent une place de choix dans l'organisation des hôpitaux, à côté bien sûr d'institutions d'autres types : infirmeries coloniales pour les résidents européens et les troupes, services médicaux mis sur pied pour leur personnel par les grandes entreprises minières ou les plantations.[6] Cet engagement des missions s'inscrit d'ailleurs dans la tendance à la diversification des secteurs de l'activité missionnaire ; de plus en plus les missions intégraient leurs objectifs d'évangélisation dans des tâches diverses parfois très spécialisées : enseignement fondamental, technique et, par la suite, universitaire, direction de revues et de journaux, expérimentation agronomique et, pour ce qui nous concerne, éducation à l'hygiène, création de dispensaires et d'hôpitaux. L'émergence, de plus en plus nette au début du 20ᵉ siècle, des femmes dans le travail missionnaire encouragea de nombreuses congrégations de religieuses à œuvrer dans le secteur hospitalier.[7]

Parmi les facteurs qui poussèrent à investir dans ce domaine, on peut en distinguer deux, au milieu de bien d'autres. Certes, le souci des défavorisés et de ceux qui souffrent fait partie intégrante de l'idéal chrétien du missionnaire et, en outre, la tradition de l'Église orientait dans le sens de la prise en charge de la bienfaisance. Sans minimiser ces aspects, on peut dire que l'attention accrue portée aux malades relève aussi de la tactique : la distribution de « bons remèdes » aux populations constituait une excellente entrée en matières dans les relations, une *captatio benevolentiae* de premier ordre ; elle permettait aussi une présence aux moments cruciaux de l'existence. Ainsi le P. Damien écrivait à son frère Pamphile en 1885 : « Quelquefois en faisant du bien au corps de nos malheureux

---

[6] Sur la médecine coloniale, voir : P. JANSSENS, *Health in Tropical Africa during the colonial period*, Oxford, Clarendon Press, 1980. – LAPEYSSONNIE, *La médecine coloniale. Mythes et réalités*, Paris, Seghers, 1988. – *Disease, medicine and Empire. Perspectives on Western medicine and the experience of European expansion*, s. dir. de R. Mac LEOD et M. LEWIS, Londres, 1988.

[7] Sur le rôle accru des femmes missionnaires au 20ᵉ siècle dans le domaine de la santé, voir Arlette BUTAVAND, *Les femmes médecins-missionnaires*, Louvain, AUCAM, 1933.

malades, on arrive petit à petit à l'âme ».[8] L'attention portée aux malades était enfin, grâce à l'efficacité des thérapeutiques, une manière de manifester la supériorité de la religion dont les missionnaires étaient les hérauts. On ne peut faire grief aux missionnaires d'avoir utilisé consciemment une telle apologétique en actes. Dès 1876, Lavigerie avait mûri un projet de création d'un centre de formation de médecins-catéchistes africains.[9]

Par ailleurs, indépendamment de cette tactique, les missionnaires furent confrontés à un problème bien concret qui les plongeait dans les préoccupations sanitaires : celui d'une mortalité accrue parmi les missionnaires premiers arrivants, d'une part, parmi les autochtones d'autre part. Cette surmortalité des missionnaires dans les régions où ils pénétraient pour la première fois s'explique par bien des raisons, dont l'une des moindres n'est pas la nécessaire adaptation biologique. Il en va de même pour les sociétés cloisonnées ayant développé leurs immunités et entrant en contact avec les représentants de populations jamais encore rencontrées. Les épidémies, souvent liées à ces problèmes de différences immunologiques, prélevèrent un lourd tribut tant parmi les autochtones que dans les rangs des missionnaires. On a souvent mis en relation la grande épidémie de syphilis en Europe à l'extrême fin du 15e siècle avec les premiers contacts entre Européens et habitants du Nouveau Monde, mais la controverse à ce sujet n'est pas close.[10] Au 19e siècle, les progrès des communications permirent aux germes aussi de se mouvoir plus facilement.[11] Parmi les épidémies qui firent le plus de ravages, citons la trypanosomiase ou maladie du sommeil, qui décima au début du 20e siècle la population de plusieurs régions d'Afrique centrale. D'une façon générale, ces pertes énormes en vies humaines incitèrent les missionnaires à diffuser des consignes d'hygiène ; ils furent souvent parmi les propagandistes les plus efficaces de campagnes de vaccination.

2. *Les prises de conscience du 20e siècle.*[12] — Avec la deuxième décennie du 20e siècle s'amorça dans les milieux missionnaires un temps de mises en questions, surtout après la première guerre. C'est à cette époque que la missiologie, la « science des missions », commence à se structurer et à poser clairement des problèmes que la générosité romantique du siècle précédent avait parfois occultés. C'est l'époque aussi où, grâce aux études ethnologiques, réalisées

---

[8] Lettre du 26 novembre 1885. Voir *Un étrange bonheur. Lettres du P. Damien lépreux (1885-1889)*, introduction et notes par Édouard BRION, Paris, Cerf, 1988, p. 43.

[9] Voir *infra* l'article de François RENAULT.

[10] Voir Claude QUÉTEL, *Le mal de Naples. Histoire de la syphilis*, Paris, Seghers, 1986.

[11] Sur l'histoire des épidémies, voir A. SIEGFRIED, *Itinéraires de contagions. Épidémies et idéologies*, Paris, 1960.

[12] Un panorama de la médecine missionnaire catholique dans les années 1930 a été établi dans l'ouvrage de Ludwig BERG, *Christliche Liebestätigkeit in den Missionsländern*, Fribourg-en Br., 1935 et dans celui de Thomas OHM, *Die ärztliche Fürsorge der katholischen Missionen. Idee und Wirklichkeit*, St-Ottilien, 1935. Voir aussi, pour les années suivantes, K.M. BOSSLET, *Der Arzt und die Not der Zeit. Missionsärztliche Gedanken zum Laien-Apostolat*, Augsbourg, J.W. Naumann, 1949.

souvent par des missionnaires,[13] on commence à percevoir les richesses des cultures non européennes, naguère ignorées ou méprisées. Dans le monde catholique, la première chaire de missiologie naît à Munster en Westphalie en 1911, en même temps que la première revue de sciences des missions.[14] À Louvain, depuis les années 1920, la pensée du jésuite Pierre Charles et les Semaines de missiologie qu'il anima longtemps alimentent une réflexion sur l'action.[15] Peu à peu, cette réflexion influença la pratique des hommes de terrain.

Parallèlement, depuis le début du 20e siècle et sans liens apparents directs avec la missiologie, s'organisait l'Action catholique, mouvement de reconquête de la société, qui travailla les vieilles régions chrétiennes d'Europe et qui allait par la suite pousser ses rameaux dans le sens de la spécialisation en fonction des milieux sociaux ; la méthode du « voir-juger-agir », qui s'élabora et s'affirma dans les années 1930, manifeste aussi une volonté d'approche spécifique des milieux différents et une recherche d'efficience. On perçoit ainsi une certaine proximité entre les vues et les méthodes de deux courants qui traversèrent alors l'apostolat catholique : d'une part, l'Action catholique poursuivant l'objectif d'une reconquête chrétienne intérieure, d'autre part, la missiologie cherchant à organiser les missions extérieures sur les bases d'une meilleure réflexion théologique, d'une approche plus prudente et plus positive des populations et, enfin, d'une spécialisation des tâches.

Quelques dates, non exhaustives bien évidemment, nous aideront à mieux cerner cette volonté d'efficacité plus grande des missionnaires dans le domaine de la santé, en concordance avec les possibilités nouvelles offertes par les avancées de la médecine. En 1909, dans le monde protestant, est fondé à Tübingen, l'*Institut für ärztliche Mission*. Du côté catholique, fut créé à Wurzbourg (Bavière), par le P. salvatorien Christoph Becker, le *Missionsärztliches Institut* en 1922.[16] À la même époque, aux États-Unis, le Dr Anna Dengel fondait à Washington en 1925 les *Medical Mission Sisters*[17] et trois années plus tard s'organisait à New York un

---

[13] L'entreprise la plus célèbre d'ethnologie missionnaire fut l'institut Anthropos, fondé en 1906, en même temps que la revue du même nom, en Autriche par le P. Wilhelm Schmidt, S.V.D. Voir : Fritz BORNEMANN, *P.W. Schmidt, S.V.D. (1868-1954)*, Rome, Collegium Verbi Divini, 1982. – *W. Schmidt, un etnologo sempre attuale*, s. dir. de F. DEMARCHI, Bologne, 1989.

[14] Le fondateur de la missiologie catholique, Joseph Schmidlin, fut le premier titulaire de cette chaire. C'est lui qui fonda en 1911 la *Zeitschrift für Missionswissenschaft*.

[15] Sur Pierre Charles et son rôle d'animateur, voir J. PIROTTE, *Aux origines de Lovanium. L'Aucam pousse Louvain vers l'Afrique*, dans *Louvain. Revue trimestrielle des Amis de l'Université de Louvain*, octobre 1976, n° 3, p. 45-54.

[16] Sur l'institut de Wurzbourg, voir *Missionsärztliche Kulturarbeit. Grundsätzliches und Geschichtliches*, s. dir. de Chr. BECKER, S.D.S., Wurzbourg, H. Stürtz, 1928. Un volume a été publié pour le 25e anniversaire de l'institut : *Missionsärztliche Frage und Aufgaben*, s. dir. de Karl Maria BOSSLET, Augsbourg, J.W. Naumann, 1947.

[17] Nom habituel des membres de la *Society of Catholic Medical Missionaries*. Voir *Dizionario degli istituti di perfezione*, Rome, t. V, 1978, col. 1135-1136.

organe de coordination, le *Catholic Medical Mission Board*.[18] À Louvain, en 1923,
débuta un cours de formation médicale pour futurs missionnaires, qui se donna
longtemps à la Vlamingenstraat. De son côté, l'Institut catholique de Lille mit sur
pied un enseignement analogue en 1926.[19] À Bruxelles en 1925, fut créée une
œuvre d'assistance : l'Aide médicale aux missions. En 1927, sous l'impulsion de
l'AUCAM, association universitaire d'aide aux missions animée par le jésuite
Pierre Charles, l'Université de Louvain s'engageait plus directement en Afrique,
lorsque le recteur Paulin Ladeuze créa la FOMULAC, Fondation médicale de
l'Université de Louvain au Congo, qui inaugura un cours pour infirmiers africains
et un hôpital à Kisantu.[20] Parallèlement, un bouillonnement analogue dans les
milieux de l'Institut catholique de Lille aboutissait en 1932 à la création du
mouvement *Ad lucem* et au lancement en 1936, par le Dr Louis Aujoulat, de la
Fondation médicale *Ad lucem* au Cameroun.[21]

Et elle pourrait s'allonger cette liste des indices qui manifestent une double
prise de conscience : d'une part, la nécessité pour les missions d'une action plus
efficace dans le domaine de la santé ; d'autre part, l'appel aux médecins laïcs
chrétiens marquant la reconnaissance de la spécificité de la médecine dans le respect
de son autonomie. Pie XI, souvent appelé le « pape des missions » était
conscient de l'importance de la question. Du côté romain, une instruction de la
Congrégation *De propaganda fide* vint mettre fin en 1936 à certaines restrictions
concernant l'engagement médical des religieuses missionnaires.[22]

C. *Héritages et ruptures*

Si les dernières décennies de l'époque coloniale avaient vu l'achèvement de
réalisations hospitalières placées plus ou moins directement sous l'égide des
missions ou des religieuses, les deux décennies qui suivirent 1960 furent un temps
de ruptures et d'interrogations. D'une part, peu à peu, l'évolution des mentalités et
l'action d'organismes internationaux, comme l'O.M.S. (Organisation mondiale de
la santé), la F.A.O. (*Food and agriculture organization*) pour la nutrition ou
l'UNICEF pour l'enfance, accréditaient l'idée que la santé est un droit pour chaque

---

[18] Sur les activités de cet organisme fondé en 1928, voir son bulletin : *Medical Mission News*.

[19] Voir Paul CATRICE, *L'Église de Lille missionnaire. Un siècle de vie missionnaire*, Lille, Agence Univers, 1966, t. I, p. 212-218. L'initiative de ces sessions médicales part du jésuite Joseph Loiselet ; c'est lui qui fut à l'origine d'une autre entreprise des milieux médicaux de Lille : la publication du *Bréviaire médical à l'usage des missionnaires et des coloniaux*, s. dir. de L. THILLIEZ (secr. de réd. : J. LOISELET), Paris, Vigot, 1930.

[20] Voir J. PIROTTE, *Aux origines...*

[21] Voir *infra* l'article d'Étienne THÉVENIN.

[22] L'instruction *Constans ac sedula* du 11 février 1936 autorise les religieuses de vœux publics à exercer la médecine et l'obstétrique. Voir *Acta Apostolicae Sedis*, an. XXVIII, 1936, p. 208-209.

être humain. Mais, d'autre part, la détérioration progressive de l'économie et des conditions de vie dans les pays du Tiers Monde se répercuta inévitablement dans le domaine de la santé : en amont de la maladie, par la malnutrition et l'hygiène défectueuse ; en aval, en restreignant les possibilités d'accès à une médecine de plus en plus coûteuse pour être efficace. En outre, des voix commencèrent à s'élever contre la vente aux pays pauvres de surplus des industries alimentaire et pharmaceutique, parfois plus nuisibles qu'utiles, car mal adaptés aux besoins locaux.[23]

Sur le plan religieux, la mise à jour amorcée au Concile Vatican II avait abouti à une vision renouvelée de l'Église et de son rôle dans le monde ; concrètement, sur le terrain, un climat plus œcuménique annonçait une meilleure collaboration entre confessions chrétiennes. L'ancienne organisation ecclésiale de l'époque missionnaire s'effaça peu à peu devant la prise de responsabilités des Églises locales, nouant avec les Églises mères des relations plus égalitaires, du moins en principe. En fait, ces Églises dites « jeunes » se trouvaient plongées dans le contexte des difficultés économiques et autres que connaissaient de nombreux pays du Tiers Monde ; leur autonomie risquait donc d'être bridée par les contraintes d'une dépendance financière par rapport aux organismes et pays donateurs, soucieux de faire passer leur idéologie ou de faire appliquer la politique des nations développées. Pour donner un exemple récent, mais sans nous prononcer sur le bien-fondé des accusations, on peut évoquer les cris d'alarme répétés des évêques du Zaïre concernant une stratégie internationale inavouée de réduction des naissances dans les pays d'Afrique, sous le couvert de programmes sanitaires afin d'y enrayer une explosion démographique redoutée des pays développés :

« Un problème, absolument préoccupant pour l'Épiscopat du Zaïre, demeure la politique de la régulation de la croissance démographique dans notre pays. Elle peut atteindre des proportions inquiétantes et compromettre l'avenir même de notre peuple. En effet, elle nous paraît prônée par des puissances étrangères et imposée grâce à des pressions politiques et économiques, tandis qu'elle se présente sous le couvert fallacieux de programmes sanitaires ou de contribution au développement économique du pays ».[24]

---

[23] Voir *La santé dans le Tiers Monde*, s. dir. de Claire BRISSET, Paris, La Découverte, Le Monde, 1984. Des interrogations sur l'avenir du Tiers Monde travaillèrent les milieux chrétiens depuis les années 1960 ; sur l'histoire de ce « tiersmondisme », voir Bertrand CABEDOCHE, *Chrétiens et Tiers Monde*, Paris, 1990.

[24] Déclaration des évêques du Zaïre lors de leur visite *ad limina* à Rome (18-30 avril 1988). Voir *Osservatore romano*, n° 18 du 3 mai 1988, éd. hebd., p. 5 ; texte cité dans *Le chrétien et le développement de la nation. Exhortation pastorale des évêques du Zaïre (XXVIᵉ assemblée plénière de l'épiscopat du Zaïre)*, Kinshasa, Secrétariat général de la Conférence Épiscopale du Zaïre, 1988, p. 49-50. Voir aussi *Les évêques du Zaïre en visite « ad limina ». 18-30 avril 1988. Problèmes pastoraux et échange de discours*, Kinshasa, Secrétariat général de la C.E.Z., 1988, p. 80.

Devant la dégradation effective des conditions sanitaires et la pénurie des médicaments en dehors des centres urbains, les Églises continuent à jouer un rôle supplétif. Les déplacements de la sensibilité vers le souci de justice et la maturation des théologies de la libération ont amené la définition de l'option pour les pauvres comme une priorité ; les communautés chrétiennes sont ainsi amenées à combattre les inégalités dans l'accès aux soins de santé.[25] Elles ne sont toutefois plus les seules à exercer ce rôle : des mouvements non confessionnels internationaux, comme Médecins sans frontières, ont pris partiellement le relais en adoptant peut-être les mêmes arguments mobilisateurs que jadis la propagande missionnaire. À ces mouvements non confessionnels, ainsi qu'aux actions humanitaires des organisations religieuses, l'opinion publique des pays développés a parfois tendance à manifester plus de confiance qu'aux projets gouvernementaux. Il faut dire que les Églises apparaissent comme les héritières d'une longue tradition charitable. Souvent toutefois, les structures lourdes, notamment scolaires et hospitalières, héritées du passé peuvent sembler un poids difficile à porter. Sans pour autant refuser l'héritage, des questions restent posées sur l'utilisation de méthodes d'apostolat moins lourdes et, en l'occurrence, d'une médecine moins coûteuse et plus proche des gens.

Dans ce contexte et parallèlement aux efforts pour promouvoir une médecine moderne plus souple, se pose la question d'une remise en honneur de pratiques traditionnelles de guérison, sur le modèle des « médecins aux pieds nus » d'Extrême-Orient. Ignorées naguère par la médecine de type rationaliste ou déclarées irrationnelles, ces pratiques se fondent sur un autre type de rationalité, portée par une autre vision du monde. Objets occasionnels d'observation pour les missionnaires, qui les décrivaient dans leurs publications ethnologiques, ces usages n'avaient pourtant guère été incorporés dans leur pratique médicale.[26] Il est évident que ces thérapeutiques s'intègrent souvent dans les cosmologies et sont intimement liées à des éléments d'un ritualisme magique. Néanmoins, l'efficacité des diverses pharmacopées locales pourrait être étudiée, sans doute au niveau psychique, mais aussi au niveau somatique et peut-être davantage encore dans une

---

[25] Voir une étude de cas au Brésil : Elda Rizzo de OLIVEIRA, *The popular movement for health and the Church's participation in Boqueirão*, dans *Mission studies. Journal of the IAMS*, vol. V-1, 1988, p. 49-63.

[26] La revue *Kerygma* (Ottawa) a publié un numéro spécial : *La médecine autochtone : un défi pour la mission*, n° 46, t. XX, 1986. Outre les articles parus jadis dans les revues d'ethnologie, de nombreux travaux mis en lumière des aspects des médecines traditionnelles. Ainsi, pour le Rwanda, citons l'étude d'Arthur LESTRADE, *La médecine indigène au Ruanda et lexique des termes médicaux français-urungarwanda*, Bruxelles, A.R.S.C., 1955. Parmi les études plus récentes, citons, pour le Cameroun, les publications d'Éric de ROSNY, *Les yeux de ma chèvre*, Paris, Plon, 1981 ; *Les nouveaux guérisseurs africains*, dans *Études*, déc. 1984, p. 661-673. D'une façon plus globale, la question a été bien posée dans l'article de Pierre ERNY, *Le problème des médecines traditionnelles*, dans *Spiritus*, t. XXI, déc. 1980, n° 81, p. 339-351. Par ailleurs, dans la collection « Médecine traditionnelle et pharmacopée » (Paris, ACCT), ont paru une dizaine de contributions à l'étude des pharmacopées de différents pays, africains principalement (Bénin, République centrafricaine, Congo, Niger, Rwanda, etc.).

perspective plus globalisante de la santé de l'être humain   dans son environnement.[27] En 1988, les évêques du Zaïre faisaient remarquer que :

« Une plus grande attention et une volonté efficace de promouvoir la recherche dans le domaine de la médecine traditionnelle pourrait certainement contribuer, non seulement à diminuer le coût de la facture des médicaments, mais surtout à bien garantir une certaine autosuffisance en produits pharmaceutiques ».[28]

Tout récemment, un tract distribué par Entraide et Fraternité reproduisait une lettre d'un évêque du Brésil :

« Finalement, il reste une médecine alternative, en partie héritée des Indiens à redécouvrir. Les agents de pastorale se préparent sérieusement par des cours, afin de transmettre les connaissances au sujet de certaines plantes et de leur utilisation ».[29]

Enfin, un dernier facteur est à prendre en considération : la forte poussée des sectes et des prophétismes rejoint les cultes syncrétistes dans leurs pratiques de guérison, notamment par l'expulsion d'esprits mauvais. Du côté des Églises établies, les tendances pentecôtistes ou charismatiques posent aussi la question de la guérison par la foi, tant en Europe qu'en Amérique et qu'en Afrique.[30] Le problème est complexe ; de telles pratiques mettent en lumière les aspects affectifs et communautaires de la guérison, ainsi que l'importance de la relation personnelle du malade avec le thérapeute ; par ailleurs, ces célébrations de guérison ne se

---

[27] Voir Wauthier de MAHIEU, *La dimension totalisante de la théologie africaine*, dans *Lumen vitae*, éd. française, vol. XL, 1985, p. 303-314. À ce sujet, des questions intéressantes sont posées dans l'article de Gerrit HUIZER, *Church as a healing community. Health and healing in global perspective. Should the rich learn from the poor ?*, dans *Mission studies. Journal of the IAMS*, vol. IV-2, 1987, p. 75-99.

[28] XXVIᵉ assemblée plénière de l'épiscopat du Zaïre (du 12 au 17 septembre 1988) : voir *Le chrétien et le développement...*, p. 26.

[29] Lettre de Vital WILDERINK, évêque de Itaguai. Tract distribué comme supplément à *Partenaires* (Entraide et Fraternité, Bruxelles), n° 19 de septembre 1989.

[30] Sur les guérisons charismatiques en Europe, voir : Geneviève FLIPOT, *Maladie et guérison dans le Renouveau charismatique*, dans *Lumen vitae*, éd. française, vol. XL, 1985, p. 315-326. – Giordana CHARUTY, *Guérir la mémoire. L'intervention rituelle du catholicisme pentecôtiste français et italien*, dans *Social compass*, vol. XXXIV, 1987, p. 437-463. – Maria Pia DI BELLA, *Maladie et guérison dans les groupes pentecôtistes de l'Italie méridionale*, ibid., p. 465-474. Concernant les guérisons charismatiques en Afrique, voir *infra* les pages de Gerrie TER HAAR sur les guérisons de Mgr Milingo (Zambie). Voir aussi l'article d'Éric de ROSNY, *Mallah et Marie-Lumière, guérisseuses africaines*, dans *Études*, avril 1986, p. 473-488 (Cameroun), ainsi que celui de MBONYINKEBE Sebahire, *Guérir par la foi ? Les Églises afro-chrétiennes*, dans *Théologie et cultures. Mélanges A. Vanneste*, s. dir. de DIMANDJA Eluy'a Kondo et MBONYINKEBE Sebahire, Ottignies, Noraf, 1988, p. 295-328.

préoccupent évidemment guère de la spécificité des domaines de la foi et de la science, spécificité qui a favorisé l'éclosion de la médecine moderne. En outre, les pratiques de guérison par la foi varient d'une région à l'autre et doivent être placées dans le contexte des traditions des différentes communautés humaines.

Ces phénomènes ne peuvent qu'interpeller les théologiens et les inciter à une réflexion sur la possibilité d'élaborer une théologie de la guérison et de la santé.[31] Le salut apporté par le Christ ne s'interprète-t-il qu'en termes de rédemption post-historique ou eschatologique ou bien aussi en termes de rédemption de l'homme tout entier vivant en harmonie dans sa communauté ? La boucle est ainsi bouclée : on rentre ici dans le cadre d'une médecine plus liée au religieux, à la fois dans la pratique et dans les fondements.

*   *
*

Pour clore, je voudrais formuler quelques considérations sur des composantes, en apparence contradictoires, de la présence du christianisme dans le Tiers Monde, en cette phase de l'après-mission.

En premier lieu, l'introduction du christianisme fut et reste l'un des facteurs d'universalisation. Bien que le missionnaire du 19e siècle ait souvent été mû par une idéologie traditionnelle centrée sur le rêve de reconstituer outre-mer des chrétientés sur le modèle des anciennes paroisses rurales, il fut pourtant un agent essentiel d'une universalisation effective de la culture.[32] L'adoption d'une religion nouvelle n'est pas un phénomène isolé, sans impact sur les autres variables socio-culturelles. Le passage de plusieurs populations d'Afrique à l'islam ou au christianisme peut s'analyser partiellement comme un processus d'ajustement intellectuel vers des religions de salut plus universelles, au moment où s'opère un décloisonnement économique et social.[33] Le missionnaire fut, parfois involontairement, le diffuseur de certains ferments de modernité, sur les plans de la

---

[31] Voir *infra* l'article de Chr. GRUNDMANN. Cet auteur a donné un bref aperçu de la problématique dans *Healing as a missiological challenge*, dans *Mission studies*, vol. III-2, 1986, p. 57-62. Voir aussi les travaux de Hans-Jurgen BECKEN (*Theologie der Heilung*, Hermannsburg, Verlag der Missionshandlung, 1972 ; *The Chuch as a healing community*, dans *Mission studies. Journal of the IAMS*, vol. I, 1984, p. 6-13) et l'ouvrage de James C. Mc GILVRAY, *The quest for health and wholeness*, Tübingen, 1981.

[32] Voir J. PIROTTE, *Conquête et reconquête. Le modèle médiéval, inspirateur du mouvement missionnaire et de la démocratie chrétienne (XIXe-XXe siècle)*, dans *L'appel à la mission. Formes et évolution. XIXe-XXe siècles. Actes de la IXe session du CREDIC à l'Université catholique de Nimègue (14-17 juin 1988)*, Lyon, Université Jean Moulin, 1989, p. 33-45. Voir aussi Bernard SALVAING, *Le paradoxe missionnaire*, dans *Revue d'histoire moderne et contemporaine*, t. XXX, 1983, p. 271-282.

[33] Voir R. HORTON, *African conversion*, dans *Africa*, t. XLI, 1971, p. 85-108 ; *On the rationality of conversion*, ibid., t. XLV, 1975, p. 373-399. Un autre point de vue a été exposé par H.J. FISCHER, dans *Conversion reconsidered*, ibid., t. XLIII, 1973, p. 27-40.

conception de l'homme et du rôle des femmes dans la société,[34] sur les plans de l'économie, des sciences et des techniques. Religion ayant accompli sa révolution critique, le christianisme a de fait introduit en de nombreux endroits un autre type de rationalité, notamment en reconnaissant l'autonomie des domaines de la foi et de la science. Dans le secteur de la santé qui nous occupe, le missionnaire fut l'un des agents de l'introduction d'une médecine moderne, épurée des éléments magiques ou liés à des cosmologies trop étroites, d'une médecine confiée à des spécialistes de la santé. Actuellement, les Églises établies répugnent parfois à reconnaître la valeur des célébrations de guérison faisant la part trop belle à l'affectif.

Par ailleurs, en désaccord avec ce premier aspect, la volonté des Églises de proximité avec les aspirations des populations oriente vers une union intime avec les valeurs des cultures locales. En termes plus théologiques, on peut dire que les nécessités de l'incarnation dans les différentes réalités humaines invitent les Églises chrétiennes à une inculturation plus poussée, processus par lequel le christianisme doit croître en se nourrissant dans le terreau des innombrables communautés culturelles. On est loin ici de l'imposition d'un modèle uniforme. C'est ainsi que l'on voit surgir depuis quelques années, après une époque de tâtonnements, un discours théologique africain original et authentiquement créateur. Dans cet esprit, en ce qui concerne la santé, les Églises auront peut-être tendance à promouvoir des thérapeutiques intégrant les savoir-faire traditionnels.

Enfin, les Églises ne pourront méconnaître que la recherche de la santé et de la guérison n'est pas qu'un acte rationnel et technique, mais est aussi recherche de salut de l'être humain tout entier et des communautés. C'est là précisément, dans la complexité de l'homme, que la médecine rencontre certaines limites. Guérir, c'est aussi réconcilier l'homme avec lui-même et avec sa communauté de vie. Santé physique, psychique, morale et recherche du salut collectif s'intègrent dans le cadre des diverses représentations du monde autour desquelles s'organisent les sociétés.

---

[34] Sur l'impact de l'action missionnaire sur l'émancipation des femmes dans une société du Burkina-Faso, voir le mémoire de Bruno DOTI-SANOU, *L'émancipation des femmes madare. L'impact du projet administratif et missionnaire sur une société africaine. 1900-1960*, mémoire de licence en histoire à l'U.C.L., Louvain-la-Neuve, 1989, inédit.

PREMIÈRE PARTIE

HIER

ÉLISABETH DUFOURCQ

LES RELIGIEUSES EUROPÉENNES
AU SERVICE DE LA SANTÉ ET DU DÉVELOPPEMENT
1639-1989

En février 1987, la Commission pontificale pour la pastorale des services de santé a fait paraître un premier *Annuaire universel des noms et adresses des institutions sanitaires de l'Église catholique implantées dans le monde entier.* Depuis sa constitution, le 11 février 1985, cette nouvelle commission pontificale s'était en effet aperçue du besoin de procéder à un recensement général des œuvres et des organisations sanitaires soutenues par l'Église catholique. Dans ce but, elle avait préparé et adressé un questionnaire à toutes les Conférences épiscopales, ainsi qu'à tous les responsables des instituts religieux masculins et féminins. La rapidité avec laquelle un matériel informatif fut alors recueilli, depuis les régions les plus reculées du monde jusqu'aux zones urbaines les plus denses, depuis les pays les plus défavorisés jusqu'aux plus riches et industrialisés, témoigne de la vitalité du réseau de l'Église et du caractère exceptionnel de l'outil médical qu'il peut aujourd'hui représenter.

La présentation, peut-être un peu aride, du dépouillement systématique et de l'analyse des résultats que j'ai pu faire des données alors recueillies, devrait permettre de mesurer l'ampleur d'un engagement et servir de révélateur à des formes d'action globalement mal connues. C'est la démarche naturelle de ma recherche qui a guidé mon plan : dans un premier temps, je dresserai une carte de la répartition mondiale actuelle des implantations sanitaires ; dans un second temps, je tenterai d'expliquer le présent par le passé.

Mais alors, jusqu'où chercher les causes des caractéristiques actuelles ? Dans le cadre d'une réflexion sur les problèmes reliant la religion à la santé, l'explication pourrait obliger à une régression jusqu'à ces temps évangéliques de la guérison des aveugles et des paralytiques. Si j'en ai fixé le recul à trois cent cinquante ans (c'est-à-dire jusqu'à la date de 1639), c'est que j'ai en majeure partie limité mon étude au sujet déjà très vaste de l'implantation hors d'Europe des congrégations hospitalières féminines d'origine française.

Les premières religieuses hospitalières de l'hôtel-Dieu de Dieppe sont parties pour le Canada le 4 mai 1639, à bord du même vaisseau que l'ursuline Marie de l'Incarnation. Actuellement encore, en 1989, près de deux mille religieuses françaises travaillent hors d'Europe dans les secteurs de la santé. Mais, surtout, les religieuses des pays nouveaux qui se consacrent, hors d'Europe, à la santé et au développement dans le cadre de congrégations d'origine française, représentent un potentiel démographique et professionnel de près de trente mille personnes, c'est-à-dire quinze fois supérieur. Avec les religieuses des autres congrégations d'origine européenne, les unes et les autres œuvrent aujourd'hui en faveur de la santé et du développement selon des méthodes bien souvent encore héritées de l'Europe. Pour mesurer l'ampleur de ce phénomène et recadrer chaque témoignage à son échelle d'importance, interrogeons les chiffres.

A. *Le constat actuel*

Il faut d'abord signaler les limites du matériel informatif dont nous disposons. Malgré l'effort immense de la Commission pontificale pour la pastorale des services de santé, les renseignements obtenus restent tributaires de la façon dont les questionnaires ont été remplis ; j'ai dû comparer et vérifier les fichiers avec les données qui m'ont été fournies par les annuaires catholiques des différents pays et, pour ce qui concerne les congrégations féminines d'origine française, avec celles de l'enquête menée en 1985 par la Conférence des supérieures majeures de France.

Je me suis aussi rendue sur place, en Côte d'Ivoire par exemple, pour établir un constat qui était, pour ce pays-là, très sous-estimé par le recensement pontifical. D'une façon générale, on peut estimer que les pays industrialisés ont répondu avec plus de facilité que les pays les plus défavorisés, où la capillarité des réseaux rend plus difficile le recueil des données.

Par ailleurs, il faut rester attentif au fait que les appellations peuvent varier d'un pays à l'autre : qu'est-ce qu'un hôpital ? Est-ce un centre hospitalier de niveau universitaire comme l'immense et performant hôpital Ste-Justine de Montréal, fondé par les Filles de la Sagesse au début de notre siècle, ou, à l'inverse, le petit hôpital de brousse tenu dans les environs d'Abidjan par les religieuses de Notre-Dame des Apôtres depuis les années 1925 ? Lorsqu'un pays industrialisé signale l'existence d'un hôpital tenu par des religieuses, il signale en général une structure bien plus importante que celle qui peut être mentionnée de la même manière par un pays sous-développé. Ainsi, par exemple, dans les quarante hôpitaux qu'elles détiennent aux États-Unis, les Filles de la charité de St-Vincent de Paul totalisent plus de seize mille lits, soit en moyenne quatre cents lits par hôpital. Or, au Cameroun, un hôpital de cent lits est déjà exceptionnel.

Enfin, il faudrait pouvoir distinguer, au cas par cas, le régime juridique sous lequel fonctionne effectivement l'hôpital : certains d'entre eux sont encore propriété à part entière d'une congrégation masculine ou féminine ; d'autres l'ont été, mais n'y sont plus reliés que par convention. Enfin, le recensement fourni ne donne pas le nombre des religieux et des religieuses exerçant en coopération dans le cadre de structures nationalisées, ce qui oblige à corriger en hausse les estimations fournies.

Tous les chiffres donnés ici doivent donc être pris à titre indicatif seulement ; mais cette indication, à elle seule, bouleverse bien des idées jusqu'à présent acquises. Dans un premier temps, je prendrai pour exemple quelques pays pris dans les cinq continents non européens où les recoupements de fichiers m'ont permis d'obtenir des données plusieurs fois vérifiées. À titre comparatif, les structures hospitalières ou sanitaires tenues par des congrégations masculines sont présentées en regard de celles qui sont tenues par des hommes. Quelques réflexions s'imposent d'emblée.

1. *Une écrasante prépondérance féminine.* — Le potentiel sanitaire et médical des congrégations féminines est près de trente fois supérieur à celui des congrégations masculines et ceci dans la plupart des pays du monde. Le rôle concret des femmes dans ces structures hospitalières et sanitaires de l'Église apparaît donc comme massivement primordial à l'échelle mondiale, tant dans les hôpitaux des pays développés que dans les dispensaires de brousse.

Institutions sanitaires tenues par des religieuses dans quelques pays du monde
(Élisabeth Dufourcq. D'après le Catalogue universel des institutions de santé publié en 1987 par la Commission pontificale des services de santé. Vérifications effectuées d'après les annuaires catholiques des différents pays).

	Nombre d'hôpitaux				Maisons pour personnes âgées				Nombre de congrégations concernées	
	T	H	F	N.I	T	H	F	N.I	H	F
Amérique du Nord										
Canada	143	8	111	24	63	1	45	17	1	29
États-Unis	606	20	586	24	70	5	64	1	14	151
Amérique du Sud										
Brésil	491	39	442	10	6	1	5		3	128
Asie										
Inde	501				101				7	109
Japon	24				19				1	4
Océanie										
Australie	83	11	61	11	41		25		2	35
Nouvelle-Zélande	11	2	8	1	6		5			
Papouasie-N.Guinée	11								2	
Afrique					Dispensaires de Mission					
Cameroun	3		2	1	20		20		1	10
Rép. Centre Afr.	13		11	2	21		18		1	20
Madagascar	7	1	6		19		16		1	6
Zaïre	76		76		246		150	96	1	52
										(61)

Seules, quelques exceptions géographiques ou thématiques viennent nuancer cette évidence : en Océanie, par exemple, les hôpitaux restent encore massivement tenus par les pères des Sacré-Cœur et de l'Adoration de Picpus, congrégation d'origine du P. Damien. Dans les premières années du 20ᵉ siècle, par ailleurs, et suivant l'exemple de cet apôtre des lépreux, les religieux hospitaliers se sont volontiers dévoués au travail auprès des malades hanséniens. Certes, aussi, l'antériorité de l'action hospitalière hors d'Europe, appartient aux pères de St-Jean de Dieu qui, avec les Camilliens, tiennent la majorité des structures hospitalières d'Église tenues par des hommes.

Quoiqu'il en soit, d'une façon générale aujourd'hui, la supériorité du potentiel sanitaire et hospitalier tenu par des religieuses est écrasante. Le fait qu'il soit sous-estimé, même au sein de l'Église catholique, paraît, en soi, un fait de civilisation.

2. *Le déséquilibre entre pays développés et moins développés.* — La supériorité en nombre des hôpitaux demeurés jusqu'à nos jours actifs dans les pays développés reste également frappante. Dans l'ensemble, l'Afrique reste très sous-équipée et ce rapport d'infériorité demeure, même si l'on rapporte par exemple le nombre de lits d'hôpital au chiffre des populations. En Afrique, seul le Zaïre où essaimèrent les missions hospitalières au moment de la lutte entre les protestants et les catholiques dans le bassin conventionnel du Congo, présente, notamment dans le Shaba, une densité d'hôpitaux réellement considérable.

Ce déséquilibre entre pays développés et sous-développés, même au sein des structures d'Église, confirme l'impression dégagée à la suite de l'étude démographique effectuée en 1986 et 1987 et publiée en 1988 dans la revue *Population* de l'INED ; dans cette étude, en effet, j'ai pu montrer que, toutes nationalités confondues, c'est-à-dire en tenant compte par exemple des Filles de la charité de St-Vincent de Paul, colombiennes en Colombie ou américaines en Amérique, les effectifs totaux des congrégations féminines d'origine française, étaient plus nombreux dans les Amériques et en Asie qu'en Afrique.

3. *Des types d'implantation différents selon les pays.* — Une étude plus fine de la répartition géographique des hôpitaux permet de déceler que les types d'implantation diffèrent selon les pays ; dans certains d'entre eux, les fondations apparaissent comme des entreprises majeures présentes sur l'échiquier économique et social du pays d'accueil ; dans d'autres, c'est plutôt la capillarité des réseaux qui semble remarquable : seules les religieuses acceptent en effet de s'installer dans certaines régions reculées dans lesquelles personne, pas même les médecins formés depuis la création des facultés de médecine locales, n'accepte d'exercer.

J'ai tenté d'expliquer ces différences de localisation par une comparaison entre les différents systèmes sociaux des pays d'accueil ; cette comparaison s'est avérée inapte à expliquer les différences observées. En fait, la localisation géographique des implantations hospitalières des congrégations féminines européennes ne peut s'expliquer valablement sans recours à l'histoire.

B. *L'explication par le passé*

1. *Les luttes pour la maîtrise des mers.* — Il serait difficile de comprendre la logique des implantations hospitalières des religieuses européennes hors d'Europe si on ne la replaçait pas, aux 17ᵉ et 18ᵉ siècles, dans un contexte initial de lutte pour la supériorité militaire et commerciale sur les océans. La recherche de points d'ancrage durables dans les mouillages les plus salubres et les mieux placés stratégiquement pour commander les nouveaux continents a, en effet, longtemps marqué les migrations religieuses autant que les migrations civiles européennes. Cette recherche s'est effectuée dans des contextes historiques de guerres continentales européennes qui se trouvaient transposées outre-mer. Ainsi, par exemple, au temps du premier voyage des hospitalières de Dieppe pour Québec, Marie de l'Incarnation, leur compagne de route, écrivait en 1639 à sa supérieure de Tours, dans une lettre qu'elle confiait à un pêcheur : « Nous sortons de la Manche, en très bonne disposition grâce à notre Bon Jésus, non sans avoir été en danger d'être prises par les Espagnols et les Dunkerkois... ». À Québec même, les hospitalières ne s'éloignaient guère du fort d'où provenaient la majorité de leurs malades, soldats ou marins ; de même, en fut-il plus tard à la Nouvelle-Orléans de la Louisiane, puis à Gorée du Sénégal, puis à Pondichéry en Inde. Partout, le point central de la colonie, sa possibilité d'existence, était toujours le fort construit à la Vauban.

À partir du 18ᵉ siècle, la multiplication des lazarets devait obéir à la même logique de fixité. Dans de telles institutions, jusque vers les années 1860, l'absence de religieuses, souvent secondées par des forçats ou des prisonniers, paraissait inconcevable. Ce sont elles qui, la plupart du temps, devaient gérer et administrer l'hôpital militaire ou maritime placé sous leur direction. Leurs salaires étaient inscrits sur les rôles des départements ministériels dont elles relevaient, comme ceux des médecins, des botanistes ou des ingénieurs géographes. Deux types de contrat leur étaient alors proposés : tantôt celui de la régie, qui correspondait à une prestation de services rémunérée ; tantôt, et plus généralement après la Révolution Française, celui de l'entreprise qui leur permettait d'organiser leur affaire comme elles l'entendaient, d'équilibrer leurs budgets, et de fixer les prix de journée.

2. *L'impact de la politique pontificale.* — Une étude par États de la répartition géographique des implantations intervenues au cours du 19ᵉ siècle permet, par ailleurs, de déceler une correspondance étroite entre la localisation des fondations et celles des évêchés et vicairies apostoliques créés sous les pontificats de Pie VI, Pie VII, Léon XII et surtout Grégoire XVI (1831-1846). Le phénomène est semblable en Inde où, pour éviter les effondrements catholiques de l'Amérique Latine du temps des indépendances, l'administration romaine *De Propaganda Fide* créa, à partir de 1836, des vicairies apostoliques, si mal acceptées

par la hiérarchie portugaise qu'elles furent à l'origine du schisme goanais. Les implantations actuelles apparaissent donc comme des marqueurs impressionnants d'une politique pontificale passée.

3. *L'explosion migratoire européenne.* — Avec ce phénomène, les fonctions des religieuses vont encore se diversifier. De 1820 à 1920, on s'en souvient, c'est tout un continent démographique qui déferle sur les nouveaux mondes ; dans les seuls États-Unis, plus de vingt-huit millions de personnes ; plus de dix-neuf millions de l'Europe du nord, cinq de l'Europe latino-hispanique et trois millions sept cent cinquante mille de l'Europe orientale. Le rôle des religieuses devient celui de l'accompagnement moral des migrantes, jeunes femmes de tous les milieux, mais aussi femmes tout simplement perdues dans le voyage ou plus moralement perdues, prostituées, danseuses ruinées ou malades, femmes abandonnées.

Dans ce paysage démographique migratoire, par ailleurs, le *sex ratio* demeure longtemps déséquilibré, comme le montrent, pour les États-Unis, par exemple, les premières pyramides des âges mises au point par Walker en 1870. Dans ce contexte, le rôle des femmes religieuses demeure longtemps primordial, notamment auprès des vieillards demeurés sans femme. C'est ainsi que les Petites Sœurs des pauvres laissent le souvenir de leur efficacité auprès des personnes âgées ; plus récemment seulement, elles se sont implantées auprès des communautés indiennes de l'Arizona, où l'abandon des mourants correspondait à des coutumes anciennes.

Pendant tout le 19e siècle par ailleurs, les États se trouvent en pleine mutation. Presque sans solution de continuité, les Filles de la charité de St-Vincent de Paul se font, comme elles l'ont été dans la France en gestation du 17e siècle, les « anges des soldats », en réalité, de véritables spécialistes de la médecine de guerre, présentes sur le terrain depuis les rives de la Mer Noire pendant la guerre de Crimée, jusqu'aux collines de Géorgie pendant la guerre de Sécession américaine, où leurs implantations d'alors restent encore géographiquement repérables aujourd'hui.

4. *Un style missionnaire « à l'africaine ».* — Ce style, dont l'image reste maintenant dominante dans les souvenirs collectifs, n'apparaît massivement que tardivement, guère avant le premier conflit mondial et la grande campagne sanitaire lancée en 1917 par le docteur Jamot après l'épidémie de trypanosomiase. C'est alors qu'on voit, dans les années 1925, par exemple, les Petites Sœurs du Sacré-Cœur, récemment infirmières, en Provence, des tirailleurs sénégalais évacués du front, devenir en Afrique, à bicyclettes, les pionnières de la médecine ambulatoire. Jusqu'à présent, elles avaient été précédées par les Sœurs blanches du cardinal Lavigerie et celles de Notre-Dame des apôtres, encore piétonnières et limitées à la tenue de dispensaires comme au temps des explorateurs.

Les sœurs de St-Joseph de Cluny, au contraire, restent majoritairement dans les villes naissantes des côtes africaines, fidèles à cette politique des centres de référence qui avait fait leur fortune dans les domaines de l'enseignement comme dans celui de la médecine et n'ont, pendant longtemps, dans l'hinterland que des centres de relai et de dépistage.

5. *Les villages chrétiens.* — Centres de référence, tels sont aussi les villages chrétiens, où sont menées de véritables entreprises de développement expérimental, dirigés par les sœurs de St-Joseph de Cluny ou, plus tard, par les franciscaines missionnaires de Marie. L'une des expériences les plus extraordinaires de ce type est incontestablement celle de Mana, dirigée en Guyane par la Mère Javouhey, mandatée par le Ministère de la Marine du temps de Charles X. Une colonie entière de Français secondée par des esclaves arrive avec les outils et le bétail nécessaires ; elle est placée sous la direction de la mère Javouhey, inventeur dans cette forêt amazonienne d'une sorte de « fouriérisme théocratique ». En fait, il s'agit d'une curieuse réinvention, aux temps Saint-Simoniens, de la réduction jésuite de type paraguayen, avec intégrale communauté de biens et isolement de l'extérieur. Après le renouvellement de l'interdiction de la traite des Noirs par la loi de 1831, la mère Javouhey se trouve surtout chargée par le gouvernement de l'instruction des Noirs recueillis sur les navires saisis pour contravention à la législation. Son objectif, clairement défini, est alors de démontrer aux nations européennes que l'émancipation des Noirs, manquée au temps de la Révolution Française, puisqu'elle s'était soldée par les massacres de Saint-Domingue, pouvait être à nouveau réussie selon d'autres principes.

Trois quarts de siècle plus tard, c'est une expérience d'un autre type qui est menée par les franciscaines missionnaires de Marie dans les années 1900-1920, au Congo par exemple. Leur objectif est d'éduquer, à proximité de deux ou trois kilomètres des missions des pères du Saint-Esprit, les futures femmes des villages chrétiens. Vers les années 1910-1920, ont lieu les premiers mariages entre les élèves des pères et celles des sœurs, d'où sont sortis bon nombre des cadres actuels du pays. Ce fait m'a été encore récemment rappelé par le professeur Itoua N'gaporo, doyen de la Faculté de médecine de Brazzaville, originaire de Boundgi, ancien village chrétien du Nord Congo, où les franciscaines missionnaires de Marie sont arrivées au début de notre siècle.

6. *L'évolution sanitaire générale.* — L'évolution sanitaire de la planète doit enfin être prise en compte pour comprendre celle de la fonction hospitalière. Jusque vers les années 1900, l'Afrique occidentale reste le « tombeau de l'homme blanc » et celles qui s'y aventurent en dehors des quelques points salubres de Gorée au Sénégal ou de Landana en Angola, succombent trop rapidement pour que leur sacrifice soit massivement renouvelé par leur congrégation.

L'essentiel des effectifs hospitaliers des congrégations religieuses se trouve alors dans les pays en voie d'industrialisation des nouveaux mondes anglo-saxons, latins et asiatiques : États-Unis, Argentine, Brésil, Chili, Philippines, Australie, Inde, Afrique du Sud. Là, le danger majeur auquel les religieuses infirmières se trouvent confrontées pendant tout le 19e siècle, reste celui des épidémies, qui tuent à la même cadence tant les patients que les soignants et pour la réduction desquelles il convient de pouvoir compter sur des femmes qui se savent sacrifiées et pourtant parviennent parfois à un degré d'immunisation qu'il serait intéressant d'étudier, mais qui est rare ; en témoignent, par exemple, les listes impressionnantes des Filles de la charité de St-Vincent de Paul, victimes, depuis l'Argentine jusqu'à Constantinople, du choléra mondial des années 1868-1878 ; en 1871, en Argentine, du 27 mars au 3 mai, quarante sœurs sont atteintes et succombent ; à Constantinople, du 20 février au 30 mai 1878, onze religieuses disparaissent de la même manière.

Dans les pays transformés par la révolution industrielle, les fléaux les plus meurtriers restent les différents types de tuberculose qui sévissent partout, mais surtout dans les banlieues ouvrières, les pneumonies dues aux carences des systèmes de chauffage et les typhoïdes causées par une mauvaise hygiène urbaine. Pour la prophylaxie et la thérapeutique de telles affections, les sœurs du Bon secours de Paris réinventent outre-Atlantique la visite à domicile, qui fait leur originalité par rapport aux centres hospitaliers financés par des bienfaiteurs riches.

Au cours du 19e siècle, cependant, turberculose, typhoïde, pneumonies, diarrhées du nourrisson, régressent au profit de maladies de riches : maladies du cœur, hypertension, cancer et autres tumeurs malignes. Ces maladies demandent des soins beaucoup plus sophistiqués que les précédentes, mais sont par ailleurs moins dangereuses pour les soignants.

La profession d'infirmière laïque va pouvoir commencer de s'organiser. En France, par exemple, le premier diplôme d'État d'infirmières est institué en 1922 seulement ; le nombre des infirmières laïques ne dépassera celui des infirmières religieuses qu'en 1939 et autour d'une médiane d'effectifs de quatorze mille environ ; mais les vocations religieuses deviennent progressivement moins nombreuses et la comparaison du statut laïc et religieux fait ressortir des archaïsmes. Encore dans les années 1960, certaines religieuses vivaient toujours sous le régime d'un contrat passé entre leur congrégation et la direction de leur hôpital, aux termes duquel, elles étaient considérées comme « filles de la maison », sous-payées, admises à faire valoir, à soixante-quinze ans seulement, leur droit à une « reposance » assimilée à une microscopique pension de subsistance ; puis enfin... à un enterrement gratuit de première classe.

Dans ces conditions, les religieuses hospitalières, désormais de moins en moins nombreuses, mais chargées d'un patrimoine immobilier considérable, cherchent, à partir de la période conciliaire, des modes de reconversion. Plusieurs d'entre elles, telles les Xavières, soucieuses de trouver des modes d'adaptation de leur charisme dans un rôle qui ne les limite pas à des fonctions de gestionnaires d'hôpital, trouvent leur originalité dans des recherches de finalité aujourd'hui devenues recherches de pointe, notamment dans l'accompagnement des patients en phase terminale.

Dans leurs activités de médecine de guerre, cependant, les religieuses ont été depuis longtemps déjà, quoique progressivement, remplacées par les infirmières laïques et les organisations non gouvernementales. L'amorce de cette mutation date de la bataille de Solferino de 1859, au cours de laquelle fut créée la Croix-Rouge.

En revanche, dans les pays en voie de développement, les réseaux sanitaires créés au moment de l'apogée des missions des années 1950 ont joué un rôle essentiel dans la diffusion des programmes élargis de vaccination mis en œuvre par l'O.M.S. dans les deux décennies suivantes. On peut affirmer que la préexistence de ces réseaux, dont la capillarité est remarquable, a joué comme facteur déterminant de cette diminution historique de la mortalité infantile dans les pays en voie de développement.

*   *
*

Il convient de retenir de ce survol historique que les religieuses européennes ont, au cours des trois cent cinquante années de leur immigration hors d'Europe, trouvé des sociétés dont les degrés et les chances de développement s'avéraient très diverses. Au stade monarchique et guerrier a correspondu l'édification de grands hôtels-Dieu ou de grands hôpitaux militaires. Plus tard, elles ont aidé les migrants à survivre puis à corriger les déséquilibres de leurs premiers établissements.

Dans les régions du monde les plus handicapées par leurs climats, elles ont accepté d'affronter ces climats et sont parvenues à créer des structures sanitaires d'autant plus remarquables que les conditions technologiques étaient loin d'être favorables ; encore aujourd'hui, comme j'ai pu en faire l'expérience l'année dernière, elles peuvent se trouver sans électricité, sans eau potable, sans eau tout court, même dans telle maternité de Côte d'Ivoire, obligées de faire face aux problèmes posés par une rupture de la chaîne du froid, ou plus archaïquement encore, par celle de l'approvisionnement en bois de feu.

Sans doute est-ce aujourd'hui, alors que leur condition statutaire est devenue précaire dans la plupart des pays neufs, que leur action y atteint au niveau de l'exploit. L'étude démographique que j'ai pu mener en 1986, grâce à l'aide bienveillante du diocèse de Nantes, a montré qu'aujourd'hui encore leur durée de vie moyenne en mission dépassait les vingt ans. Pourquoi ces faits sont-ils actuellement si méconnus du grand public et si naturellement sous-estimés ?

FRANÇOIS RENAULT

PRINCIPES MISSIONNAIRES ET ACTION SANITAIRE DES PÈRES BLANCS ET SŒURS BLANCHES DU CARDINAL LAVIGERIE (1868-1960)

Parmi les actions humanitaires des missions religieuses, celles concernant la santé sont certainement les plus importantes et les plus répandues. Elles illustrent ce fait que l'évangélisation n'est pas œuvre de pure spiritualité s'adressant seulement à une âme à sauver, mais concerne la personne humaine toute entière : un individu et, plus largement, une société ne peuvent connaître les valeurs spirituelles s'ils se trouvent quotidiennement aux prises avec la misère, la souffrance, l'angoisse du lendemain.

Dans ce cadre général, se situe l'action des sociétés missionnaires fondées par Mgr Charles Lavigerie, nommé archevêque d'Alger en 1867. Déjà ouvert aux problèmes missionnaires de l'Église par ses études universitaires et la fonction, exercée pendant quelques années, de directeur de l'Œuvre des écoles d'Orient, il réalise l'urgence de l'action à entreprendre en abordant un continent où la présence chrétienne se réduisait à quelques îlots épars sur les côtes. Dès l'année 1868, il obtient du Saint-Siège la création d'une délégation apostolique du Sahara et du Soudan, dont il assume la charge, et il fonde deux congrégations religieuses pour y exercer l'apostolat. L'une, pour les hommes, composée de prêtres et de frères, fut bientôt connue sous le nom de Pères blancs. La seconde, pour les femmes, celle des Sœurs blanches, passa par des débuts beaucoup plus laborieux et ne prit son essor qu'une quinzaine d'années plus tard. Leur champ d'action se réduisit d'abord à l'Afrique du nord. Les Pères blancs l'élargirent ensuite à l'Afrique centrale du temps même de leur fondateur et, après sa mort, à l'Afrique occidentale. Les Sœurs blanches les suivirent dans ces diverses régions sans d'ailleurs que leurs postes de mission se situent nécessairement aux mêmes endroits.

A. *Directives et action de Lavigerie*

Les nouvelles sociétés missionnaires avaient un champ d'apostolat particulièrement difficile, puisqu'il se situait en milieu musulman. Le premier problème à résoudre consistait à faire accepter leur présence : il se posa d'abord pour la congrégation des Pères Blancs. À cet effet Lavigerie fixa, pour eux, le principe d'une conformité aussi complète que possible au mode de vie des Arabes d'Afrique du nord, en adoptant la langue, le costume, les habitudes matérielles d'existence. Il fut frappé, en outre, de la réflexion d'un docteur d'Alger qui, après avoir parcouru le sud du pays, lui rapporta comment le fait de soigner les malades lui assurait partout une réception empressée. Il prescrivit donc des cours de médecine dès le premier noviciat établi en 1868, et cette pratique se maintint par la suite. Les connaissances acquises devaient naturellement trouver leur emploi. Les premières constitutions prévoyaient, parmi les œuvres à exercer dans chaque poste de mission, des dispensaires et des visites aux malades du voisinage. Elles en précisaient l'esprit : un « office de charité » à remplir suivant l'exemple de Jésus-Christ, qui soulageait les souffrances physiques ; et cette considération générale ne faisait pas oublier le simple bon sens : ne pas prescrire de traitement pour les maladies qu'on ne connaissait pas.[1] La Société des missionnaires d'Afrique, d'Alger (tel fut le premier nom de la nouvelle fondation) établit des postes en diverses localités du Sahara algérien et en Kabylie. Selon les directives reçues, chacun d'eux établissait des contacts avec la population sur la base de deux activités : l'école et le dispensaire. Si la première connut d'incessantes fluctuations, la seconde fut beaucoup plus régulière. Lavigerie jugea même utile de mettre ses missionnaires en garde contre un accaparement excessif : « Gardons-nous de nous faire appeler médecins. Nous ne sommes pas des médecins, mais des hommes de prière, des serviteurs de Dieu ».[2]

De plus, par mesure de prudence personnelle et pour éviter les racontars dans des pays où le célibat religieux ne pouvait être tout de suite compris, les missionnaires ne devaient pas soigner eux-mêmes les femmes, mais indiquer à des membres de la famille comment appliquer des remèdes. C'était un palliatif, et la meilleure solution consistait dans la présence de religieuses. Cette raison, avec d'autres plus fondamentales, conforta Lavigerie à poursuivre ses efforts pour organiser, malgré de plus grandes difficultés, une congrégation de sœurs missionnaires. Parmi les œuvres à accomplir, énumérées dans leurs constitutions, se trouvaient les hôpitaux, dispensaires et visites de soins à domicile pour les indigènes.

Outre les dispensaires, on pensait en effet à des réalisations de plus grande envergure, et deux se réalisèrent à cette époque en Afrique du nord. La première se situa aux Attafs, dans la plaine du Chéliff. Lavigerie, après avoir recueilli de nombreux orphelins lors d'une grande famine qui affecta l'Algérie en 1868, y fonda deux villages pour établir, après leur mariage, ceux que les familles n'avaient pas réclamés. Ces Arabes, devenus chrétiens pour la plupart, vivaient au milieu de populations musulmanes qui disposaient de fort peu de secours en cas de maladie. L'ouverture de dispensaires par les pères établis dans les deux villages, apporta une première amélioration. Une autre eut lieu en 1874, quand Lavigerie put construire un petit hôpital grâce à l'entremise d'un haut fonctionnaire qui lui

---

[1] *Constitutions [...] de l'Institut des missionnaires du vénérable Géronimo* (Alger, 1869), p. 112-113. Cette dénomination, donnée d'abord par Lavigerie à sa société missionnaire, fut rapidement abandonnée.

[2] Retraite de 1877, *Instructions aux missionnaires* (Namur, 1950), p. 321-322.

était favorable (cas rare dans l'administration coloniale algérienne). L'établissement compta d'abord cinquante, puis soixante lits. Le service médical était dirigé par un docteur en médecine, assisté de religieuses, Filles de la charité, puis Sœurs blanches. Les malades étaient reçus gratuitement. Les ressources provenaient de subventions du Gouvernement général, du revenu de terres et d'allocations de l'Œuvre de la propagation de la foi, sollicitée par l'archevêque d'Alger qui demeurait propriétaire. L'hôpital était destiné aux indigènes, les colons européens de la région n'étant admis qu'en cas d'urgence, car ils disposaient ailleurs de moyens d'obtenir des soins. Avec sa prudence habituelle en matière d'apostolat en milieu musulman et pour ne pas abuser de l'état dépressif des malades, Lavigerie interdit toute prédication auprès d'eux, l'estimant « une faute grave qui retarderait indéfiniment et empêcherait même, peut-être à toujours, le rapprochement que nous devons désirer ».[3] Il fallait laisser le temps faire son œuvre. L'établissement s'agrandit à la suite du renouvellement, en 1889, de la convention entre le diocèse et le Gouvernement général : le nombre de lits fut porté à cent-vingt et les Européens devaient être plus largement admis.

La question sanitaire rentra également dans les préoccupations de Lavigerie quand, en 1881, il ajouta à ses fonctions celle de vicaire apostolique de Tunisie et s'occupa activement d'organiser cette circonscription ecclésiastique en vue de la transformer en diocèse avec la restauration de l'antique siège de Carthage, qui eut lieu trois ans plus tard. À sa prise de possession, il hérita, parmi les propriétés du vicariat, d'un « hôpital » ; du moins appelait-on ainsi un bâtiment délabré, ne pouvant en fait recevoir plus de trente malades et dans des conditions d'hygiène assez précaires. Il réorganisa ce service en instituant un conseil d'administration, puis en obtenant la cession d'une ancienne caserne des troupes du Bey. Il la fit aménager pour y disposer cent cinquante lits et en confia la gestion aux sœurs de Saint-Joseph, le service médical proprement dit étant assuré par trois médecins et un interne. À la différence de l'hôpital des Attafs, celui-ci recevait indistinctement Tunisiens et Européens, car on comptait un certain nombre d'indigents parmi ces derniers. Il fut vendu à l'administration du protectorat en 1892. En même temps que la réorganisation de cet établissement, Lavigerie avait institué un asile pour les vieillards et une maison de religieuses gardes-malades pour les soins à domicile. Celles-ci répondaient à toutes les demandes, gratuitement pour les plus pauvres, et laissant les plus fortunés apprécier par eux-mêmes le montant d'une compensation financière raisonnable. Une menace particulière pesait sur la Tunisie : le choléra qui faisait régulièrement son apparition. Lavigerie fit réimprimer et diffuser un petit traité pratique sur les moyens de prévenir et de combattre l'épidémie.

Si des réalisations d'une relative importance s'avéraient possibles en Afrique du nord, la situation se présentait sous des aspects tout différents en Afrique centrale quand les premiers Pères blancs s'y établirent en 1879. Ils fondèrent des postes de mission au Buganda et sur le lac Tanganyika. Ces régions se trouvaient reliées à la

---

[3] Lavigerie au général Wolff, 24 mai 1874 ; minute, Arch. Lavigerie, SB 355.

côte par des pistes de caravanes dominées par les traitants en provenance de Zanzibar, et les voyages exigeaient un délai de quatre à six mois. Des explorateurs européens avaient bien fourni des informations au cours des trajets parcourus, mais elles restaient minimes par rapport à l'immensité d'un continent dont l'intérieur restait encore largement inconnu. Les Européens, qui commencèrent alors à y établir des stations permanentes, furent confrontés, sur le plan sanitaire, à des maladies qu'ils ne connaissaient pas et à une grande difficulté dans l'approvisionnement en remèdes. Lavigerie en était bien conscient quand il envoya ses premiers groupes de missionnaires. Dans ses instructions successives, adaptées en fonction des renseignements supplémentaires reçus, il leur prescrit, d'abord pour eux-mêmes, de choisir des lieux salubres d'habitation afin de préserver leur santé dans toute la mesure du possible et, vis-à-vis des autochtones, de se fournir d'une quantité suffisante de médicaments pour dispenser leurs soins. Aucune formation préliminaire n'était toutefois possible, étant donné l'ignorance en Europe des problèmes sanitaires de ces régions ; il revenait aux missionnaires de faire sur place leur propre expérience.

Celle-ci, du temps de Lavigerie, resta de portée limitée au Buganda, mais plus importante sur le lac Tanganyika. Après plusieurs péripéties, les Pères blancs fondèrent sur sa rive occidentale deux grandes stations qui rassemblaient non seulement le groupe des convertis, mais aussi des villages entiers venus se placer sous leur protection afin de se garantir contre les razzias incessantes d'esclaves. Le mouvement des caravanes à travers le lac était relativement important et répandait souvent cette épidémie chronique en Afrique orientale : la variole. Pour s'en garantir, les missionnaires fabriquèrent un vaccin en prélevant un virus sur un sujet légèrement atteint pour l'inoculer à d'autres, puis de ces derniers sur d'autres encore, trois cents personnes en tout, jusqu'à ce qu'il devînt suffisamment affaibli pour être utilisé de façon efficace : au terme de deux ans, grâce à ce procédé, on ne comptait plus de varioleux dans ces stations.

Bien d'autres maux par contre demeuraient : plaies provenant de maladies ou d'accidents, affections de la peau, des yeux, d'intestins, etc. À Kibanga, au nord-ouest du lac, les missionnaires établirent une infirmerie, où ils donnaient leurs soins en appliquant des remèdes venus d'Europe, mais aussi en employant des plantes médicinales dont ils avaient étudié les vertus avec l'aide des autochtones.[4] On ne relève pas, comme en Afrique du nord, des tournées dans les villages, au cours desquelles des soins auraient pu être prodigués aux malades. Les circonstances s'y opposaient. Au Buganda, royaume très structuré, le *kabaka* (roi) interdisait aux étrangers de circuler dans son pays. Sur la rive occidentale du Tanganyika, les populations étaient très fragmentées mais, précisément pour cette raison, elles offraient un terrain de chasse très propice aux traitants d'esclaves, qui créaient un état permanent d'insécurité, peu propice aux voyages d'individus isolés.

---

[4] Sur ces questions, le texte le plus développé est une lettre du P. Vyncke au P. Lévesque, 19 mars 1888. Elle a été publiée dans *Missions d'Alger,* novembre 1888, n° 72, p. 442-448.

On constate donc que l'exercice d'une médecine au moins élémentaire, et parfois plus élaborée, s'associait à la présence des missionnaires au milieu des populations. Lavigerie cependant n'en demeura pas à ce stade : il alla plus loin en y préparant les Africains eux-mêmes. Parmi les orphelins recueillis en Algérie lors de la famine de 1868, il distingua les plus aptes aux études, qui furent envoyés dans un collège de France. Plusieurs se rendirent ensuite à Lille pour suivre les cours de la Faculté catholique de médecine : cinq d'entre eux, après un stage en Afrique du nord, passèrent leur doctorat à Paris en 1888 et 1889. Lavigerie ne pensait pas les rattacher directement à la mission, mais il en espérait, outre une clientèle payante qui puisse leur assurer les moyens de vivre, un service en Afrique auprès des plus pauvres auxquels les soins seraient fournis gratuitement.[5] Comme il le rappelait à l'un deux : « ce n'est certainement pas dans l'intérêt de la France, mais dans celui de vos compatriotes africains que je vous ai fait élever à si grand frais et avec tant de peine ».[6] L'application de ce programme rencontra de grosses difficultés en Algérie par suite de l'hostilité des milieux coloniaux à la présence de docteurs en médecine arabes : l'un d'eux parvint cependant à s'établir à Alger. Un autre exerça en Tunisie et un troisième se rendit à Jaffa pour répondre à un appel du directeur de l'hôpital catholique de cette ville. Les deux derniers, par contre, s'établirent en France, où ils se marièrent avec des jeunes filles qu'ils avaient connues durant leurs études.

La pensée de Lavigerie de formation aux études médicales ne se limita pas aux jeunes Arabes d'Afrique du nord, elle concerna également les Noirs d'Afrique centrale. Avant d'y envoyer ses premiers missionnaires, Lavigerie avait exposé au Saint-Siège un vaste plan traçant les méthodes à suivre pour assurer le développement de l'œuvre d'évangélisation dans des conditions particulièrement difficiles. Nous en retiendrons ici le point le plus important : la formation de médecins-catéchistes africains. Cette idée ressortissait à plusieurs considérations : le principe de la « régénération de l'Afrique par l'Afrique elle-même », adopté à la suite de Comboni ; la leçon tirée d'expériences missionnaires précédentes dans la zone équatoriale, montrant que les Européens ne pouvaient y vivre longtemps ; la nécessité de donner aux Africains, qui devaient assurer la permanence de l'œuvre entreprise, une capacité professionnelle apte à leur fournir sur place des moyens d'existence et à les revêtir d'un certain prestige. L'exercice de la médecine semblait répondre le mieux à cette dernière exigence. La constitution d'un clergé autochtone ne rentrait pas encore dans ce cadre : il était renvoyé à une étape ultérieure. La première approche consistait à former des hommes à la fois « médecins chrétiens et vraiment apôtres par le cœur ». Quant au personnel, il devait être trouvé par le moyen du rachat de jeunes esclaves, déjà réalisé dans les oasis sahariennes d'Afrique du nord auprès des caravanes en provenance du Soudan ; les premiers missionnaires envoyés en Afrique centrale, en 1878, reçurent pour instruction de

---

[5] Lavigerie à Bridoux, 5 janvier 1884 ; arch. Lavigerie C 3-59 (1).
[6] Lavigerie à Michel Hamed ben Miloud, 17 octobre 1889 ; arch. Lavigerie B 9-64.

poursuivre cette pratique. Les enfants jugés les plus aptes devaient être orientés vers les études, même de niveau universitaire.

Le lieu à choisir pour une telle formation, fut mûrement pesé : l'Europe ne pouvait convenir, car elle exigeait une transplantation brutale dans un tout autre climat et il fallait cependant une ambiance favorable à l'éducation chrétienne. Lavigerie opta finalement pour l'île de Malte, où existait une Faculté catholique de médecine. Il acquit une maison où, en 1881, arrivait un premier groupe de jeunes Noirs rachetés de l'esclavage : ils avaient commencé leurs premières études en Afrique du nord. D'autres les rejoignirent les années suivantes en provenance d'Afrique centrale. Arrivés à l'âge d'entrer en Faculté, ils ne devenaient pas des étudiants proprement dits, car ils ne passaient pas d'examen. Après entente avec les autorités universitaires, il fut décidé de réduire leur cycle de cours à trois années, sanctionné par une attestation de leurs professeurs et suivi d'une année de stage en hôpital. Neuf Africains suivirent ce processus au terme duquel ils se rendirent dans les missions des Pères blancs, en Uganda et de part et d'autre du lac Tanganyika. Ils assumèrent divers postes de responsabilité et, certains, avec un remarquable dévouement. Tous cependant ne persévèrent pas au service de la mission.

Le chiffre réduit de ces « médecins-catéchistes » s'explique par différentes circonstances. D'abord, ces enfants venus directement du centre de l'Afrique trouvaient de grandes difficultés à suivre des études de type européen : même choisis parmi les plus capables, un certain nombre devaient abandonner en cours de route. De leur côté, beaucoup de missionnaires jugeaient inutile de les pousser à un niveau de connaissances aussi élevé et ils se défiaient d'un rôle trop autonome joué par des laïcs. Enfin, à l'époque de la mort de Lavigerie, la situation en Afrique se modifia radicalement avec la mise en place, sur tout le continent, des administrations coloniales. On pouvait facilement prévoir que celles-ci offriraient à des Africains, déjà familiarisés avec certaines méthodes européennes, des conditions de travail, en particulier financières, avec lesquelles la mission ne pouvait pas rivaliser : c'est d'ailleurs ce qui se produisit pour certains d'entre eux. Ces divers motifs amenèrent la fermeture de la maison de Malte en 1896.[7]

B. *Directives missionnaires*

Après la mort de leur fondateur en 1892, les Pères blancs conservèrent les mêmes principes quant à l'importance de l'action sanitaire. Ils les explicitèrent dans leurs directoires, c'est-à-dire commentaires officiels du texte des constitutions. Celui de 1914, dans un style qui est évidemment celui de son époque, dégage d'abord cette orientation fondamentale :

---

[7] F. RENAULT, *Lavigerie, l'esclavage africain et l'Europe*, t. I, p. 157-164 ; 213-236. Sur l'un des médecins-catéchistes, le plus connu, cfr R. FOUQUER, *Le docteur Adrien Atiman*, Paris, 1964.

« Les Constitutions placent le souci des malades en tête des œuvres de zèle, non sans doute comme la plus importante, mais comme la plus apte à mettre immédiatement les missionnaires en relation avec toutes les classes de la société indigène. »

En conséquence, chaque poste de mission devait entretenir un dispensaire ou, au moins, une petite pharmacie et, sauf dérogation particulière, fournir gratuitement les soins. S'inspirant encore des directives premières de Lavigerie, le texte recommandait une application judicieuse des traitements pour ne pas compromettre par inadvertance l'état des malades : « C'est un devoir de conscience toujours grave ». On devait rechercher plutôt des remèdes simples, mais de bonne qualité, et utiliser les ressources fournies dans le pays par les plantes médicinales. La plus grande réserve était recommandée dans les soins donnés aux femmes. Il fallait plutôt les confier aux religieuses quand elles étaient présentes sur place : on espérait d'ailleurs que celles-ci puissent se charger d'un dispensaire proprement dit, qui exige une permanence, afin de rendre les pères davantage disponibles pour leurs tournées dans les villages.[8]

Les Sœurs blanches effectivement se spécialisèrent beaucoup plus dans les services de santé. Ceux-ci s'échelonnaient sur trois niveaux : hôpitaux, dispensaires, visites à domicile. Si leurs constitutions (texte de base) restaient très brèves dans cette énumération, les directoires en donnaient un plus large commentaire, qui se développa au fur et à mesure des éditions successives, signe de la part croissante prise par ce genre d'activité. Alors que le texte de 1886 restait encore assez succinct à ce sujet,[9] celui de 1897 était beaucoup plus détaillé. Il donnait, pour les hôpitaux, des prescriptions sur la façon de donner les soins, la propreté des salles de malades, les habits à porter, les relations avec les médecins, etc. En outre, chaque poste de mission devait, autant que possible, s'équiper d'un dispensaire, sous la responsabilité d'une sœur ayant pris auparavant « quelque teinture des maladies les plus ordinaires dans le pays et de la manière de les soigner ». Quant aux visites à domicile, elles devaient s'effectuer ordinairement deux fois par semaine, et plus souvent en cas d'épidémies. Dans tous les cas, le principe fondamental restait le même : « Les Sœurs se persuaderont que le souci des malades est un des ministères les plus efficaces et les plus féconds » ; et cette orientation spirituelle se complétait d'un conseil fort réaliste envers ces femmes qui devaient entretenir de multiples relations : ne pas perdre leur temps en bavardages inutiles...[10] Ces instructions, tout en conservant le même esprit, s'adaptèrent avec le temps pour tenir compte de situations nouvelles. On le constate bien dans le directoire de 1938. Sans entrer dans le détail, nous relèverons

---

[8] *Directoire des constitutions*, Maison-Carrée, 1914, p. 254-258.

[9] *Directoire pour l'observation des règles de la congrégation des Sœurs de Notre-Dame des missions d'Afrique*, Alger, 1886, p. 92-94.

[10] *Coutumier et directoire...*, Alger, 1897, p. 98-103.

ici les points essentiels. Les hôpitaux, précisait-on, « sont destinés généralement aux indigènes ». Une telle précision s'avéra nécessaire à la suite de l'augmentation de la population européenne en Afrique. Celle-ci disposait d'établissements sanitaires sans mesure comparable avec les populations autochtones : or, c'est à ces dernières que se destinaient les sœurs missionnaires, et elles voulaient conserver leur identité. Les Européens n'étaient pas exclus pour autant : ils pouvaient être admis dans les hôpitaux de la mission, si aucun autre n'existait à proximité. En outre les visites à domicile devaient aussi s'effectuer chez eux s'ils se trouvaient isolés. Le même directoire ajoutait encore une autre section à celles précédemment mentionnées : celle de l'assistance maternelle.[11]

Telles étaient les directives générales. En ce qui concerne la mise en pratique, une préparation était d'abord prévue pour les futurs pères et les futures sœurs missionnaires, mais à des niveaux différents. Les premiers recevaient des cours élémentaires au noviciat qui se situait à Maison-Carrée, dans la banlieue d'Alger. La théorie se complétait ensuite d'exercices pratiques durant les quatre années d'études de théologie, qui se poursuivaient à Carthage et, plus tard, se partagèrent entre cette dernière ville et Thibar, village situé à mi-chemin entre Tunis et la frontière algérienne, où un vaste bâtiment fut construit à cet effet. Les séminaristes entretenaient ce qu'ils appelèrent la « toubiberie » (du mot arabe *toubib*, médecin), réserve de médicaments dont ils garnissaient des boîtes spécialement aménagées, en allant visiter les douars des environs, les jours de congé. Cette première expérience laissa de vifs souvenirs chez tous ceux qui la connurent. Elle restait néanmoins limitée. Les sœurs, auxquelles incombait plus spécialement la charge des questions sanitaires, avaient besoin d'une formation plus poussée. Aussi, dès 1910, à l'occasion d'une refonte des constitutions, l'article suivant fut introduit : « Pour les dispensaires et les hôpitaux, on fera donner des leçons de pharmacie ou de médecine aux Sœurs qui y seront destinées, et on fera prendre au plus grand nombre possible des brevets d'infirmières » (art. 124). Le champ d'application s'élargit de plus en plus avec le temps : nous y reviendrons.

C. *Dispensaires et hôpitaux*

Après la formation, venait l'exercice sur le terrain. Il est fort difficile de brosser un tableau général de l'œuvre sanitaire des Pères blancs et Sœurs blanches, car, si les principes de base étaient bien unifiés, leur application pratique se diversifiait beaucoup selon les territoires où ils se trouvaient, c'est-à-dire en Afrique du nord (Algérie, Tunisie et Sahara), en Afrique occidentale (Mali et Burkina) et, au centre du continent, de l'Uganda au Malawi, avec la partie orientale du Zaïre. À la diversité des populations, s'ajoutait celles des conditions géographiques, donc des

---

[11] *Directoire...*, Birmandreis, 1938, p. 208-223.

maladies à soigner, et des administrations coloniales. Un point était commun à ces dernières, la réglementation de l'exercice de la médecine, mais leur attitude vis-à-vis des missions fut très différente. Tandis que le gouvernement français les ignorait (au moins sur le plan officiel, car bien des accomodements se concluaient en fait selon les circonstances), les Belges pratiquaient avec elles une large politique de collaboration, comme sur le plan scolaire ; les Anglais se situaient en quelque sorte à mi-chemin des deux premiers par une attitude bienveillante, mais sans soutien systématique.

L'œuvre la plus difficile à définir est certainement celle des dispensaires. Activité modeste sur le plan local, elle apportait, par sa large diffusion, une amélioration notable dans la vie quotidienne de nombreuses populations sans qu'il soit possible de l'évaluer de façon satisfaisante. Les bulletins ou rapports des missionnaires en parlent fréquemment pour donner des statistiques de fréquentation ou décrire les séances de soin, en indiquant certains types de maladies et les remèdes employés, la difficulté aussi de faire comprendre la nécessité d'un certain type d'hygiène domestique, susceptible de prévenir ou de favoriser la guérison de certains maux. Ces notations toutefois restent généralement brèves, les auteurs n'éprouvant pas le besoin de multiplier les détails sur une part tout ordinaire et quotidiennement répétée de leur travail. C'est en définitive ce dernier aspect qu'il importe de souligner ici. Dans les pays musulmans d'Afrique du nord, le dispensaire offrait, avec l'école, un moyen privilégié de contact avec les populations. Par suite de la relative importance de la présence européenne, le réseau médical de l'État était plus fourni qu'en Afrique noire, mais les missionnaires se trouvaient surtout dans des villages beaucoup moins bien desservis de Kabylie et du Sahara et leur apport sur le plan sanitaire s'avérait précieux. Dans leur maison d'Alger, les Sœurs blanches s'étaient spécialisées en ophtalmologie et à Touggourt, dans le sud algérien, l'une d'elles opérait de petites interventions chirurgicales.

Les maladies les plus fréquentes, soignées dans les dispensaires, variaient suivant les régions. D'une façon générale, on y pansait beaucoup de plaies et de blessures, causées par les animaux, des accidents naturels ou des rixes. En Afrique du nord et en Afrique occidentale, les maladies d'yeux étaient fréquentes, ainsi que la gale et la syphilis. Les deux dernières se retrouvaient en Afrique centrale, qui connaissait en outre le *funza* (petite puce rentrant dans les chairs), la fièvre des tiques, causée par des piqûres d'une sorte de punaises et pouvant provoquer de vives douleurs aux yeux, et la bilharziose dans les régions situées en bordure des lacs. Les soins s'opéraient sur la base de remèdes importés d'Europe, mais le coût s'avérait élevé par rapport aux ressources disponibles et des missionnaires s'intéressèrent aux plantes africaines, dont un certain nombre possèdent des vertus curatives. La recherche, en ce domaine, aurait dû se diriger d'abord du côté des guérisseurs, susceptibles de fournir une foule d'informations. De gros obstacles toutefois s'y opposaient. Dans les sociétés traditionnelles, le savoir est associé au secret partagé seulement dans un cercle d'initiés et, quand il s'agit du savoir médical, son exercice est lié à des rites religieux. Les missionnaires obtinrent fort peu de renseignements de ce côté. Certains d'entre eux poursuivirent plutôt leurs recherches en examinant la façon dont les autochtones en général se soignaient, en les interrogeant et en procédant par expérimentations personnelles. Ils furent ainsi en mesure de dresser des listes de plantes et la façon de les traiter pour remédier à des affections très diverses.[12]

Le rôle du dispensaire n'était pas seulement de guérir, mais aussi de prévenir en expliquant la nécessité de certaines précautions d'hygiène et d'équilibre alimentaire. Sur ce dernier point, le cas le plus grave était le « kwashiorkor », phénomène de malnutrition des jeunes enfants, dû à la carence en protéines consécutive à un sevrage trop tardif et à la nature des aliments ensuite donnés : ce mal causait une forte mortalité infantile ou des déficiences dont l'individu restait marqué pour la vie. Le rôle de l'infirmière consistait alors à conseiller un meilleur régime alimentaire plus riche en protéines, mais elle devait lutter souvent contre le poids des habitudes. Dans les écoles, des campagnes d'information tendaient à sensibiliser les élèves sur la façon de prévenir certaines maladies courantes. De petits manuels ou des tableaux figuratifs expliquaient de façon simple leur propagation et certains moyens à prendre pour les éviter. Contre le paludisme, par exemple : ne pas laisser subsister des mares stagnantes auprès des maisons, ni des récipients trop longtemps pleins de la même eau. Ces sortes de mesures restaient à la portée de tout le monde et, en se démultipliant, pouvaient apporter une amélioration réelle.[13] Toujours dans le domaine de l'information, il faut relever le fait que les missionnaires se communiquaient d'un territoire à l'autre les résultats de leur expérience. Leurs archives contiennent un certain nombre de notes manuscrites ou imprimées dans les *Chroniques* à usage interne. Si elles n'avaient pas une large diffusion, du moins s'adressaient-elles à des destinataires qui pouvaient s'en inspirer en vue d'une action plus efficace sur le plan local. Elles concernaient des points particuliers. Sur des questions importantes, ceux qui procédèrent à des recherches plus approfondies en firent l'objet de travaux destinés au public : on en trouvera la liste ci-dessous, en annexe.

Outre le réseau très étendu des dispensaires, fonctionnaient des unités de plus grande dimension, les hôpitaux. Ce secteur était, sauf exceptions, celui des religieuses et elles travaillaient dans trois types d'établissements. Les uns appartenaient à leur congrégation ou au diocèse, tout en recevant des subventions soit de l'État, soit d'organismes privés. Les autres relevaient de l'administration civile : ou bien elles en recevaient la gestion, ou bien, sans en prendre la responsabilité directe, elles s'y engageaient au même titre que les infirmières laïques.

---

[12] Voir le livre du P. J.-M. DURAND, *Les plantes...* (cité en annexe). D'autre part, les archives des Pères blancs contiennent des listes manuscrites de plantes médicinales.

[13] Un exposé détaillé fut rédigé par le P. Jean GOARNISSON, docteur en médecine, à l'usage des infirmiers faisant des tournées dans les villages, afin de donner aux habitants les informations et conseils sur un certain nombre de maladies, régimes alimentaires à suivre, etc. : *Exposé médico-social de l'éducation de base,* Ouagadougou, 1954, 92 p. dactylogr. (Arch. Pères blancs 283-4).

C'est en Algérie que débuta leur insertion dans le système sanitaire. Nous avons déjà mentionné l'hôpital construit par Lavigerie aux Attafs. La première convention entre le diocèse et le Gouvernement général fut renouvelée à plusieurs reprises en se basant sur les mêmes principes, mais en comportant des adaptations. Les bâtiments s'agrandirent pour recevoir davantage de malades et abriter des services spécialisés : chirurgie avec bloc opératoire et service des contagieux. À l'origine, cet hôpital était le seul qui fut réservé aux Algériens et pouvait donc s'adapter dans une certaine mesure à leur mode de vie. C'était indispensable car, s'ils n'hésitaient pas à recourir aux soins donnés par les Européens, ils répugnaient à demeurer, même pour quelques jours, dans un établissement sanitaire dont l'ambiance leur paraissait tellement étrange. Or celui des Attafs leur offrait un cadre différent, et cette expérience s'avéra suffisamment concluante pour encourager son renouvellement en d'autres points du territoire.

Peu de temps après la mort de Lavigerie, des conventions furent signées entre le gouverneur général de l'Algérie, d'une part, et, d'autre part, le supérieur général des Pères blancs ou la supérieure générale des Sœurs blanches. En chaque cas, ceux-ci s'engageaient à construire, avec l'aide de subventions de l'État, un hôpital réservé aux indigènes et abritant un maximum de cent lits. Ils en confiaient la gestion à une religieuse nommée par eux. Celle-ci avait à sa charge tous les frais de fonctionnement, y compris le traitement du médecin : elle recevait, pour les couvrir, le remboursement par l'administration du prix de journée de chaque malade calculé sur un taux fixe. Des règlements ultérieurs précisèrent que vingt lits devaient être réservés aux vieillards et incurables, que la gestion de l'établissement serait supervisée par une commission de surveillance, formée de l'administrateur de la commune avec deux notables européens et deux notables indigènes et que tout prosélytisme était formellement interdit. Cette dernière disposition ne ressortissait pas seulement à la méfiance très vive de l'administration coloniale algérienne à ce sujet : on a vu que Lavigerie l'avait déjà prescrite de lui-même aux Attafs.

Trois hôpitaux de ce type furent construits et s'ouvrirent en 1895 : à Biskra, à Arris, dans les Aurès, et à Ouarzen, en Kabylie. Là aussi s'effectuèrent des agrandissements successifs. Le cas de Biskra est le plus remarquable avec la création de services de chirurgie, radiologie, ophtalmologie et contagieux. Dans cette ville, où s'accrut le nombre des résidents européens, l'hôpital leur fut ouvert après un certain temps ; il comptait trois cent trente lits en 1952. Les religieuses créèrent, d'autre part, une école pour infirmiers. L'hôpital d'Ouarzen ne connut pas le même développement, mais se trouvant dans un pays de forte mortalité infantile, il se spécialisa dans la pédiatrie. Celui d'Arris, enfin, eut un temps d'existence assez bref, car les circonstances de guerre et des litiges avec l'administration amenèrent sa fermeture en 1915. Outre ces établissements entretenus par accord entre la société missionnaire et l'État, signalons un autre cas : celui d'El Affroun, à cinquante kilomètres au sud-ouest d'Alger. La convention cette fois se conclut en 1927 avec le Syndicat agricole, sorte de coopérative fondée par les colons du pays. Les bases en étaient les mêmes que précédemment : un hôpital confié aux religieuses et réservé aux indigènes, sauf admission exceptionnelle d'Européens intransportables. Le Syndicat agricole remboursait le prix de journée, mais il avait passé lui-même un accord avec l'État pour recevoir des subventions à cet effet. Quand survint l'indépendance en 1962, les hôpitaux existants continuèrent à fonctionner selon les mêmes normes pendant dix ans. En 1972, ils furent cédés gratuitement à l'État algérien et les Sœurs blanches y exercèrent encore, le temps de la passation graduelle à un personnel entièrement originaire du pays.

En Afrique centrale, la situation se présentait de façon moins nette qu'en Algérie. Dans les premiers temps de la période coloniale, l'action sanitaire auprès des Africains fut exercée presque exclusivement par les missions religieuses, mais avec des moyens dérisoires par rapport aux besoins. Les documents de cette époque parlent fréquemment d'« hôpitaux » en ce sens que des malades graves étaient rassemblés pour recevoir des soins pendant un temps variable. Ce mot toutefois ne peut faire penser à ce qu'il désignait en Europe ou en Afrique du nord. Il s'agissait plutôt d'un dispensaire en bordure duquel se trouvaient un certain nombre de huttes pour les malades qui ne pouvaient se déplacer, et l'on demandait à leurs familles, quand elles habitaient les environs, de leur apporter la nourriture nécessaire. Une structure aussi légère était due à la précarité des ressources dont disposaient les missions, car tout restait à leur charge, et à la difficulté de faire parvenir au centre de l'Afrique le matériel et les produits pharmaceutiques. Au début du 20ᵉ siècle, se trouvaient plusieurs établissements de ce genre dans les missions confiées aux Pères blancs, au Congo, en Uganda et dans la colonie allemande de l'Est africain (actuelle Tanzanie). Ils s'occupaient principalement des sommeilleux, que nous retrouverons plus loin.

La Première Guerre mondiale stimula une certaine « demande », puisque les opérations militaires s'étendirent en Afrique occidentale et centrale : les religieuses se trouvèrent engagées dans les services sanitaires des armées, dans l'un et l'autre camp. Le retour de la paix permit de répondre à des besoins plus généraux et le réseau hospitalier se développa aussi bien en nombre, en diversification des services et en personnel qualifié. Les Sœurs blanches y travaillaient selon les trois modes indiqués plus haut, dont l'un ou l'autre prévalait selon les administrations coloniales. Dans les territoires anglais, un certain nombre d'hôpitaux d'importance variable furent construits par la mission et restèrent sa propriété ou celle des diocèses quand ces derniers furent érigés ; d'autres appartenaient à l'État qui en confiait la gestion aux religieuses. Les premiers recevaient leurs ressources de subsides ou de fourniture gratuite de remèdes par le gouvernement colonial, et aussi d'aides financières d'organismes spécialisés, en Europe, dans l'aide aux missions. Au Congo belge, il existait aussi des hôpitaux catholiques agréés : quatre seulement se trouvaient dans les provinces où les Sœurs blanches exerçaient leur activité et elles prenaient en charge une catégorie particulière, celle des léproseries. En général, toutefois, elles fournissaient plutôt leurs services dans les établissements d'État, au nombre de cinq, auxquels s'ajoutait celui de Katana, dans le Kivu, géré par la FOMULAC (Fondation médicale de l'Université de Louvain au

Congo), qui elle-même recevait un financement de l'État. Elles assuraient les fonctions d'infirmières, d'administration et de gestion matérielle.

Outre les soins proprement dits, tous ces hôpitaux possédaient des services annexes, que l'on retrouvait également à côté de certains dispensaires mieux équipés ou formant de petites unités particulières : maternités, puériculture (service dénommé « Goutte de lait »), asiles pour incurables. Dans tous les cas, les religieuses infirmières avaient obtenu les diplômes requis. Ceux-ci s'échelonnaient à différents niveaux ou comportaient des spécialisations : sages-femmes, médecine tropicale, etc. Le nombre en apparaît relativement élevé chez les Sœurs blanches. Malheureusement leurs archives ne possèdent aucune nomenclature à ce sujet et nous ne pouvons pas le préciser davantage. En plus de cette formation proprement technique, des aides-infirmières s'initiaient sur place, au côté des professionnels, à des soins élémentaires ou au traitement d'affections spécifiques. On peut mentionner à ce sujet le cas de l'une d'elles, formée à Karéma par un médecin-cathéchiste africain ayant étudié à Malte, Adrien Atiman, qui avait acquis une grande expérience des maladies tropicales.

Faute de pouvoir établir un état précis des Sœurs blanches engagées dans le service médical et de leurs diverses qualifications, nous reproduisons seulement en annexe des statistiques sur le nombre d'hôpitaux et de dispensaires dans lesquels elles travaillèrent en différentes régions d'Afrique. La description de ce vaste réseau dépasserait le cadre qui nous est fixé, ainsi que son évolution. Sur ce dernier point, nous tracerons seulement une ligne générale. Nous avons vu que l'équipement resta embryonnaire jusqu'à la Première Guerre mondiale, qui fut suivie d'un certain essor. Celui-ci se trouva compromis une quinzaine d'années plus tard avec les conséquences de la crise économique internationale, à laquelle succéda la guerre de 1939-1945 : beaucoup d'aides financières et matérielles, provenant des pouvoirs publics et d'organismes privés, diminuèrent ou cessèrent complètement. Après 1945, les services médicaux se développèrent, dans l'ensemble de l'Afrique noire, avec une relative rapidité. Vint ensuite la période des indépendances, qui ne rentre pas dans notre propos.

D. *Quelques grandes maladies endémiques*

Nous avons déjà mentionné les principales maladies qui requéraient une action sanitaire en Afrique. Nous voudrions seulement en évoquer quelques-unes, contre lesquelles les missionnaires apportèrent une contribution toute spéciale dans la lutte à entreprendre.

La maladie du sommeil fut la première épidémie qu'ils s'efforcèrent de combattre. Cette maladie, très ancienne mais très localisée en certaines régions d'Afrique équatoriale, s'étendit à la fin du 19e siècle avec la circulation des transports à longue distance. Les zones les plus touchées furent, à l'ouest, le Kassaï et le Kwango et, au centre, le cours supérieur du Congo, les pays situés en bordure du lac Tanganyika et l'Uganda. Dans ces deux dernières régions, les Pères blancs étaient installés depuis 1879. Ils constatèrent l'apparition de la maladie par la dépopulation qui en résultait. Dans l'État indépendant du Congo, ils recueillirent les sommeilleux par groupe de dix à vingt en diverses missions, puis, pour mieux assurer les soins, les concentrèrent en deux endroits davantage touchés, à Mpala et dans un autre village dénommé Saint-Louis, sur la rive sud-ouest du lac Tanganyika. Ils ne pouvaient faire autre chose qu'apporter un certain soulagement, car on ignorait encore les moyens de guérison ; la tâche s'avérait encore plus difficile avec les malades qui, à un certain stade d'évolution, sont atteints de troubles nerveux et parfois d'accès de folie, avant de subir l'état de prostration qui a donné son nom à la maladie. Une première amélioration survint en 1908, quand arriva un missionnaire porteur d'un miscroscope, dont il avait appris l'usage à l'Institut Pasteur de Paris, et d'atoxyl, médicament à base de sels arsenicaux, et il fut en outre conseillé par un médecin envoyé par le gouvernement. Le microscope permettait de déceler suffisamment tôt la présence du trypanosome, responsable du mal, et d'employer l'atoxyl de façon efficace, mais ce remède n'avait plus d'effet après un certain développement des parasites. Guérir, ou au moins assister, ne suffisait pas : il fallait aussi prévenir. La mouche tsé-tsé vit dans des endroits où elle trouve la proximité de l'ombrage et de l'eau et s'en éloigne fort peu. Les missionnaires réussirent à convaincre et à organiser la population pour faire un gros effort de défrichement et de débroussaillage en bordure du lac et des rivières afin de détruire l'habitat de l'insecte, ce qui apporta un assainissement notable. Ajoutons enfin qu'ils furent aidés dans leur action médicale par Joseph Gatchi, un des médecins-catéchistes formés à Malte : il se dépensa au service des sommeilleux, contracta lui-même cette maladie et en mourut.

En Uganda, les missionnaires construisirent un hôpital d'assez grande dimension, puisqu'il contenait plus de cent-soixante-dix places. Il se situait à Kisubi, non loin du lac Victoria. Le personnel se composait d'un Père blanc, exclusivement chargé du soin des malades, cinq Sœurs blanches et cinq assistants autochtones. La durée de ce genre d'activité fut cependant assez brève. Commencée en 1904, elle cessa quatre ans plus tard à la suite d'une décision de transfert des autorités coloniales. La mouche tsé-tsé ne porte pas par elle-même le germe de la contamination, mais le reçoit en piquant des personnes elles-mêmes atteintes : il suffit donc d'éloigner celles-ci des zones infectées par l'insecte pour tarir le mal à sa source. C'est le principe qu'adopta le gouvernement et les malades furent transportés ailleurs dans des lieux sains. Les missionnaires cependant maintinrent et développèrent l'hôpital de Kisubi, mais pour d'autres maladies. De tels transferts de population eurent également lieu au Congo belge et au Tanganyika. Précisons que les établissements créés par les missions pour les sommeilleux restaient entièrement à leur charge : l'aide des autorités coloniales se réduisit à des allocations occasionnelles. En Afrique occidentale, la maladie s'étendit plus tardivement et les missionnaires fournirent les moyens de lutter contre elle sous une autre forme. En 1932, le service colonial de la Santé confiait au P. Goarnisson, que nous retrouverons plus loin, la tâche de former un personnel autochtone qui sillonna le pays pour soigner les sommeilleux et brûler les zones d'habitat de la tsé-tsé.

Une autre maladie importante était la lèpre : importante non seulement par ses conséquences physiques sur les malades, mais aussi sur le plan social, à cause de l'ostracisme qui les frappait. Dès le début, dans certains postes de mission, on s'efforça de les regrouper pour leur assurer au moins des moyens de vivre. Des huttes leur étaient réservées, formant de petits villages : on en trouvait ainsi près de Ségou, en Afrique occidentale, et à Kasongo, au Congo belge. L'équipement, en cette première période, restait encore précaire. Il s'améliora après la Première Guerre mondiale et les établissements destinés aux lépreux s'accrurent en nombre et en dimension. Ils regroupaient les malades de façon à leur assurer, outre les soins, des conditions d'existence aussi normales que possible. Des bâtiments abritaient bureaux, pharmacie, magasins et salles pour incurables ne pouvant se déplacer. Autour, les habitations s'étendaient en plus ou moins grand nombre. Les lépreux y vivaient avec leurs familles, même avec ceux qui ne se trouvaient pas dans le même état, et s'organisaient selon le mode d'un village ordinaire, avec son chef, arbitre des litiges, et les divers corps de métiers : couturiers, menuisiers, forgerons, etc. Les infirmiers eux-mêmes étaient le plus souvent des lépreux ou des malades guéris, ainsi que les maîtres d'école pour les enfants. Certains centres furent créés et développés par la mission elle-même, les aides de l'État n'intervenant qu'après un certain temps. Les plus importants, dirigés par les Sœurs blanches, furent ceux de Mua, dans la colonie du Nyassaland (actuel Malawi) et de Jomba, au Kivu, dans le Congo belge. À Kisa, au sud-ouest de la Tanzanie, le gouvernement colonial leur confia la charge de visiter régulièrement six cents lépreux regroupés ensemble et disposant d'un territoire de douze kilomètres carrés, sur lesquels ils pratiquaient les cultures nécessaires à leur subsistance. Outre ces établissements spécialisés, certains hôpitaux créaient des services annexes pour les malades les plus atteints : ce fut le cas dans celui de la mission à Kagondo, au Tanganyika. Au Congo belge, celui de Kasongo, desservi par les mêmes religieuses, abritait des incurables : lépreux, sommeilleux, etc. Au bout d'un certain temps toutefois, on jugea préférable de transférer les premiers dans un village destiné à eux seuls.

En Afrique occidentale, les lépreux furent d'abord rassemblés en un lieu situé près de Bamako. C'est dans cette ville que fut ensuite inauguré, en 1935, une fondation destinée non seulement à organiser les soins, mais aussi à poursuivre des recherches thérapeutiques : l'Institut Marchoux, appelé du nom de son promoteur. Il organisa le dépistage systématique des lépreux dans tout le territoire et leur traitement par des corps d'infirmiers. L'institut lui-même se composait d'un corps central de bureaux, laboratoires, salles de travaux, et de deux villages de malades n'ayant pas besoin d'hospitalisation. Plusieurs Sœurs blanches y travaillaient. L'une d'elles avait la responsabilité des archives, fonction importante dans un organisme procédant à des recensements et pratiquant des échanges d'informations avec des établissements similaires de recherche.

Le service des lépreux exigea des connaissances plus approfondies au fur et à mesure que progressait l'étude scientifique de cette maladie. Les Sœurs blanches chargées de cette tâche faisaient auparavant des stages dans des institutions spécialisées : à Lyon, dans un laboratoire de recherche des Facultés catholiques, dirigé par une sœur missionnaire de la Société de Marie, docteur en médecine, ayant passé vingt années dans une léproserie des îles Fidji ; à Anvers, dans le cadre plus large de l'Institut de médecine tropicale, où des infirmières déjà diplômées poursuivaient pendant six mois une formation plus spécifique, elle-même sanctionnée par un autre diplôme.

En Afrique occidentale, des maladies très répandues affectaient les yeux. En 1931, à Ougadougou, un Père blanc, docteur en médecine, Jean Goarnisson, ouvrit un dispensaire ophtalmologique. L'année suivante, il reçut la collaboration d'une Sœur blanche, qui avait dirigé le dispensaire d'Alger, mentionné plus haut, spécialisé dans le même genre d'affections. Ce service ne cessera de se développer, non seulement par le nombre des consultations, mais par la formation d'un personnel africain, en vue de traiter le trachome et d'accomplir des opérations chirurgicales contre le trichiasis (incurvation des cils irritant le globe de l'œil), la cataracte et pour extraire des corps étrangers de la cornée ou y effectuer des sutures. Ce personnel fut apte à établir des centres secondaires de dépistage et de soins, de sorte que son action s'étendit à tout le territoire de la colonie. Il se composait de laïques et de religieuses et, parmi ces dernières, non seulement des Sœurs blanches, mais des membres d'une congrégation africaine, les Sœurs de l'Immaculée Conception, fondée par le vicaire apostolique, Mgr Thévenoud, qui leur en confia la formation. Ce dispensaire comportait une salle d'hospitalisation pour les opérés de la cataracte et, d'autre part, il diversifia son activité au point de devenir une sorte de complexe médical. Outre le service d'ophtalmologie qui le caractérisait et resta le seul dans la Haute-Volta coloniale (actuel Burkina Faso), on trouvait aussi ceux de pédiatrie et de puériculture, un laboratoire, une école d'infirmières et, en dernier lieu, s'y ajouta un centre pour enfants atteints de poliomyélite.

E. *Formation d'un personnel africain*

Nous venons de mentionner une école de formation pour le personnel africain. Elle était dirigée par un Père blanc, le seul qui exerçât une telle fonction dans ce domaine. Un certain nombre d'autres, d'importance diverse, se trouvaient placées sous la responsabilité de Sœurs blanches, munies des qualifications correspondantes. Elles reçurent d'abord cette charge d'une section de la Croix-Rouge française, la Société de secours aux blessés militaires, qui ouvrit une maison à Alger en 1923 et leur demanda d'assurer la formation d'infirmières à différents niveaux, y compris la préparation au diplôme d'État et à celle d'assistantes sociales ; elles abandonnèrent la direction en 1960, mais demeurèrent à titre d'enseignantes. Le même organisme leur confia, en 1939, une école créée à Tunis. Celle-ci ferma en 1959, trois ans après l'indépendance du pays, remplacée par une autre dépendant de la Santé publique ; deux religieuses y demeurèrent à titre de monitrices et les élèves venaient faire des stages dans leur dispensaire. Outre ces charges confiées par les organismes publics, les Sœurs blanches constituèrent une petite école à l'intérieur de chacun des hôpitaux qu'elles desservaient. Celle de Biskra, d'abord réservée aux infirmiers, devint mixte après l'indépendance de l'Algérie, en 1962.

Des initiatives semblables, de leur part, se reproduisirent en Afrique occidentale et centrale, mais plus tardivement, car les élèves devaient auparavant avoir été scolarisés : ce processus s'engagea à une date plus récente qu'en Afrique du nord, surtout pour les filles qui constituaient l'essentiel de l'effectif des écoles dirigées par les Sœurs blanches. Dans la plupart des cas, celles-ci donnaient leur enseignement dans le cadre d'un hôpital où elles exerçaient elles-mêmes leur activité ; il avait la sanction officielle, ainsi que l'examen final, des autorités coloniales, puis des États devenus indépendants. À côté de ces cours organisés, il faut également signaler l'initiation plus diffuse à des soins élémentaires, donné à un personnel d'assistants ; elle se donnait non seulement dans les hôpitaux, mais aussi dans les dispensaires.

Dans cette même perspective de formation, rentraient les congrégations de sœurs africaines. Dix-sept furent fondées par des vicaires apostoliques, qui en confièrent la formation aux Sœurs blanches. Cinq d'entre elles, en 1960, dépassaient la centaine de professes et possédaient leur autonomie avec une supérieure générale et ses assistantes élues parmi les membres. Elles avaient pour but de participer à la catéchèse, à l'enseignement et aux œuvres sanitaires. Ces diverses activités, envisagées d'abord de façon globale, exigèrent, de la part des religieuses, une diversification croissante au fur et à mesure que l'acquisition d'une compétence professionnelle s'avéra nécessaire pour travailler dans l'un ou l'autre de ces secteurs. En ce qui concerne la préparation aux services hospitaliers, elles passaient d'abord par des écoles d'infirmières : en plus d'une formation générale, leur première spécialisation fut celle de sages-femmes. On trouvera en annexe une liste de ces écoles dirigées par les Sœurs blanches en Afrique, en 1960, année fixée comme terme à la présente étude. On ne peut développer leur histoire, encore trop brève en certaines régions. Retenons du moins que des fondements existaient pour une prise en charge progressive, par les personnels africains, des divers organismes existant dans leur propre pays.

*   *

*

Ce survol de l'action sanitaire des Pères blancs et des Sœurs blanches qui ont appliqué, en les adaptant à l'évolution de leur époque, les principes directeurs laissés par Mgr Lavigerie, s'est limité aux réalisations constantes : établissements de santé et maladies exigeant une action largement étalée dans le temps. Il n'a donc pas soulevé la question des épidémies frappant telle ou telle région à certaines époques : variole, méningite, influenza espagnole, etc., sans compter les famines qui, en affaiblissant les organismes, les privaient des moyens de défense contre des maladies de toutes sortes. Les correspondances et diaires des postes de mission étaient périodiquement remplis de la relation de telles épreuves et des efforts tentés pour y faire face. On ne peut rapporter cette histoire qui demanderait la description de situations très diverses : il faut toutefois en tenir compte.

Un bilan global s'avère actuellement impossible à établir. Il demanderait des études beaucoup plus précises qui n'ont pas été faites. La documentation ne manque pas et elle pourrait tenter un chercheur intéressé par une telle question. Le débat sur la question « Églises et santé dans le Tiers Monde » peut s'avérer fructueux, non seulement par ses apports à la connaissance historique, mais aussi par l'ouverture de pistes de recherche. L'action sanitaire des missions religieuses en Afrique en est une. Comme toutes les autres, liées à l'histoire coloniale, elle ne peut échapper aux controverses qui veulent déceler un souci de manipulation par l'entremise d'une œuvre humanitaire. Encore faudrait-il, avant de s'y lancer, dresser un bilan suffisamment large des faits et des motivations réelles de leurs auteurs.

ANNEXES DOCUMENTAIRES

1. *Travaux des Pères blancs et des Sœurs blanches sur les questions de santé (avant 1960)*

La liste ci-dessous comporte les seuls travaux imprimés, c'est-à-dire destinés à une certaine diffusion. Nous omettons les notes à usage interne mentionnées au cours de cet article.

L'art dentaire simplifié à l'usage des missionnaires, Maison-Carrée, 1933, 263 p.

Joseph BAJARD, *Petit guide médical pour les missionnaires de l'Uganda*, Entebbe, 1926, 161 p.

Stanislas COMTE, *L'hémoglobinurie dans la région des Grands Lacs et au Soudan français*, Maison-Carrée, 1904, 122 p.

Léon CUCHE, *La maladie du sommeil*, dans *Missions d'Afrique des Pères Blancs*, 1907-1908, vol. 15, p. 64-74, 96-106, 127-138.

Jean-Marie DURAND, *Les plantes bienfaisantes du Rwanda et du Burundi*, Astrida, 3 éditions, 1959, 1960, 1966, comportant 66, 78 et 89 p.

J.L. GEUBEL, *La fièvre typhoïde au Ruanda*, dans *Annales de la Société belge de médecine tropicale*, 1948, n° 1, p. 1-7.

Louis GIRAULT, *Un remède à serpent efficace*, dans *Notes Africaines* (Dakar), avril 1958, p. 37.

Jean GOARNISSON, *La trypanosomiase. Ce que l'infirmier doit savoir sur cette maladie*, Ouagadougou, 1932, 34 p.

— *La trypanosomiase humaine*, Paris, 1941, 81 p. et 1947, 90 p.

— *Guide médical africain*, Issy-les-Moulineaux, 572 p. Sept rééditions, la dernière en 1972, 719 p.

Jeanne GUISSON, *Indero Y'Abana* (soins de la mère et de l'enfant), Bujumbura, s.d., 80 p.

Anne-Elizabeth NOREL, *Anatomy of the trigonum vesicae and the aetiology and treatment of the spontaneous and traumatic obstetrical urogenital fistulae,* Nimègue, 1956, 239 p. Thèse de doctorat en médecine.

Victor ROELENS (Mgr), *Quelques notes sur la fièvre hématurique,* Carthage, 1897, 19 p.

2. *Établissements sanitaires*

Établissements dirigés par les Sœurs blanches en 1929

	Afrique du nord	Équateur et Soudan
Hôpitaux	6	13
Dispensaires	29	52
Léproseries	–	4
Maternités	3	5

(Cfr *De la Méditerranée au désert. Les œuvres des Sœurs blanches du cardinal Lavigerie,* sans nom d'auteur, ni date [1929 ou 1930], Lyon, p. 89).

Établissements dirigés ou desservis par les Sœurs blanches en 1968

Hôpitaux généraux

A. *Administrés par les S.B. :* Algérie (Ouarzen) ; Ghana (Nandom) ; Rwanda (Kabgayi) ; Uganda (Nkozi et Villa Maria) ; Tanzanie (Bukumbi et Sumve) ; Malawi (Likuni et Mua) ; Zambie (Lubwe et Lumezi).

B. *Propriétés de la congrégation :* Algérie (Biskra et Attafs) ; Uganda (Kisubi) ; Tanzanie (Kagondo).

C. *Services dans les hôpitaux :* Algérie (8, sans détermination de lieu) ; Tunisie (2, sans détermination de lieu) ; Burkina (Bobo-Dioulasso et Koupéla) ; Zaïre (Bukavu, Kalémié, Kalima, Katana-FOMULAC, Kirungu et Logo) ; Burundi (Bujumbura et Gitega).

Hôpitaux d'enfants : Burkina (Ouagadougou) ; Malawi (Kasina).

Hôpitaux privés (du diocèse) administrés par les S.B.

Ce nom recouvre les établissements de mission qui soignent tous ceux qui se présentent et toutes sortes de maladies, mais ne méritent pas le qualificatif de « généraux » en raison de leur peu d'importance. Ils rassemblent seulement quelques lits ou quelques dizaines dans de simples salles ou des huttes pouvant hospitaliser les malades du dispensaire.

Burundi (Bukeye, Gatara, Muyaga) ; Tanzanie (Kala, Kashozi, Kisa, Mabamba, Ujiji et Usongo) ; Malawi (Kasina, Mlale et Nkhamenya) ; Zambie (Chilubula, Ipusukiro, Kayambi et Minga).

N.B. Les rubriques suivantes sont sans détermination de lieu.

Léproseries : Mali (1), Zaïre (1), Burundi (1), Malawi (1), Zambie (1).

Maternités : Algérie (2), Burkina (1), Ghana (1), Zaïre (7), Burundi (6), Rwanda (1), Uganda (1), Tanzanie (11), Malawi (5), Zambie (6).

Dispensaires : Algérie (14), Tunisie (3), Burkina (6), Ghana (1), Mali (3), Burundi (4), Rwanda (2), Uganda (8), Kenya (1), Tanzanie (14), Malawi (5), Zambie (8).

Assistance des malades à domicile : Algérie (9), Tunisie (2), Burkina (1), Mali (3), Burundi (2), Rwanda (1), Kenya (1), Tanzanie (6), Malawi (2), Zambie (2).

(Arch. des Sœurs Blanches, sans cote).

3. *Écoles d'infirmiers et d'infirmières dirigées ou desservies par les Sœurs blanches en 1960*

Après le nom de lieu, la date figurant entre parenthèses est celle d'ouverture de l'école.

Abréviations :

ELV : élèves.

ENS : enseignants. Les renseignements font défaut, dans la plupart des cas, pour cette année 1960, sur les enseignants autres que les Sœurs blanches.

ND : non diplômée. Quand cette mention ne figure pas, la sœur ou l'enseignante africaine est diplômée : la qualification exacte n'est cependant jamais indiquée.

SB : Sœur Blanche.

Algérie

Alger (1923). École de la Croix-Rouge française. Les SB qui en avaient assumé la direction, la remettent en 1960. Deux d'entre elles seulement y demeurent.

ENS : 2 SB, dont 1 enseignante et 1 monitrice (ND ?). Cours donnés par chirurgiens et médecins.

ELV : 25 algériennes musulmanes, 5 européennes, 1 antillais.
Biskra (1959). École d'infirmiers en première année d'Assistance publique algérienne.
ENS : 1 SB responsable. Cours donnés par médecins et sœurs de l'hôpital.
ELV : au moins 12 (ce chiffre est celui des reçus en 1961).

Tunisie

Tunis. École Avicenne de la Santé publique tunisienne (substituée en 1959 à l'école de la Croix-Rouge française placée en 1939 sous la direction des SB).
ENS : 1 SB monitrice (ND ?).
ELV : ?

Burkina

Ouagadougou (1954 : date de la reconnaissance officielle de l'école, mais des cours avaient commencé auparavant).
ENS : 1 Père blanc, docteur en médecine, 2 SB.
ELV : 60 garçons et 58 filles.

Zaïre

Bukavu (1956). École d'aides-accoucheuses.
ENS : 2 SB.
ELV : 17 filles.
Kalémié (1956). École d'aides-accoucheuses.
ENS : 1 SB.
ELV : 5 filles.
Katana-FOMULAC (1956). École d'aides-accoucheuses.
ENS : 1 SB, 2 sœurs africaines.
ELV : 11 filles.

Rwanda

Butaré (1955). École d'aides-accoucheuses.
ENS : 1 SB, 1 auxiliaire africaine.
ELV : 24 filles.
Kabgayi (1953). École d'infirmières accoucheuses.
ENS : 1 SB. Cours donnés par trois médecins.
ELV : 11 filles.

Burundi

Gitega (1953). École d'infirmières
ENS : 1 SB diplômée et 1 ND.
ELV : 12 filles.

Tanzanie

Sumvé (1950). École d'infirmières et de sages-femmes.
ENS : 1 SB diplômée et 1 ND.
ELV : 51 dont 5 religieuses africaines.

Malawi

Likuni (1952). École de sages-femmes.
ENS : 1 SB, 1 sœur africaine.
ELV : 12 filles.

(D'après les Arch. des Sœurs blanches).

WERNER PROMPER

LAMBERT LOUIS CONRARDY
PRÊTRE-MÉDECIN, APÔTRE DES LÉPREUX
(LIÈGE 1841 — HONG-KONG 1914)[1]

A. *Avant Molokaï*

1. *Racines.* — Né à Liège le 12 juillet 1841, Lambert Louis Conrardy était le troisième enfant d'une famille qui en comptera dix. Il fut baptisé le 15 juillet à l'église St-Jacques. Il fit ses humanités au collège St-Servais,[2] repris par la Compagnie de Jésus en 1838. Les jésuites inspiraient l'esprit missionnaire à leurs élèves par les épopées d'un François Xavier en Inde et au Japon, d'un P. De Smet aux Montagnes Rocheuses et de tant d'autres.

Néanmoins, le jeune Conrardy ne choisit pas le noviciat des jésuites, mais le séminaire diocésain, probablement encouragé par un oncle, prêtre diocésain, qui mourut comme curé de Ste-Croix à Liège, en 1882.[3] Il fit deux années de philosophie au séminaire de Saint-Trond (1861-1863) et quatre années de théologie au grand séminaire de Liège (1863-1867), où il eut pour compagnon de cours Martin-Hubert Rutten, qui deviendra évêque de Liège (1902-1927). Après son ordination à Liège par l'évêque auxiliaire Charles Mercy d'Argenteau, le 15 juillet 1867, il fut nommé vicaire à Stavelot et en même temps professeur de religion à l'Institut St-Remacle nouvellement fondé (1867). Durant une épidémie de petite vérole très contagieuse, il se distingua par son inlassable dévouement aux malades, qu'il soignait personnellement et auxquels il cédait tout, même son lit.

[1] Cette esquisse biographique de l'abbé Conrardy est basée sur des recherches multiples et l'étude d'archives à Liège (évêché, famille Conrardy, paroisse St-Jacques, Collège St-Servais), Stavelot, Hèvremont, Paris (Missions étrangères de Paris), Rome (Pères Picpus), Inde (archevêché de Pondichéry), États-Unis (archevêché de Portland ; évêché de Baker (Oregon oriental), les universités de Portland, Notre-Dame et Spokane ; les Franciscaines de Syracuse à N.Y. ; les Pères Picpus à Honolulu et à Molokaï), Hong-Kong, Montréal (religieuses missionnaires de l'Immaculée Conception d'Outremont). Ma gratitude est acquise à tous ceux qui m'y ont assisté efficacement et avec bienveillance. Le texte de cette conférence est muni de quelques notes. Un appareil critique plus achevé sera réservé à une biographie plus complète, qui paraîtra ultérieurement.

[2] Joseph CONRARDY, *Le P. Conrardy*, dans *Bulletin de l'Association des anciens élèves du Collège St-Servais* (Liège, février 1938), p. 2-4. – Léon HOUSSARD, *La vie du P. Lambert-Louis Conrardy*, Liège, Collège St-Servais, 1938 (Collection du centenaire, n° 7). – *Saint-Servais : un passé, un avenir*, Liège-Sclessin, Imprimerie Polyprint, 1984.

[3] Égide KONINCKX, *Le clergé du diocèse de Liège (1825-1967)*, Liège, Société d'art et d'histoire du diocèse de Liège, 1974-1975, 2 vol., p. 58.

Cependant, depuis ses humanités, le zélé jeune prêtre se sentait une vocation missionnaire. Le feu missionnaire qui couvait au fond de son âme ardente fut attisé à nouveau et définitivement par un événement providentiel, qui fit éclater avec impétuosité son amour pour les plus délaissés de la terre. Bouleversé par le martyre d'une religieuse stavelotaine, Marie-Josèphe Adam,[4] aux côtés de neuf autres Filles de la charité, à Tientsin (Chine), le 21 juin 1870, à l'âge de 34 ans, il envisagea sérieusement l'entrée au séminaire des Missions étrangères de Paris, lorsque plus de trois cents Filles de la charité demandaient à leurs supérieures la grâce de pouvoir aller remplacer leurs consœurs mortes si glorieusement. L'évêque de Liège, Mgr Théodore-Alexis de Montpellier, rentré fin juillet 1870 du Concile Vatican I, où il avait côtoyé de nombreux évêques missionnaires, n'hésita pas à accéder à la demande de Conrardy.

2. *Missionnaire en Inde française (1872-1874).*[5] — Après une année de probation (1871-1872) au séminaire de la Société des Missions étrangères, érigée à Paris en 1660 à l'intention de prêtres séculiers qui se sentaient appelés à l'apostolat missionnaire, Conrardy s'embarqua à Marseille le 23 juin 1872, à destination de Pondichéry, l'ancienne capitale de l'Inde française (jusqu'en 1956). C'est là qu'il connut ses premiers contacts avec les lépreux. Le climat chaud et humide allait avoir raison de sa santé. Souffrant d'anévrisme cardiaque, avec l'accord du vicaire apostolique de Pondichéry et des supérieurs des M.E.P., il regagna Liège, où sa santé se rétablit dès son retour en avril 1874.

3. *Chez les Indiens d'Amérique (1874-1888).* — Sans s'accorder le moindre répit, il s'inscrivit au Collège américain de Louvain (fondé en 1857) et arriva en Oregon avant la fin de cette même année 1874,[6] alors que la mémoire du P. P. De Smet, S.J., mort en 1873, y était encore très vive. Marchant sur les traces de son célèbre compatriote, il ne cessa de parcourir l'Oregon oriental, où il bâtit sept églises.[7] En plus de l'anglais, il parlait couramment plusieurs dialectes

---

[4] Paroisse St-Jacques à Fosse-sur-Salm. Inauguration d'une plaque commémorative en l'honneur de Sr Joséphine Adam, martyrisée en Chine le 21 juin 1870 ; voir *Semaine religieuse du diocèse de Liège*, 1922, p. 248-251. – Jean CAPY, C.M., *Les premiers martyrs de l'Œuvre de la Sainte-Enfance*, Paris, 1895, p. 28-30, 248, 249, 463. – Guillaume BONIVER, *Deux religieuses liégeoises et leurs compagnes martyrisées en haine de la foi* (plaquette de 8 p. aux archives de la paroisse de Soiron). – *Sœur Adam. Il y aura cent ans ce 21 juin*, dans *Le Courrier de Verviers*, 17, 18 et 23 juin 1970.

[5] Dossier « Conrardy » aux archives des Missions étrangères de Paris.

[6] *The American College Bulletin*, vol. XXV (Louvain, 1932) : *Diamond Jubilee of the American College of the Immaculate Conception. 1857-1932* (Alumni of the College, p. 165).

[7] Voir les nombreux articles dans *The Catholic Sentinel*, hebdomadaire de l'archevêché d'Oregon (Portland, 1874-1888). – De nombreuses citations dans : Wilfred P. SCHOENBERG, S.J., *A History of the Catholic Church in the Pacific Northwest 1743-1983*, Washington, D.C., The Pastoral Press, 1987, p. 251, 257, 258, 272, 288, 324, 339, 341-342, 370. – Gerard G. STECKLER, S.J., *Charles John Seghers, Priest and Bishop in the Pacific Northwest. 1839-1886*, Fairfield, Washington, Ye Galleon Press, 1986, p. 123, 135, 166, 179-180 (Seghers est

amérindiens. En dehors de la réserve indienne d'Umatilla, que Mgr Gross, archevêque d'Oregon, lui avait confiée, il fut en même temps un apôtre zélé des immigrants européens, dont le nombre allait croissant. Parmi les descendants de cette génération de pionniers, le souvenir de ce missionnaire belge est resté très vif, ce que j'ai pu constater personnellement dans toute cette contrée de l'Oregon oriental, ainsi que parmi le clergé de Portland. On se souvient qu'il visitait sans se lasser, à dos de cheval, toutes les nouvelles colonies, pour bâtir des églises, célébrer l'eucharistie et administrer les sacrements, pourvoir à la catéchèse des enfants ; on se souvient aussi que, plus tard, à partir de Molokaï et de Chine, il envoyait des récits de son apostolat auprès des lépreux et que, durant ses études de médecine à Portland (1896-1900), il fit plusieurs apparitions parmi ses anciennes ouailles.

B. *À Molokaï (1888-1895)*

À la même époque, une nouvelle étoile se levait à l'horizon missionnaire : le héros de Molokaï. Depuis 1873, Damien De Veuster se trouvait exilé volontaire à l'île des lépreux. Dans les *Annales de la Propagation de la foi* et dans la presse américaine, Conrardy suivait l'héroïsme de cet autre compatriote, avec qui il allait nouer des relations épistolaires à partir de 1877, suite à un appel de Damien, qui, par la voix du même périodique, demandait un auxiliaire.[8] Entre-temps, Damien lui-même était devenu la proie de l'implacable fléau (1885), qui minait sa robuste constitution. Il s'inquiétait de la continuation de son œuvre. Aucun plan de succession stable n'étant prévu par ses supérieurs religieux, malgré ses instances répétées, Damien accepta avec empressement l'offre généreuse de Conrardy.[9] Soutenu par les encouragements de l'archevêque de l'Oregon, admirateur de l'action du P. Damien qu'il soutenait depuis quelques années (étant lui-même « l'homme des lépreux aux États-Unis »[10]), Conrardy arriva à Molokaï le 17 mai 1888 et eut l'insigne privilège de devenir l'assistant de Damien et son confident le plus intime

---

un Gantois, qui passa par le Collège américain et fut archevêque d'Oregon de 1880 à 1885). Voir spécialement : *A Brief History of the Diocese of Baker,* vol. I, par Dominic O'CONNOR, Benedictine Press, Oregon, 1930, p. 62-63, 69-70, 82, 101-104, 124-126, 130 ; vol. II, par Patrick J. GAIRE, *ibid.*, 1966, p. 299-302. Le diocèse de Baker fut détaché de l'archidiocèse d'Oregon en 1903.

[8] Omer ENGLEBERT, *Le Père Damien, apôtre des lépreux*, Paris, Albin Michel, 2e édition, 1963, p. 230.

[9] Le 4 novembre 1887, Conrardy écrivit à Damien qu'il était prêt à se rendre à Molokaï (Patrick J. GAIRE, *op. cit.*, p. 301). Voir les lettres de Damien à Mgr Köckemann, vicaire apostolique des îles Sandwich (2 février 1888) et au P. Janvier, secrétaire général des Pères Picpus (26 juillet 1888), dans Édouard BRION, SS.CC., *Un étrange bonheur. Lettres du père Damien lépreux (1885-1889)*, p. 106-107, 114-116.

[10] Omer ENGLEBERT, *op. cit.*, p. 231.

durant les onze derniers mois de sa vie. Il lui administra les derniers sacrements et le vit rendre son dernier soupir.

Dès l'arrivée de Conrardy et son admission par Mgr Hermann Köckemann, SS.CC., les missionnaires picpuciens, se sentant mortifiés, furent nombreux à poser leur candidature pour la léproserie. C'est ainsi que le P. Wendelin Möllers (originaire du diocèse de Münster en Westphalie comme Mgr Köckemann) fut désigné comme successeur officiel et juridique du P. Damien[11] et comme chef de file d'une série de frères et de quelques pères de la congrégation, qui allaient continuer avec le même héroïsme l'œuvre du P. Damien. C'est le 20 novembre 1888 que le P. Wendelin s'installa au village de Kalaupapa, à cinq kilomètres de Kalawao, où résidait le P. Damien avec l'abbé Conrardy.[12] Six jours avant le P. Wendelin, trois religieuses du tiers ordre de St-François (de Syracuse, États-Unis) étaient arrivées à Kalaupapa et, à partir de 1895, de nombreux frères des Sacrés-Cœurs (Picpus) s'y dévouèrent aux lépreux. Parmi ces frères, signalons Materne Laschet (1875-1966),[13] originaire de Nouveau-Moresnet, passé sous la juridiction de l'évêque de Liège en 1919 et incorporé à la paroisse de La Calamine en 1947.

Les onze mois d'intimité avec le P. Damien avaient encore augmenté l'esprit d'héroïsme de Conrardy, qui, six années durant, continua l'œuvre de Damien à Kalawao, où résidaient les garçons dans le Baldwin Home et les hommes dans des pavillons, en compagnie d'un laïc converti au catholicisme, Ira Barnes Dutton (appelé frère Joseph par Damien), arrivé le 29 juillet 1886 et mort à Molokaï en 1931, à l'âge de 88 ans. Le P. Wendelin, tout en étant responsable de toute la léproserie, était l'aumônier des religieuses franciscaines qui s'occupaient des femmes et des jeunes filles à Kalaupapa. Lorsqu'en novembre 1895, le P. Pamphile De Veuster, SS.CC., frère aîné de Damien, arriva à Molokaï, Conrardy quitta l'île des lépreux, après les célébrations de Noël, pour se rendre à Honolulu et préparer une nouvelle entreprise.

Rassuré par la présence à Molokaï de deux prêtres, cinq frères infirmiers et trois religieuses, Conrardy se sentait libre pour réaliser son tout premier rêve missionnaire concret : partir en Chine. Un concours de circonstances l'y poussait : la léproserie de Molokaï étant bien organisée et bien pourvue en personnel, il se sentait appelé à un apostolat auprès de lépreux plus abandonnés. C'était le cas de ceux de la région de Canton, d'où la terrible maladie avait été importée aux îles Hawaï. Au fond, c'était avec la vision d'un apostolat en Chine qu'il avait quitté Stavelot pour rejoindre les Missions étrangères à Paris. Le fait qu'il était alors parti, en obédience, pour Pondichéry avait peut-être favorisé l'éclosion de sa maladie en Inde.

---

[11] Archives SS.CC., Honolulu : Registre du personnel, n° 73.

[12] Mary Laurence HANLEY, O.S.F. et O.A. BUSHNELL, *A Song of Pilgrimage and Exile. The Life and Spirit of Mother Marianne of Molokai*, Chicago, Franciscan Herald Press, 1980, p. 305.

[13] W. PROMPER, *Bruder Maternus Laschet. 1875-1966. Missionar der Aussätzigen auf Molokai*, dans *Im Göhltal. Zeitschrift der Vereinigung für Kultur, Heimatkunde und Geschichte im Göhltal*, Nouveau-Moresnet, Musée de la Vallée de la Gueule, n° 41, août 1987, p. 8-42. Résumé français dans : *Présences d'évangile*, Temploux-Namur, Pères des SS.CC., 1988, n° 3, p. 5-8.

En outre, on ne peut passer sous silence certaines difficultés relatives à la coopération avec les autorités civiles des îles Hawaï. Son arrivée avait été marquée par un pas de clerc. Une lettre privée très critique adressée à un ami en Amérique avait été remise à la presse par ce dernier. Une campagne de dénigrement en fut le résultat. C'est ainsi que les religieuses franciscaines ne voulaient pas de lui comme confesseur. De même que Damien, Conrardy était un caractère fort et une tête carrée, de tempérament vif. D'accord avec Damien, avec qui il s'entendit à merveille dès son arrivée, il avait résisté au plan de l'évêque Köckemann de l'embrigader dans la congrégation et de l'envoyer d'abord au noviciat en Belgique.[14]

La motivation principale de son départ pour la Chine fut de toute façon l'abandon total auquel étaient voués les lépreux de la région de Canton. Plusieurs fois il avait entendu des récits selon lesquels des lépreux avaient été enivrés, mis dans une fosse avec du bois arrosé de pétrole, pour être brûlés vifs.

C. *Médecin à Shek-Lung*

1. *Voyage d'information et premiers contacts avec les lépreux de Canton (1896).*[15] — Le 25 mars 1896, Conrardy quitta Honolulu pour le Japon, où il célébra les fêtes de Pâques. Dès son arrivée à Canton, il prit activement contact avec les autorités civiles, le vicaire apostolique français (Auguste Chausse, M.E.P.) et le consul de France. Mgr Chausse était prêt à admettre Conrardy pour l'établissement d'une léproserie selon l'exemple de Molokaï, à condition qu'il se chargeât du service médical ainsi que de la base matérielle de l'entreprise projetée. Les autorités civiles étaient également disposées à admettre un médecin plutôt qu'un missionnaire. Durant quelques mois de tractations avec les différentes instances, Conrardy s'évertua sans relâche à se faire l'ami des nombreux lépreux qui vagabondaient librement dans la ville pour mendier et dont les autorités civiles ne se souciaient guère. Au reste, il s'efforçait le plus possible à l'apprentissage du chinois. Après son cinquante-quatrième anniversaire, d'une volonté farouche, il prit une double résolution : devenir médecin et rassembler assez de fonds pour pouvoir monter seul son entreprise.

2. *Études de médecine à Portland (1896-1900).*[16] — Au début de décembre 1896, Conrardy arriva de nouveau à Portland (Oregon), pour prendre son

---

[14] Voir Gavan DAWS, *Nous autres lépreux. Le P. Damien de Molokaï,* Paris, Nouvelle Cité, 1984. Original anglais, 1973, p. 177-182.

[15] Lettre de Conrardy à sa nièce Madame Léonie Houssard (Liège) : « Honolulu, 9h., 19 mars 1896... Demain peut-être le navire arrive. Je partirai pour le Japon où j'espère célébrer les fêtes de Pâques, et de là je partirai pour Canton. Je vais voir de mes yeux la condition des lépreux chinois... ». Voir P.J. GAIRE, *op. cit.,* p. 302. - Jean-Alfred FABRE, M.E.P., *La léproserie de Shek-Lung,* Hong-Kong, Imprimerie de Nazareth, 1925, p. 5. - Paul COLLINS, *The Case of Father Conrardy,* dans *Extension,* Chicago, vol. 56, octobre 1961, p. 52.

[16] Léon HOUSSARD, *op. cit.,* p. 5. - P.J. GAIRE, *op. cit.,* p. 302.

inscription à la Faculté de médecine de l'Université. L'année académique avait pris cours depuis octobre. Néanmoins, il put rattraper le temps perdu, grâce à l'assistance bienveillante de quelques professeurs et étudiants. Sa force de volonté peu commune et sa mémoire exceptionnelle l'y aidaient à tel point qu'il surpassa bientôt de nombreux jeunes condisciples. Pour l'emploi de son temps, il faisait preuve de la plus rigoureuse discipline personnelle. Sa tâche quotidienne commençait régulièrement à trois heures et demie du matin, par l'oraison et l'étude. Le dimanche, il se mettait à la disposition de l'un ou l'autre curé de paroisse. Durant ses années d'études, il visita également l'unique léproserie de l'Amérique du Nord (établie à Carville, Louisiane, en 1894). Le personnel plutôt réservé de cette institution fut profondément choqué par le fait que Conrardy osait toucher sans gants ces hommes marqués et estropiés par la hideuse maladie, ainsi que par la manière aimable et la familiarité avec lesquelles il les traitait.

Selon les listes conservées dans les archives de la Faculté de médecine de Portland, Conrardy réussissait régulièrement tous les examens. Le 2 avril 1900, il était reçu docteur en médecine.[17] Il compléta sa formation par un cours de médecine tropicale, institué à l'Université de Liège, à l'intention des médecins en partance pour le Congo.[18]

3. *Prédications et collectes en Europe et en Amérique du Nord (1900-1908).* — Ni la maladie ni les difficultés de quelque nature qu'elles fussent n'étaient à même de freiner ni la confiance en Dieu inébranlable ni les efforts résolus et méthodiques de Conrardy en vue de la réalisation de son plan d'établissement d'une léproserie en Chine, au profit de ces plus délaissés de la terre, auxquels il allait consacrer le reste de sa vie. En dépit de tous les revers et contretemps, faisant fi de tous les retards, il persévéra dans son propos. Ni les études linguistiques difficiles à un âge avancé, ni les troubles politiques n'étaient de nature à le faire reculer. Informé sur les émeutes des Boxers, il écrivait à sa famille, d'Angleterre, le 20 décembre 1900 : « Troubles ou pas troubles, ce n'est pas ce qui m'arrête. Si j'avais assez d'argent pour commencer mon œuvre, j'irais de suite ».[19] Durant ses quêtes en Belgique, Conrardy était en résidence chez les clarisses de Lambermont (Verviers), en 1901-1902. De 1902 à 1905, il desservit la chapellenie de Hèvremont (Dolhain-Limbourg).[20]

---

[17] *University of Oregon School of Medicine Alumni Directory,* (1900), p. 58. – *The Catholic Sentinel* (Portland, Oregon), 5 avril 1900, p. 1, col. 5-6.

[18] P. COLLINS, *loc. cit.* : « L.L. Conrardy, M.D., was leaving the University of Portland Medical School for graduate studies in tropical diseases at the University of Liege ». – P.J. GAIRE, *op. cit.,* p. 302 : « Graduated with his M.D. degree on April 2, 1900, he left for his native Liege and studied for one year more at the University of Liege, perfecting himself for the work he had in view ». Aux archives de la Faculté de médecine de l'Université de Liège, il n'y a malheureusement plus trace d'un tel cours ni d'une inscription de Conrardy.

[19] Léon HOUSSARD, *op. cit.,* p. 7.

[20] Archives diocésaines, Liège. Registre des baptêmes, Hèvremont : premier baptême administré par Conrardy, le 4 mai 1902, le dernier au 2 janvier 1905.

En décembre 1905, il débarqua à New York. Plus de deux ans durant, il fit appel à la charité des fidèles dans d'innombrables églises des États-Unis et également de Montréal, au profit de sa future mission en Chine.[21] Peu à peu ses plans approchaient de leur réalisation : sa caisse allait se remplissant. Cependant, les revers et les déceptions ne manquaient pas. Certains évêques ne l'admettaient pas dans leur diocèse. Les quêteurs de ce genre étaient assez nombreux. Par ailleurs, tous les évêques avaient besoin de beaucoup d'argent pour entretenir leurs écoles ou en fonder de nouvelles.[22] En mai 1906, Conrardy se trouvait à Washington, sur le point de partir à San Francisco pour y prêcher dans les différentes églises, quand subitement un tremblement de terre y détruisit totalement neuf églises et en abîma gravement six autres. Par conséquent, tout le clergé y était sur la brèche pour secourir les sinistrés et reconstruire les églises. Conrardy ne désespérait nullement. Il se rendit à Montréal, où il fut bien accueilli et où il put enregistrer un grand succès.[23]

En 1908, après les fêtes de Pâques, Conrardy s'embarqua à San Francisco. Il avait pu réunir trente mille dollars pour mettre sur pied la grande œuvre projetée. Par ailleurs, une centaine de vocations de prêtres missionnaires et d'autant de religieuses sont attribuées à ses conférences dans des collèges et des écoles catholiques.[24]

4. *Apôtre des lépreux en Chine (1908-1914).* — En 1908, au début de mai, il débarqua à Canton. À Shek-Lung, à cinquante-quatre kilomètres de Canton, en direction de Hong-Kong, il organisa des léproseries en prenant exemple sur celle de Molokaï, fort de sa grande expérience. Il y accueillait un nombre croissant de patients.[25] Là également il connut pas mal de contretemps. Dans ce contexte, il faut signaler surtout plusieurs incursions de bandits armés. Même son calice et d'autres objets liturgiques furent volés, entre autres plusieurs pièces que Mgr Rutten, évêque de Liège, son condisciple d'autrefois, lui avait envoyées. Rien ne pouvait le décourager.[26]

Au moment de sa mort, survenue le 24 août 1914 à Hong-Kong, suite à une pneumonie, à l'hôpital des sœurs de St-Paul de Chartres, la léproserie comptait

---

[21] De nombreuses lettres d'Amérique adressées à sa famille à Liège, contenant des récits sur ses activités. – Relations dans la presse américaine. – Léon HOUSSARD, *op. cit.*, p. 7-8.

[22] *Ibid.* et P. COLLINS, *loc. cit.*

[23] *Ibid.*

[24] Paul COLLINS, *op. cit.*, p. 52. Parmi eux Mgr James Edward Walsh (1891-1981), incarcéré en Chine de longues années durant. Quelques mois avant sa mort, j'ai pu l'interviewer à Maryknoll. En 1934 (18 mai), il avait publié un article sur Conrardy, dans *The Commonweal*.

[25] Jean-Alfred FABRE, M.E.P., *La léproserie de Shek-Lung*, Hong-Kong, Imprimerie de Nazareth, 1918, nouv. éd. enrichie, 1925.

[26] Lettre du 6 décembre 1912 à sa famille : Léon HOUSSARD, *op. cit.*, p. 13-16. – Lettre à Mgr Rutten (« Monseigneur et ancien condisciple... ») du 23 mars 1914 : Liège : Archives diocésaines (Fonds Rutten, dossier 24).

plus de sept cents patients.[27] En accomplissement de sa dernière volonté, les restes mortels de ce grand apôtre des lépreux furent plus tard transférés à Shek-Lung et ensevelis roulés dans une simple natte, entre deux lépreux, comme l'un d'eux.[28] En Belgique, au début de la Première Guerre mondiale, sa mort passa inaperçue. Sa vie et son œuvre sont restées fort peu connues jusqu'à ce jour.

Depuis 1913, Conrardy était assisté de quelques religieuses missionnaires de l'Immaculée Conception d'Outremont (Montréal), qui ont continué l'œuvre jusqu'à leur expulsion en 1952.[29] Plusieurs prêtres ont pris la relève de Conrardy. Parmi eux, retenons le nom d'un autre Wallon, le P. Joseph Marsigny,[30] originaire de Bovesse (Namur), où il naquit en 1880. Il dirigea la léproserie de 1928 à 1938 et mourut à Canton le 12 septembre 1940. Après la mort de Conrardy, la léproserie de Shek-Lung passa sous la responsabilité du vicaire apostolique de Canton et des Missions étrangères de Paris.

---

[27] Louis VAN HÉE, S.J., *Lépreux païens de Chine*, dans *Bulletin de l'Union Missionnaire du Clergé*, 10 (Bruxelles, 1930), p. 151. – Gustave DESWAZIÈRES, *To our Benefactors : Revd. Dr. Conrardy's Work in China*, Shek-Lung, 15 février 1916, p. 11 (un texte imprimé de 12 p., *sine loco*). G. Deswazières, M.E.P. (1882-1959) fut le premier successeur de Conrardy à Shek-Lung, jusqu'en 1928, quand il fut nommé évêque titulaire.

[28] L. HOUSSARD, *op. cit.*, p. 16. – L. VAN HÉE, *op. cit.*, p. 151.

[29] Archives des religieuses d'Outremont (Montréal) : de nombreux documents. – Des récits dans leur revue *Le Précurseur* (1935-1945). – Interview de Sr Jeanne Bouchard, à Hong-Kong (6 avril 1982), qui a servi à Shek-Lung de 1947 à 1952.

[30] *Bibliotheca Missionum*, XIV/2 (1960), p. 288-289. Il a publié : *Asyle des lépreux : St-Joseph de Shek-Lung (Chine), 1907-1932*, Hong-Kong, Imprimerie de Nazareth, 1932, 32 p. Il faut lire « 1908 » au lieu de « 1907 ».

ÉTIENNE THÉVENIN

LOUIS-PAUL AUJOULAT (1910-1973)
UN MÉDECIN CHRÉTIEN AU SERVICE DE L'AFRIQUE

Laïc, marié et père de six enfants, médecin missionnaire puis responsable politique et conseiller technique auprès d'organismes divers, le docteur Aujoulat a vécu pendant quarante ans au rythme de trois passions : la médecine, l'Afrique, l'Église catholique. Or, avec une guerre mondiale, la décolonisation, le Concile, l'explosion scientifique, la mondialisation des échanges et de la communication, la médecine et l'Afrique ont été bouleversées, l'Église catholique a connu de profondes transformations. Comment un homme pouvait-il mener une action cohérente au milieu d'une telle accélération de l'histoire ? Quelle dignité humaine promouvoir ? Le rôle du chrétien était-il remis en cause ?

A. *Le médecin missionnaire : 1931-1945*

Louis-Paul Aujoulat naît en 1910 en Algérie, où il effectue ses études primaires et secondaires. Fils d'instituteur, brillant élève, sportif et plein d'entrain, il consacre très tôt une partie de son temps libre aux plus défavorisés : patronage, alphabétisation des Espagnols immigrés... Bachelier en 1927, il pense devenir avocat, puis choisit la médecine. Comme ses parents lui ont transmis une solide foi chrétienne, il s'inscrit à la faculté catholique de Lille, laquelle est rattachée pour les examens à l'université de Nancy. Il rencontre le professeur Jacques Parisot, hygiéniste nancéien au rayonnement international, qui préside son jury de thèse. En étudiant « l'influence des sécrétions thyroïdiennes sur la chronaxie des nerfs périphériques », Louis-Paul Aujoulat devient, à vingt-trois ans, le plus jeune docteur en médecine de France. Une brillante carrière universitaire paraît s'ouvrir à lui. Il semble alors bien loin de la médecine tropicale et travaille à Lille au laboratoire de physiologie du professeur Legrand.

En même temps, il milite à la Jeunesse étudiante chrétienne. « Voir, juger, agir », la démarche de l'Action catholique imprègne toute une génération de chrétiens et leur indique une méthode de travail : partir toujours de faits concrets, réfléchir avant d'agir, mais réfléchir pour agir. Louis-Paul Aujoulat comprend aussi qu'il appartient aux laïcs chrétiens de prendre des initiatives, dans le monde comme dans l'Église. Dans cet esprit, il crée en 1931 le cercle St-Thomas, groupe de réflexion philosophique qui se préoccupe de questions d'actualité et de la situation de l'Église dans un monde qui change. Il crée la même année la Ligue missionnaire des étudiants de France, pour connaître et faire connaître l'œuvre missionnaire et aider matériellement « les étudiants de couleur ». 1931, c'est l'année de la grande exposition coloniale de Vincennes, à la gloire de l'Empire français. Plus que d'autres, les chrétiens se passionnent pour l'Afrique, qu'ils découvrent par les revues missionnaires où abondent les récits hauts en couleur et où l'urgence d'un engagement concret est sans cesse rappelée. En même temps, l'Église (l'encyclique *Maximum illud* en 1919 l'a bien indiqué) cherche à prendre ses distances vis-à-vis des autorités coloniales afin de mieux poursuivre sa mission d'évangélisation.

En 1931, au Saulchoir, avec six autres étudiants, Louis-Paul Aujoulat s'engage au laïcat missionnaire et le 23 juin 1932 naît officiellement AD LUCEM, « Association de laïcs universitaires et chrétiens et missionnaires ». Cette « association pour l'union fraternelle entre les races » veut mener des opérations concrètes et durables. Le cardinal Liénart appuie totalement cette initiative et de nombreuses personnalités catholiques lui apportent un soutien actif : É. Gilson, J. Maritain, R. Garric, L. Massignon, le P. Garrigou-Lagrange, et d'autres encore. *Ad lucem* s'inspire des textes de Pie XI, de Charles de Foucauld et de saint François Xavier. Dès 1934, une infirmière, Emma Payeleville part au Sénégal et un médecin, Yvette Tiphane, en Inde.

Le docteur Aujoulat rêve alors d'enseigner la physiologie à Tananarive. Il pourrait ainsi concilier sa carrière universitaire et sa vocation missionnaire, enrichir la science par des observations sur le terrain et former sur place des médecins ou des infirmiers. Mais les évêques du Cameroun demandent des médecins. Le film de Wilbois sur le Cameroun et le livre du docteur Schweitzer *À l'orée de la forêt vierge* le touchent profondément. Il apprend aussi les succès remarquables obtenus par le médecin militaire Jamot contre la maladie du sommeil. Il décide donc d'aller voir sur place, en Afrique équatoriale, avant de prendre une décision.

Il parcourt donc l'Afrique équatoriale française de juillet à décembre 1935. Il puise son énergie dans la messe quotidienne et dans la prière. Il a beaucoup lu, il continue à lire, mais il sait que cela ne suffit pas. Sur le bateau, il interroge tous ceux qui connaissent l'Afrique, même s'ils ne sont pas médecins. Arrivé en Afrique, il veut aller au-delà des informations officielles et multiplie déplacements et enquêtes de terrain. Au Cameroun, il remarque les moyens puissants dont disposent les missions protestantes et la solide formation de leur personnel médical. Les missions catholiques éprouvent plus de difficultés.[1] Surtout, il est frappé par le dénuement des populations de la brousse. Passant près d'Efok, un village de brousse du Sud Cameroun, il note sur son carnet : « Ici, le médecin ne passe que tous les dix-huit mois. Il y aurait plus de cent cinquante mille pauvres gens à soigner pour quelqu'un qui aurait un peu de courage et de volonté. Pourquoi

---

[1] On trouvera des indications sur ce point dans Roger LE FORESTIER, *Le problème de la lèpre dans les colonies françaises et en France. Étude de médecine sociale*, thèse Marseille, 1932, 100 p.

pas moi ? ». Il estime que seule une compétence médicale étendue peut permettre une action valable dans cette région. Le médecin doit disposer d'une formation scientifique solide et moderne, il doit savoir s'adapter aux conditions locales et accepter de se remettre en question. Curieux de tout, le docteur Aujoulat observe avec intérêt les plantes et les fruits utilisés par les indigènes dans les médecines traditionnelles.

En parcourant le Cameroun, il est de plus en plus enthousiasmé par l'œuvre de Jamot.[2] De 1922 à 1931, le sud et le centre du Cameroun étaient en proie à une effroyable épidémie de trypanosomiase ; dans de nombreux secteurs, plus de quatre-vingts pour cent de la population était atteinte. Un pays entier allait-il disparaître ? Face à ce désastre, Jamot mit en place un service d'hygiène mobile. D'abord il créa un centre d'instruction pour médecins, infirmiers et agents sanitaires. Dès 1926 ils se déplaçaient sans arrêt d'un village à l'autre, pour dépister les malades et les soigner. Une tâche écrasante dans un pays où la population est clairsemée et où les routes et pistes praticables restent exceptionnelles. En 1929, l'espace camerounais était quadrillé avec quatorze secteurs spéciaux et quatorze secteurs annexes et, sous le commandement de Jamot, dix-huit médecins et trente-six agents sanitaires européens et quatre cents infirmiers africains. La rigueur et les méthodes contraignantes de cette médecine de masse (les habitants d'un village sont rassemblés avec autorité pour l'examen médical) assurèrent un succès éclatant. En 1931 l'épidémie était vaincue : cent vingt-cinq mille malades étaient guéris, soit quinze pour cent de la population totale du pays concerné et des mesures de prévention étaient prises. Mais, un jeune médecin ayant de son propre chef augmenté les doses de tryparsamide (médicament très efficace, mais dont les effets secondaires sont redoutables), sept cents personnes étaient devenues aveugles. Le gouvernement et l'administration tenant Jamot pour responsable, il fut sanctionné et, la jalousie de certains médecins militaires aidant, il dut bientôt quitter l'Afrique. Mais le docteur Aujoulat retient les grands principes de Jamot : action menée sur une grande échelle, rigueur des méthodes, formation sur place d'un personnel médical et plus encore paramédical.

Le docteur Aujoulat visite aussi le Gabon, il rencontre le docteur Schweitzer à Lambaréné et s'entretient avec lui. Arrivé en Afrique en 1913, la guerre a failli anéantir son œuvre et il a dû repartir de zéro en 1924. Défrichant, construisant des pavillons pour les malades, isolant les contagieux sans les couper de leur milieu, il a fait œuvre d'architecte autant que de médecin. Les animaux se déplacent librement, les familles entourent les malades, les coutumes traditionnelles sont respectées ; le docteur Schweitzer s'adresse aussi par la prédication aux Africains. Il prend en compte tout ce qui fait la vie des personnes, en particulier la vie sociale, culturelle, spirituelle. Toute son action revêt une dimension spirituelle. Le docteur Aujoulat s'imprègne de cet exemple.

---

[2] Marcel BEBEY-EYIDI, *La vie et l'œuvre médico-sociale en Afrique intertropicale française d'Eugène Jamot*, thèse Paris, 1950, 125 p.

Rentré en France métropolitaine, Louis-Paul Aujoulat épouse Marguerite Catinot le 9 mai 1936 et, en septembre 1936, tous deux partent au Cameroun comme missionnaires laïcs. Il a vingt-six ans, elle en a dix-neuf. Ils font figure de « jeunes fous » ou de « têtes brûlées », car ce départ en brousse signifie le renoncement à une brillante carrière universitaire. Par ailleurs, le projet semble utopique et dangereux, car l'intérieur du Cameroun est encore largement inconnu. Un esprit d'aventurier est certes nécessaire pour cette « médecine sans frontière » avant la lettre. La mission sera longue et, les avions à réaction n'existant pas encore, la coupure avec l'Europe très réelle. Mais, on l'a vu, le projet a été préparé avec soin. Cette rupture apparente constitue l'aboutissement presque logique d'une démarche chrétienne approfondie depuis plusieurs années. En intervenant dans une situation de crise et d'urgence, en se donnant tout entier, les époux Aujoulat s'inscrivent dans la tradition de charité de l'Église, qui intervient régulièrement pour exercer une « suppléance » quand les pouvoirs publics ne peuvent faire face à une détresse sociale pressante. Généralement des prêtres et des religieuses assuraient cette tâche. Cette fois, il s'agit d'un jeune couple. Cette démarche reflète aussi l'état d'esprit d'une partie de la jeunesse de ce temps. C'est l'époque des grands voyages de Larigaudie (Paris-Saïgon), de Raoul Follereau (en Amérique du Sud puis au Sahara), d'Alain Gerbault (un peu plus tôt), de Malraux, d'Ella Maillart et de combien d'autres... Tous rêvent de trouver, par le voyage et la découverte, une réponse à la crise culturelle qui, selon eux, touche l'Europe, ils rêvent de vivre des valeurs qu'ils veulent transmettre ensuite à leur retour. Missionnaires en Afrique, les jeunes laïcs d'*Ad lucem* comptent ensuite travailler à la rechristianisation de l'Europe. Ils pensent que la rechristianisation de la France passe par la christianisation de l'Afrique... Ils vivent leur départ avec l'enthousiasme de pionniers vivant la période exaltante des « temps héroïques ». Dans un autre registre, on peut rapprocher cette démarche de celle des intellectuels « non conformistes des années trente » : venus d'horizons variés, ils renouvellent la pensée politique, économique, culturelle.[3] Il s'agit d'une génération de rupture, qui veut briser les routines et les conformismes. Des médecins vivent aussi des itinéraires comparables à celui du docteur Aujoulat et se placent volontairement dans des situations précaires. Citons seulement le cas du docteur Floch arrivant démuni à Cayenne avec sa jeune épouse, vivant dans un abri de fortune, puis créant l'Institut Pasteur de la Guyane.

Le 27 octobre 1936, le docteur Aujoulat et son épouse parviennent, à trente kilomètres de Yaoundé, à la mission catholique d'Omvan. Le docteur Gaubert et son épouse, autres missionnaires *Ad lucem* partis en même temps de France, s'y installent pendant que le couple Aujoulat part plus à l'intérieur encore et, en janvier 1937, s'établit à Efok. Le jeune médecin et son épouse habitent une case en terre et disposent seulement d'un petit dispensaire en briques pour soigner cent cinquante mille personnes. Les nouveaux venus ne sont pas accueillis à bras ouverts. Les missionnaires eux-mêmes sont un peu surpris et hésitants devant ces

---

[3] Jean-Louis LOUBET DEL BAYLE, *Les non-conformistes des années 30*, Paris, Seuil, 1969.

missionnaires d'un nouveau style. Surtout, l'administration et les médecins militaires qui quadrillent le pays et effectuent un travail déjà considérable n'aiment pas que des personnes extérieures à leur corps interviennent : ils n'apprécient pas le docteur Schweitzer. Ils prennent le docteur Aujoulat pour un excentrique ou un perturbateur. Celui-ci critique en effet certains dérapages de la médecine de masse :

> « Nous voulons une réalisation qui soit autre chose qu'une officine où l'on distribue les soins à des numéros x, y et z de l'espèce humaine. Nous voulons une réalisation qui, ne séparant pas arbitrairement l'âme du corps, sache respecter en chaque individu sa dignité de personne humaine ».

Le gouverneur veut vérifier ses titres universitaires, l'administration multiplie les tracasseries, tente de le faire nommer ailleurs, l'oblige à quitter quelque temps son poste, lui impose des tâches supplémentaires comme des tournées de vaccination en brousse dans des secteurs voisins. Enthousiaste et dynamique, petit mais trapu et d'une robuste constitution, le docteur Aujoulat résiste à ces contraintes et sa compétence finit par s'imposer aux plus réticents. Il puise son énergie dans la messe quotidienne. Par ailleurs, il est constamment soutenu par le cardinal Liénart et d'autres personnalités catholiques. Le 18 septembre 1938 naît son premier fils, Jean-Marie. Les habitants d'Efok découvrent, avec cette jeune famille, une autre image du missionnaire catholique, une autre image du médecin et une image renouvelée de la famille chrétienne.

Le médecin se fait tout de suite bâtisseur et entrepreneur. Il ouvre une carrière de pierre, crée une briquetterie et une menuiserie (il embauche deux cent cinquante menuisiers), forme des contremaîtres, dirige un chantier permanent de deux hectares et demi. En février 1938, trois bâtiments hospitaliers sont utilisables. Ensuite les constructions et les agrandissements se poursuivent, à Efok mais aussi alentour : deux dispensaires sont achevés en 1940 à Tala et à Mvolye et une léproserie en 1944 à Nden.

Le docteur Aujoulat assure des actes de haute technicité malgré des moyens matériels réduits. Il publie dans des revues scientifiques ses observations les plus intéressantes : *Études obstétriques en pays Yaoundé,* pathologie chirurgicale, épidémiologie de cas opératoires... Mais, pour lui, la médecine ne se réduit pas à une technique, elle doit prendre en compte l'environnement humain, social, culturel. Curieux de tout, il multiplie les recherches anthropologiques et dirige la revue *Le Cameroun catholique,* où paraissent de nombreuses enquêtes. Il porte un regard positif sur les médecines traditionnelles et s'informe des propriétés des plantes, des fruits et des remèdes traditionnels. Il apprend l'ewondo, la langue locale, car il souhaite pratiquer une médecine personnalisée. Conscient de la pauvreté de la population, il fait seulement payer les médicaments et les actes chirurgicaux.

Il s'attache tout de suite à former des infirmiers et des assistants africains et ouvre à Efok une école d'infirmières et de sages-femmes et une école d'infirmiers et d'assistants. En cela, il diffère du docteur Schweitzer. Il souhaite confier les dispensaires de brousse à ses auxiliaires africains dont l'action serait contrôlée par le médecin : il parle « d'essaimage ». Il en parle quarante ans avant la conférence d'Alma-Ata, où l'Organisation mondiale de la santé préconise une politique de « soins de santé primaires » dans le Tiers Monde et la formation d'agents de santé villageois. Le docteur Aujoulat donne à ces auxiliaires une formation médicale, mais aussi une formation humaine et chrétienne. Tous sont militants d'Action catholique. On retrouve le souci d'évangélisation du missionnaire et surtout la conception d'une médecine qui intègre tous les éléments de la vie. Le docteur Aujoulat a aussi compris que les auxiliaires seront consultés si et seulement si ils font figure de chefs de file là où ils habitent. Et leur travail exige un dévouement constant, donc de grandes qualités morales.

La guerre bouleverse la vie à Efok. En 1940 les époux Aujoulat voient mourir leur fille Geneviève quelques semaines après sa naissance. Il n'y a pas de couveuse à Efok. Les parents vivent ce drame avec une grande dignité, refusent le découragement et en 1941 naît Bernadette, puis Alain-Noël en décembre 1944. Pendant cinq ans, le médecin est coupé de toute aide financière et matérielle de la France métropolitaine. Les Africains décident alors de financer eux-mêmes les travaux nécessaires : c'est une grande joie pour le jeune médecin et le signe de son succès. Comme il manque de médicaments, il fabrique lui-même quinine et morphine avec des moyens de fortune et, avec l'aide des Africains, il met au point de nombreux produits de substitution.[4] Les contrôles administratifs se font moins sourcilleux et le docteur Aujoulat peut réellement devenir « son propre patron ». Les constructions et les agrandissements de bâtiments se poursuivent. En 1945 Efok compte un dispensaire, un service opératoire, une maternité, un service de gynécologie, un service de chirurgie et un autre de médecine générale, un laboratoire et une pharmacie. « Il manque seulement les rayons X et un service de médecine infantile », constate le docteur Aujoulat.

B. *Le responsable politique : 1945-1960*

Au lendemain de la guerre commence la carrière politique du docteur Aujoulat : il devient, un peu malgré lui, député du Cameroun[5] et le reste onze ans, jusque 1956. De 1951 à 1956, il est même élu dans le collège des autochtones.[6] Il siège sur les bancs du M.R.P.[7] de 1946 à 1948, puis il adhère aux Indépendants d'Outre-

---

[4] En Guyane et aux Antilles, les médecins de l'Institut Pasteur agissent de même.

[5] Les représentants du Cameroun sont désignés par deux collèges : celui des « citoyens français », essentiellement des Blancs, et celui des « autochtones ». Mgr Graffin lui demande de se présenter. Le docteur Aujoulat finit par accepter... car il pense être battu. Il est aussi élu à l'Assemblée territoriale du Cameroun (ATCAM).

[6] De 1951 à 1956, il est le seul représentant blanc de l'Afrique sub-saharienne à l'Assemblée nationale (élu par les autochtones).

[7] M.R.P. : Mouvement Républicain Populaire (inspiration démocrate chrétienne). .

Mer, qu'il préside en 1949. Ce groupe peu nombreux (ils ne sont jamais plus de vingt) compte des hommes appelés à une grande renommée (Senghor, Ahidjo et plusieurs écrivains de renom) ; occupant une position charnière à l'assemblée, il sert de force d'appoint pour constituer de courtes majorités... ce qui lui vaut aussi de solides inimitiés.

On ne parle plus d'Empire français mais d'« Union française », cependant la réalité coloniale demeure. Or le monde change. Fort de son expérience de terrain, le docteur Aujoulat analyse lucidement les enjeux du monde de l'après-guerre. En décembre 1946, il écrit : « Le problème de l'indépendance est posé. Il sera résolu dans les vingt ans qui viennent. Nous n'avons qu'une chose à faire, former des cadres capables de gérer leur pays ». Ces phrases expliquent sa nouvelle action.

Il n'abandonne pas pour autant sa démarche au sein de l'Église. En 1947 le cardinal Liénart visite les établissements *Ad lucem* au Cameroun et il félicite le docteur Aujoulat : « C'est cela que nous avons voulu », lui dit-il. La même année, le docteur Aujoulat présente *Ad lucem* au pape Pie XII et à Mgr Montini. L'accueil est chaleureux, mais il n'est pas suivi d'une reconnaissance officielle. Rome se méfierait-elle d'une initiative de laïcs, français de surcroît ? En fait, considérant que la période post-coloniale commence, l'Église préfère promouvoir les églises indigènes que soutenir trop nettement des groupes missionnaires européens. De plus, dans un monde que l'on croit en voie de sécularisation, l'Église considère que les laïcs chrétiens ne doivent pas se replier sur des structures ecclésiales, mais s'engager résolument dans les organisations laïques où ils pourront jouer le rôle du « levain de la pâte ». Malgré tout *Ad lucem* prospère. En 1952, trois cent quarante-deux personnes sont en mission et, en 1956, on en compte plus de cinq cents. *Ad lucem* n'est d'ailleurs pas unique en son genre. En Belgique, les Auxiliaires laïques des missions du Père Lebbe sont devenues Auxiliaires féminines internationales. À Würzburg, à Fribourg, à Padoue et aussi au Canada, en Espagne, aux Pays-Bas et ailleurs encore, des groupes et des instituts ont été créés. En 1948, le Secrétariat international du laïcat missionnaire, organe de liaison entre ces groupes, devient Union catholique de coopération internationale. Dans le même temps, un mouvement international pour « l'Union fraternelle entre les races », non confessionnel, est créé et il organise bientôt des Journées interraciales. Le docteur Aujoulat est de toutes ces initiatives. Il intervient aussi auprès du pape pour demander la nomination au Viêt-Nam d'un évêque indigène et pour réclamer une théologie du laïcat. Il contribue ainsi à la préparation de Vatican II.

Membre de la commission parlementaire, le docteur Aujoulat participe activement aux débats de l'Assemblée sur l'Outre-Mer. Le 28 octobre 1949, il devient sous-secrétaire d'État à la France d'Outre-Mer, puis secrétaire d'État du 30 juin 1950 au 7 janvier 1953 dans sept gouvernements successifs. Il est peu connu du grand public et ne recherche pas la notoriété, mais tout de suite il se comporte en « patron ». Dormant peu, doté d'une puissance de travail considérable, il s'impose un travail acharné. Homme du concret, il se rend souvent sur le terrain et de 1950 à 1955 il parcourt quatre cent mille kilomètres. Il s'entoure d'une équipe de qualité. Jean Masselot, humaniste libéral, inspecteur général d'Outre-Mer, dirige son cabinet pendant toute cette période. Jacques Châtelain, parti comme *Ad lucem* en Chine avant 1935, joue un rôle important lui aussi. Des techniciens et des médecins comme le médecin général inspecteur Muraz, le disciple de Jamot, donnent des avis très écoutés. Les autres collaborateurs viennent d'horizons très variés, du monde politique, de la fonction publique, du secteur privé, des milieux intellectuels, des associations. Et surtout les Européens et les Africains se mêlent et travaillent ensemble. De futurs hommes d'État africains s'initient à la décision politique, technique et administrative dans un État moderne (Senghor, Ahidjo et d'autres encore). Des penseurs, des philosophes, des poètes gravitent dans l'entourage du docteur Aujoulat : Alioune Diop, Flavien Ranaivo, Jean-Marie Sédès... Si la décolonisation en Afrique noire ne s'est pas accompagnée d'une rupture politique violente comme ce fut le cas en Indochine et en Algérie, on le doit en grande partie à des hommes comme le docteur Aujoulat. Dans son livre *Doigts noirs* paru en 1963, Jacques Moukouri Kuoh, Camerounais, évoque cette période et l'atmosphère qui entoure ce cabinet. Joseph Foray, attaché parlementaire, parle d'une « atmosphère sérieuse sans morosité » et souligne la disponibilité et le franc-parler du docteur Aujoulat.

À peine entré en fonction, le docteur Aujoulat fait venir en France de jeunes Africains, Camerounais notamment, pour qu'ils puissent poursuivre leurs études dans des universités métropolitaines. Il les recommande à des professeurs français et veille à ce qu'ils soient hébergés dans de bonnes conditions. Simon Tchoungui, futur premier ministre du Cameroun, effectue trois années d'étude de médecine à Paris afin de recevoir une formation rapide adaptée aux besoins sanitaires de son pays.[8] Marcel Bebey-Eyidi effectue, lui, des études de médecine complètes et, sur le conseil du docteur Aujoulat, consacre sa thèse à l'étude de l'action de Jamot.[9] On pourrait citer beaucoup d'autres noms encore. Le docteur Aujoulat ne fait pas venir seulement de futurs médecins ou agents de santé, mais il se soucie d'une formation adaptée aux besoins de l'Afrique noire et il veut que se constituent de nouvelles élites en Afrique.

Fort de son expérience de terrain, le docteur Aujoulat veut ensuite organiser de façon rationnelle et cohérente la politique de santé publique de la France en Afrique noire. À Paris en 1952, lors d'une conférence des directeurs de santé d'Afrique noire et de Madagascar, il fait reconnaître la primauté de la médecine de masse curative et préventive sur la médecine de soins purement individuels et curatifs au moment où les services mobiles de prophylaxie mis en place par les médecins militaires sont gravement contestés en raison des rassemblements contraignants qu'ils imposent. Le docteur Aujoulat apporte donc son soutien aux militaires, lesquels pourtant l'ont combattu autrefois. Mais il entretient d'excellentes relations avec le médecin général inspecteur Pierre Richet. Et, dans les sept années

---

[8] Cette formation rapide mais efficace était assez fréquente en France au 19e siècle.

[9] Cfr thèse de M. Bebey-Eyidi citée plus haut.

qui suivent, ce service d'hygiène mobile écrit les plus belles pages de son histoire, dans la tradition de Jamot et de Muraz, avec l'appui politique du docteur Aujoulat. La lèpre est alors devenue l'endémie majeure à combattre. Or, avec les sulfones, les médecins disposent depuis peu d'antibiotiques efficaces et faciles à prescrire. De 1953 à 1955, sous le commandement de Richet, des équipes de prospection polyvalentes assurent le dépistage en Afrique équatoriale française et au Cameroun. Une fiche est établie pour chaque malade et le traitement est administré d'une façon très stricte selon une posologie bimensuelle par des équipes sanitaires. Vingt véhicules et cent bicyclettes suivent des circuits itinérants dits « en marguerite ». Plus de cent dix mille nouveaux cas de lèpre sont détectés en A.É.F. (on croyait qu'ils étaient quarante mille, ils sont plus de cent cinquante mille en tout) et la moitié sont très rapidement guéris avec sept millions de comprimés et un million de flacons injectables. Ce succès surprend l'O.M.S. qui envoie en 1955 une commission d'enquête, laquelle confirme le succès obtenu.

Le docteur Aujoulat veut aussi doter l'Afrique occidentale d'une puissante infrastructure scientifique et médicale. Le centre médical de Bobo-Dioulasso compte trois ou quatre médecins en 1948. En 1955 au même endroit des dizaines de médecins, de scientifiques et de techniciens effectuent des recherches de pointe dans des laboratoires remarquablement équipés : biochimie, bactériologie, parasitologie, immunologie, entomologie, travaux sur l'onchocercose, le paludisme... Une école Jamot forme plus de cent infirmiers par an pour le S.G.H.M.P. (Service général d'hygiène mobile et de prophylaxie). Plusieurs instituts sont modernisés dans le même temps : l'Institut de la lèpre (Marchoux) et l'Institut d'ophtalmologie tropicale en Afrique (I.O.T.A.) à Bamako, l'Office de recherche sur l'alimentation et la nutrition en Afrique (O.R.A.N.A.) à Dakar. Ces centres sont pensés à l'échelle de toute l'Afrique occidentale et ils travaillent en lien étroit avec les services de dépistage dont ils complètent l'action. Par ailleurs, devant des projets d'équipement hospitalier un peu anarchiques, le docteur Aujoulat crée une commission de standardisation du matériel et des installations sanitaires. Il veut aussi réorganiser en profondeur la santé publique outre-mer, mais le projet n'aboutit pas. Un souci de cohérence et de rationalisation anime donc le docteur Aujoulat, lequel peut, grâce à ses fonctions, penser à une grande échelle.

Dans son esprit, les questions sociales et scolaires sont inséparables de la santé, tous ces domaines relevant d'ailleurs de ses attributions. Il étend les services sociaux embryonnaires du Cameroun et de l'Afrique équatoriale vers l'Afrique occidentale et Madagascar, étudie le statut et la formation des personnels sociaux et privilégie le recrutement d'autochtones. Il fait aussi mener des expériences pilotes d'éducation de base en utilisant, en lien avec l'Unesco, des méthodes modernes d'éducation. Par ailleurs, un *Code du travail* est promulgué en décembre 1952.

Il apporte enfin un soutien sélectif à quelques initiatives privées. Il les choisit si leur projet s'intègre à la politique globale évoquée précédemment et si la démarche, rationnelle, s'appuie sur de sérieuses bases scientifiques. Pour le docteur Aujoulat, il fallait d'abord sauver le corps pour sauver l'âme. Le critère confessionnel n'intervient donc pas dans le choix. Des subventions ou une aide sont apportées à des projets d'éducation, de santé, d'urbanisme mis en place par la Croix-Rouge, les missions protestantes ou catholiques et d'autres encore. Il suit avec beaucoup d'intérêt l'évolution du village de lépreux d'Adzopé commencé en 1939 par les sœurs de Notre-Dame des Apôtres en pleine forêt à cent trente kilomètres d'Abidjan. En prononçant mille deux cents conférences pour Adzopé, Raoul Follereau a fait connaître cette réalisation exemplaire à l'opinion : jadis exclus et laissés sans soin, les lépreux de cette région peuvent désormais vivre dans ce village avec leur famille dans la dignité, apprendre un métier et bénéficier de soins efficaces. Fondé pour faire face aux conséquences sociales de la lèpre (le rejet et l'exclusion), Adzopé devient peu à peu un centre de soins actif et un lieu où l'on prend en compte toutes les dimensions de la personne (physiologique, mais aussi sociale, spirituelle). Adzopé connaît pourtant des difficultés de toutes sortes pendant cette période. En coulisse le docteur Aujoulat, grand ami de Raoul Follereau, intervient pour que les sœurs puissent poursuivre leur action.

Cette action multiforme reçoit l'appui discret mais constant de Maurice Schumann et de Robert Schuman, autres ministres chrétiens de la IVe République. Au sommet des responsabilités, Robert Schuman, toujours vêtu très modestement, mène une vie de moine. Cet homme très secret reste une énigme pour ses collaborateurs les plus proches. Maurice Schumann nous a confié que chaque année, dans le plus grand secret, Robert Schuman envoie une grande partie de ses revenus aux missions, des missions qu'il choisit avec soin. En effet, la vie des missions le hante et occupe largement ses pensées. Pour ne pas compromettre les résultats de son œuvre européenne, Robert Schuman évite de parler publiquement de l'Afrique, mais il suit de très près son évolution et très tôt il est persuadé que la décolonisation est imminente. Il suit avec la plus grande attention l'action du docteur Aujoulat qui partage, il le sait, ses soucis de responsable politique et de chrétien.

Le docteur Aujoulat quitte le gouvernement en 1953, car il lui semble irréaliste de s'opposer par principe à la décolonisation et la politique de « maintien à tout prix » lui paraît dangereuse. « Il faut savoir partir », dit-il. La mort, en mars 1953, de sa fille Bernadette le bouleverse. Elle allait avoir douze ans. C'est une épreuve terrible. Deux de ses six enfants sont déjà morts. Cependant Pierre Mendès France l'appelle à son gouvernement. De juin 1954 à février 1955, il est ministre de la santé publique et du travail et, à ce titre, il peut poursuivre les actions entreprises précédemment. Mais il est battu aux élections de 1956 au Cameroun : les nationalistes africains lui reprochent d'être européen et les Blancs le trouvent trop réformateur. Il se retrouve « sans position sociale définie », d'autant qu'il est peu connu en métropole. Partout il se sent marginal. C'est le propre des visionnaires. Dans le même temps, la loi-cadre Defferre du 23 juin 1956 donne une grande autonomie interne aux territoires d'Afrique noire. Les populations acceptent de moins en moins les rassemblements imposés par les équipes mobiles et refuser les soins semble presque un acte de courage nationaliste. Partis et syndicats travaillent un personnel sanitaire africain de moins en moins disposé à appliquer les politiques de santé voulues par la France. On s'achemine en outre vers un émiettement politique de l'Afrique noire et aucun des nouveaux États n'apparaît assez solide pour financer l'important dispositif sanitaire dont nous avons parlé précédemment. Les futurs États voudront-ils coopérer en matière sanitaire ? L'œuvre des médecins militaires et du docteur Aujoulat semble s'effondrer.

De 1956 à 1958, le docteur Aujoulat assure un rôle de conseiller et d'enseignant auprès de divers organismes (*Ad lucem*, ministère de la santé, O.M.S....). En 1958 paraît *Aujourd'hui l'Afrique*,[10] un livre où il rassemble ses observations et ses réflexions ; il regarde vers l'avenir avant tout. Revenu au pouvoir, le général de Gaulle l'appelle officieusement pour mener à bien une nouvelle action sanitaire en Afrique noire. Il prend la direction du service de coopération technique au ministère de la santé publique et s'emploie alors à sauver ce qui peut l'être, tout en travaillant à la mise en place de nouveaux cadres d'action. Sa marge de manœuvre reste limitée. De Paris il multiplie les coups de téléphone. Il sait qu'en Afrique noire, dans une civilisation de l'oral, l'engagement verbal a plus de poids que l'écrit et, pendant des heures, il s'efforce de convaincre les nouveaux responsables africains de ne pas laisser mourir les infrastructures et les services mis en place. Il tutoie tous ces hommes, il a contribué à la formation de beaucoup d'entre eux. Il travaille en étroite liaison avec le général Richet qui, à partir de 1955, a dirigé les services mobiles en Afrique occidentale, obtenant des résultats exceptionnels. De 1958 à 1960 le S.G.H.M.P. (Service général d'hygiène mobile et de prophylaxie) est remplacé par des services nationaux moins efficaces. Est-ce la fin ? Richet est alors découragé. Le 25 avril 1960, une conférence réunit à Abidjan les ministres de la santé des États francophones de l'ancienne A.O.F. (Guinée comprise). Représentant la France, le docteur Aujoulat joue un rôle décisif dans cette rencontre capitale. La primauté de la médecine de masse, la nécessité d'une médecine préventive structurée et d'une coopération sanitaire entre les États sont réaffirmées. Une Organisation de coordination et de coopération pour la lutte contre les grandes endémies (O.C.C.G.E.) réunissant les États de l'ex-A.O.F. est créée. Le docteur Aujoulat en refuse la direction que lui proposent les Africains, mais il fait nommer le général Richet au secrétariat général de l'organisation, dont le siège est fixé à Bobo-Dioulasso, au centre de recherche et d'action médicale dont nous avons déjà parlé (et qui porte désormais le nom de Muraz). La France paie la moitié des dépenses des divers instituts et met gratuitement à la disposition de cette organisation les médecins, pharmaciens, scientifiques, techniciens et administrateurs qui l'animent. Par ailleurs, de nombreux chefs des services nationaux des grandes endémies restent des médecins coloniaux. L'Afrique noire francophone manque encore de cadres. Un peu plus tard, en 1963, l'O.C.E.A.C. réunit les anciens États d'A.É.F. En 1970, le docteur Cheik Sow, Malien, adjoint de Richet et ami du docteur Aujoulat, devient secrétaire général de l'O.C.C.G.E.

Ce dénouement rend le docteur Aujoulat assez optimiste pour la suite. Il connaît personnellement et depuis longtemps les chefs d'État, les ministres et

---

[10] *Aujourd'hui l'Afrique*, Tournai-Paris, Casterman, 1958.

presque tous les médecins d'Afrique noire francophone et il fonde sur eux de grands espoirs. Quand en 1962 l'agronome René Dumont le rencontre pour lui présenter son livre *L'Afrique noire est mal partie*, il lui confie qu'il trouve son ouvrage trop pessimiste. Alors ces deux hommes qui ont beaucoup d'estime l'un pour l'autre s'engagent dans d'interminables discussions sur cette Afrique qu'ils connaissent et qu'ils veulent encore servir. Car tous deux en sont conscients, une nouvelle période commence.

C. *L'inspirateur : 1960-1973*

Est-il possible d'intervenir dans une politique de santé publique sans exercer de responsabilité officielle et sans disposer du pouvoir de décision ? Les chrétiens européens peuvent-ils aider efficacement l'Afrique après la décolonisation politique ? Le succès technique immédiat risque-t-il de faire oublier au médecin sa mission véritable et certaines dimensions de la personne humaine ? Le docteur Aujoulat consacre la fin de sa vie à trouver des réponses concrètes à ces questions. Sa position est à la fois impressionnante et fragile. Il n'a plus de responsabilité politique, son rôle est désormais plus officieux qu'officiel et il n'a pas davantage de fonction universitaire. Il fait figure d'expert, mais partout il lui est difficile de convaincre. Il semble puissant en coulisse, mais ses démarches sont sans cesse contestées et remises en cause. Il sait qu'il dérange et se définit comme « un marginal en disponibilité ». Désormais, il essaie moins de fonder des groupes nouveaux que de rejoindre ceux qui existent déjà afin de les orienter ou de les transformer. Il s'efforce d'agir à toutes les échelles : locale, nationale, mondiale.

Il reste en contact étroit avec les papes Jean XXIII et Paul VI, lesquels le consultent régulièrement. Il leur apporte des informations de première main, une réflexion et un équipement conceptuel d'où sont bannis les mots en « –isme ». Il suit de très près le déroulement du Concile Vatican II et, comme le P. Lebret et d'autres, il est consulté avant la rédaction de *Populorum progressio* (1967). Il insiste sur la nécessité d'un développement centré sur la dignité de la personne et sur la nécessité d'une économie tenant compte de toutes les dimensions de la personne. Il connaît aussi Dom Helder Camara.

Officiellement, il devient inspecteur général des affaires sociales au ministère de la santé. Il n'inspecte pas des établissements en France, mais effectue des missions de consultant et d'expert dans le Tiers Monde (en particulier en Afrique noire, au Cameroun notamment). De plus, il enseigne à l'Institut international d'administration publique à Paris et à l'École nationale de santé publique de Rennes. Il préside aussi des jurys d'examen en Afrique.[11]

---

[11] Chaque année il passe plusieurs semaines en Afrique. « Les déplacements représentent en moyenne cent vingt jours par an », remarque Joseph Foray, en incluant les congrès en Europe et les visites en France.

Son ancien maître, le doyen Jacques Parisot, l'introduit davantage dans les structures d'éducation sanitaire et sociale. Il devient directeur général du Centre national d'éducation sanitaire et sociale, secrétaire général du Comité français d'éducation sanitaire et sociale et, en juillet 1962, secrétaire général de l'Union internationale d'éducation pour la santé, une O.N.G.[12] qui entretient des relations suivies avec l'Unesco et l'O.M.S. Cette « médecine préventive » s'inscrit dans la tradition des offices d'hygiène, mais son objectif est plus vaste encore. Selon ses responsables, la médecine ne doit pas seulement soigner des malades, elle doit prévenir les maladies et s'attaquer à leurs causes, en agissant sur toutes les formes d'environnement. Ils estiment également que la santé ne consiste pas seulement en l'absence de maladie physiologique, elle est un état de bien-être physique, psychologique, social, culturel, voire spirituel. Les médecins ne doivent donc pas être les seuls « acteurs permanents » de la santé. Toute personne est concernée par sa santé et par celle des autres, les approches multidisciplinaires sont souhaitables et des campagnes d'information et d'éducation sont indispensables. Le docteur Aujoulat se fait l'apôtre de cette conception de la politique de santé.

Il se heurte à la critique ou à l'indifférence de nombreux médecins qui considèrent que cette médecine préventive est un luxe, qu'elle emploie des termes trop généraux, que la « vraie » médecine s'y dissout dans un ensemble vague et indistinct. À cette époque, on croit beaucoup, dans les milieux administratifs et médicaux, à la toute puissance des antibiotiques et des vaccins (les résistances aux antibiotiques surviennent peu après). On construit des centres hospitalo-universitaires équipés de matériel récent et sophistiqué dans l'optique d'une médecine exclusivement curative, où l'on veut pratiquer les seules « techniques de pointe ». Les chapelles et les références religieuses ont d'ailleurs été soigneusement évacuées de ces centres aux plans standardisés. On dédaigne les praticiens de médecine générale et on leur préfère des spécialistes aux fonctions de plus en plus parcellisées (et limitées), on décide de sélectionner les étudiants en médecine à partir de leurs résultats en mathématiques et en sciences physiques, comme si l'on devait former des « ingénieurs du corps humain », on attend de l'intervention médicale des résultats rapides et immédiatement perceptibles et l'on se méfie des actions de trop longue haleine. On devine les postulats implicites sur lesquels reposent de tels choix.

Le docteur Aujoulat doit se battre en permanence. Il se tourne vers les administratifs. Ses institutions manquent de personnel et de ressources. Sans cesse il doit négocier, manœuvrer, tactiquer pour obtenir des créations de poste, pour faire nommer des gens gagnés à ses convictions. Il observe avec intérêt les réalisations des autres pays (il publie en 1967 les notes prises lors d'un voyage en URSS). Le combat du docteur Aujoulat reste plus actuel que jamais...

---

[12] O.N.G. : organisation non gouvernementale.

La publication de livres et la rédaction de rapports[13] lui permettent de faire connaître ses idées et ses propositions pour le Tiers Monde. Il insiste sur la nécessité de synchroniser le développement économique et social et les politiques sanitaires si l'on souhaite obtenir des résultats significatifs et durables. Partant de l'analyse détaillée d'exemples africains, il réfute le lien entre surpeuplement et déficience protéique : c'est la sous-formation qui entraîne la sous-exploitation des ressources et les carences responsables des déséquilibres alimentaires et de « la faim ». Il invite les nutritionnistes à ne pas bouleverser la nourriture traditionnelle, mais à se borner à la compléter. Ces recommandations, qui excluent le sensationnel et repoussent des idées reçues, ne rencontrent pas, sur le moment, l'écho qu'elles méritent.

Il peut développer ses idées à l'O.M.S. car, avec le professeur Jacques Parisot, il y dirige la délégation française. Il passe le mois de mai à Genève, où il apprécie l'ambiance studieuse des commissions de travail et l'atmosphère conviviale propice aux rencontres informelles. L'approche des problèmes de santé par l'O.M.S. lui convient. Pour l'O.M.S., « la santé est un état de complet bien-être physique, mental et social et ne consiste pas seulement en l'absence de maladie ou d'infirmité ; c'est un droit fondamental de l'être humain ». On le constate, la dimension spirituelle est occultée. Elle est pourtant essentielle dans les écrits du docteur Aujoulat. L'O.M.S. compte en effet beaucoup d'humanistes non-chrétiens, libres penseurs laïcs ou communistes. Plusieurs conceptions de l'homme s'affrontent. Le docteur Aujoulat porte un regard plutôt positif sur les approches humanistes de la santé et s'en inspire parfois, même si elles ne viennent pas de chrétiens.

Par ses interventions répétées, le docteur Aujoulat prépare la future déclaration d'Alma-Ata, en 1978, sur « les soins de santé primaires » : l'Unicef et l'O.M.S. affirment alors que la médecine curative calquée sur le modèle occidental est inadaptée aux besoins sanitaires du Tiers Monde, qu'il faut, dans le Tiers Monde donner la priorité à la prévention, assainir le milieu, rendre l'eau potable et former des agents de santé polyvalents dans les villages pour assurer les vaccinations, la prévention, les premiers soins et adresser les malades gravement atteints vers les centres spécialisés les plus proches. Certaines idées du docteur Aujoulat sont donc reprises, mais elles sont appliquées avec plus ou moins de réussite. Si, pour convaincre, le docteur Aujoulat insiste sur la prévention, il n'abandonne pas les techniques de pointe. Il n'est pas un adversaire de l'hôpital. Il essaie de maintenir l'équilibre entre deux tendances contradictoires et également excessives. Il veut articuler action préventive et action curative. En novembre 1963, à Enugu au Nigéria, il préconise la création de centres ruraux de santé rassemblant des services spécialisés. Pragmatique, il ne veut pas réduire l'action sanitaire à des slogans qu'il faudrait appliquer de manière uniforme. Son expérience de terrain l'a prémuni

---

[13] Citons en particulier : *Une éducation sanitaire pour l'Afrique*, Paris, Éditions nouvelles et Impressions, 1967. – *Santé et développement en Afrique*, Paris, A. Colin, 1969. – *Action sociale et développement*, Paris, A. Colin, 1969. – *Nourrir l'Afrique*, rédigé mais non publié.

contre de telles erreurs. Il veut tenir compte des situations locales avant tout. En mai 1966, il s'oppose vivement à un projet de politique démographique à l'échelle de la terre conçu par l'O.M.S. Il rappelle que l'O.M.S. doit seulement « conseiller scientifiquement et techniquement les gouvernements ». Par ailleurs le contenu et la finalité de ce projet lui semblent néfastes...

Il suit avec attention l'évolution de certains centres qui lui sont chers. Ainsi, le 30 octobre 1968, le gouvernement ivoirien transforme-t-il le village de lépreux d'Adzopé en Institut national de la lèpre. Il dépend du service des grandes endémies et applique les techniques médicales et chirurgicales les plus modernes. Les sœurs de Notre-Dame des Apôtres poursuivent leur action sur place, mais leur formation est de plus en plus poussée ; elles suivent de fréquents recyclages et elles forment leurs successeurs ivoiriens.

Mais les Européens peuvent-ils encore intervenir directement en Afrique ? Le docteur Aujoulat considère toujours que travailler avec les Africains à transformer l'Afrique peut donner aux Européens le sens de la dignité humaine, les conduire aux valeurs chrétiennes et à Dieu.

En 1961 le docteur Aujoulat quitte la direction générale d'*Ad lucem*, estimant que des besoins nouveaux exigent des structures nouvelles : « Il faut admettre les limites du don de soi, rechercher la charité clairvoyante plus que les techniques ». Il participe désormais au développement d'associations non confessionnelles, même si beaucoup de leurs membres sont chrétiens. En 1963 son fils aîné Jean-Marie part, après des études d'allemand à la Sorbonne, comme coopérant au nord de la Haute-Volta. Il s'occupe surtout d'enseignement. Le docteur Aujoulat suit avec le plus grand intérêt l'expérience de ces premiers coopérants et il participe aussi à la fondation (en mai 1963 en France) de *Medicus mundi*. Même s'il n'y a pas de filiation officielle, cette organisation s'inspire de l'expérience d'*Ad lucem* et envoie des médecins et des paramédicaux, chrétiens le plus souvent, en Afrique noire pour des missions à long terme. L'inspiration est plus professionnelle que religieuse. Il ne s'agit pas de pratiquer une médecine de soins curatifs exclusivement, mais de promouvoir l'éducation pour la santé, l'action sur l'environnement et les causes de maladie (hygiène, nutrition), le travail avec les autres acteurs du développement économique et social. Christian Aurenche est l'un de ses premiers responsables et son livre récent *La clinique sous les arbres* connaît un succès certain dans les milieux tiers-mondistes des années quatre-vingts. Cette O.N.G. est bientôt reconnue officiellement par l'O.M.S., le docteur Aujoulat ayant assuré un lien entre l'association et l'organisme genevois.

Le 14 février 1968, Raoul Follereau, l'apôtre des lépreux, désigne André Récipon comme son « fils spirituel » et successeur à la tête de son œuvre. Il demande aussi au docteur Aujoulat de le conseiller pour les questions médicales. Le docteur Aujoulat met en place une commission médicale de l'Association française Raoul Follereau, où il fait entrer des universitaires et des médecins qui ont une longue expérience de l'Afrique. Tous les projets d'aide aux lépreux de l'association Follereau sont désormais soumis à la commission médicale qui rend un avis très écouté, sélectionne des projets, émet des réserves ou des suggestions.

Cette commission travaille dans l'optique des recommandations médicales de l'O.M.S. Le docteur Aujoulat rationalise donc l'activité d'une O.N.G. afin que la générosité des donateurs soit utilisée efficacement et ne soit pas distribuée en raison de considérations sentimentales. Il insiste pour que l'association travaille en priorité avec les gouvernements en Afrique, afin d'intervenir sur une vaste échelle, car il connaît personnellement les responsables africains. Il demande à Jean Masselot, retraité depuis peu, de créer des comités locaux dans toute la France pour accroître l'audience de l'association. L'association n'est pas confessionnelle, même si elle utilise le réseau des paroisses pour les quêtes de la journée mondiale des lépreux. On retrouve le souci de rationalité, de structuration, de logique et de cohérence dans l'action humanitaire. Le docteur Aujoulat apporte une méthode de travail. Il anime aussi la commission médicale de la fédération européenne des organisations de lutte contre la lèpre (ELEP) qui a été créée en 1966 pour harmoniser l'action des grandes organisations privées d'aide aux lépreux. L'ELEP est un cas unique (*Caritas* mis à part) de coopération permanente entre des associations humanitaires privées de pays différents. L'ELEP deviendra en 1975 ILEP (fédération internationale) avec l'adhésion d'associations extra-européennes.

Le docteur Aujoulat entretient aussi des relations étroites avec l'Association suisse Raoul Follereau. En octobre 1968, Raoul Follereau a demandé à Françoise Brunnschweiler d'être sa déléguée en Suisse. Comme l'association Emmaüs-Suisse aide aux lépreux s'occupe déjà de l'aide aux lépreux, l'association mise en place par Françoise Brunnschweiler s'attache à diffuser les textes de Raoul Follereau et à soutenir les projets recommandés par le docteur Aujoulat. Celui-ci se rend en Suisse à plusieurs reprises. Ses exposés sont pédagogiques et rigoureux, il ne joue pas les prophètes, son ton exclut le sentimentalisme, il parle à l'intelligence d'abord. Mais quand viennent les questions, la passion et la chaleur se réveillent. Il insiste sur la prévention, la formation, l'action à long terme. En invitant à préférer l'action à long terme à l'aide d'urgence, il ne verse pas dans le spectaculaire, mais il cherche à initier un large public aux problèmes du développement.

Il reste cependant un inconnu du grand public, à la différence de René Dumont, Josué de Castro, Tibor Mende et d'autres encore. D'un tempérament réservé, il ne joue pas la médiatisation, juge que ce serait perte de temps. Il ne cherche pas à publier de livre à thèse. Il préfère rédiger des rapports ou publier des articles dans des revues spécialisées. Mais il est un ami intime de Raoul Follereau. Ils échangent longuement sur les sujets qui leur tiennent à cœur. Raoul Follereau parle du docteur Aujoulat comme d'un « frère ». Les deux hommes sont très complémentaires et Raoul Follereau traduit en formules-choc pour le grand public les principales idées du docteur Aujoulat, en particulier les liens entre santé et développement économique.

À la fin de sa vie, le docteur Aujoulat est très inquiet de l'évolution de l'Afrique. Il rejoint les vues de René Dumont sur ce point. Il est déçu de l'attitude de nombreux jeunes Africains qu'il avait soutenus et sur lesquels il fondait de grands espoirs. Devenus ministres ou hauts responsables, beaucoup pratiquent la corruption, le clientélisme, détournent de l'argent, font passer la solidarité familiale avant le service de l'État et de la communauté nationale, négligent les problèmes sociaux du pays. Les médecins préfèrent s'installer dans une capitale pour s'enrichir, alors qu'en brousse ils manquent tragiquement. Le docteur Aujoulat en souffre cruellement.

En 1972, il confie à André Récipon les soucis que lui causent les anciens établissements de la fonction médicale *Ad lucem* au Cameroun. Des erreurs graves et des détournements de fonds ont été commis par certains successeurs des missionnaires européens. André Récipon se rend au Cameroun en septembre 1974 pour visiter systématiquement ces établissements et prendre, avec les amis camerounais du docteur Aujoulat, les mesures nécessaires.

Le docteur Aujoulat meurt en décembre 1973 d'un accident cardiaque lié à une parasitose sanguine d'abord méconnue, qui évolua sans bruit. Déjà durant l'été 1963 une myocardite due à un virus l'avait durement ébranlé. Il meurt donc à soixante-trois ans, sans avoir eu le temps de rédiger l'autobiographie qu'il projetait. L'Afrique lui rend un hommage solennel le 26 avril 1978 à Bobo-Dioulasso, au siège de l'O.C.C.G.E., où un monument à sa mémoire est inauguré. Les ministres de la santé de douze États d'Afrique noire sont présents et de nombreux chefs d'État adressent un message. Une Association internationale des amis du docteur Aujoulat est créée en novembre 1975. De nombreux responsables en font partie, mais elle entre peu à peu en sommeil et se rattache, avec d'autres associations, à l'Institut Santé Développement, de Paris, fondé par le professeur Gentilini.

Jean-Marie Aujoulat, le fils aîné du docteur, retourne en 1976 en Afrique comme délégué des fondations Raoul Follereau pour l'Afrique occidentale. Installé à Bobo-Dioulasso, au centre Muraz des grandes endémies, il rayonne à partir de là dans plusieurs pays. Travaillant avec les médecins et les gouvernements, définissant avec eux les priorités pour la lutte contre la lèpre, évaluant les besoins des léproseries en matériel, en médicaments et en vivres, sensibilisant les malades, vérifiant le bon emploi des fonds, il permet la coordination et le suivi de l'action des fondations Follereau dans cette partie de l'Afrique. C'est une fonction assez nouvelle dans l'action sanitaire et qui s'inscrit dans la pensée du docteur Aujoulat pour qui la médecine ne devait pas se réduire à une démarche de médecins. La ténacité, l'optimisme, l'art du palabre sont nécessaires. Jean-Marie Aujoulat doit quitter l'Afrique en 1981 pour raisons de santé, mais sa passion pour ce continent demeure.

*   *
*

Le docteur Aujoulat n'a pas laissé un nom, mais une œuvre et des intuitions de visionnaire pour la médecine, les politiques de santé, la coopération internationale, le développement, la vie de l'Église. Sa curiosité toujours en éveil et plus encore sa vaste culture générale lui ont permis d'aborder des sujets aussi variés, de prendre en compte tous les aspects d'un problème et surtout de ne pas se cantonner aux seuls aspects techniques. Expérimentant en quarante ans toutes les formes d'action sanitaire, à toutes les échelles possibles, il joua un rôle de précurseur dans des combats qui ne font que commencer et où beaucoup de ses idées, hélas un peu oubliées, gardent toute leur pertinence et leur actualité. Enfin, il a permis que la décolonisation en Afrique noire française s'effectue d'une manière assez pacifique.

Sa vie fut un résumé de l'attitude des chrétiens en Afrique noire en matière de santé pendant cette période. En résumant, on pourrait dire qu'il est passé d'une action confessionnelle à une démarche plus laïque pendant que l'africanisation s'opérait peu à peu. Mais l'évolution ne fut pas linéaire. Les hésitations, les remises en cause, les doutes, les découragements n'ont pas épargné le docteur Aujoulat. Et en Afrique noire les modèles de santé se superposent plus qu'ils ne se remplacent. Beaucoup de dispensaires tenus par des congrégations religieuses s'avèrent aujourd'hui plus efficaces et plus crédibles aux yeux des habitants que les agents de santé formés à la hâte par les gouvernements ou que les structures officielles mises en place d'une manière souvent bien artificielle. Les actions de Médecins sans frontières et de Médecins du monde prouvent que l'intervention de médecins hors des cadres officiels reste nécessaire. Par ailleurs, le succès récent de la Fidesco[14] montre que le laïcat missionnaire n'est pas une idée morte, y compris sur le plan sanitaire.

Éveilleur de consciences, le docteur Aujoulat orienta aussi de nombreuses vocations en Europe comme en Afrique. En permanence il insistait sur la formation à tous les niveaux, l'action à long terme et la recherche pour le chrétien de formes renouvelées de présence au monde. Et, au-delà des actions de circonstance, le message de ce visionnaire oublié reste actuel à un double titre au moins.

Tout au long de sa vie, le docteur Aujoulat propose une conception de la santé imprégnée de la vision chrétienne de l'homme. Il ne veut pas réduire la santé à une absence de maladie physiologique, la médecine à une technique scientifique et refuse toute autre forme de réductionnisme. Il s'oppose aux médecines et aux politiques de santé qui oublient un des aspects de la dignité humaine : physiologique, psychologique, sociale, culturelle, spirituelle. À cette vision d'un homme intégral s'ajoute la conviction profonde que l'œuvre du Dieu créateur se poursuit et que les chrétiens doivent travailler aux progrès de l'humanité toute entière. À l'heure où fleurissent les comités d'éthique, il est urgent de redécouvrir les textes et les articles du docteur Aujoulat : ils restent d'actualité.

Le docteur Aujoulat propose aussi une façon de vivre l'amour chrétien au 20ᵉ siècle. Mort à soixante-trois ans, il est allé au bout de ses forces pour les autres, il a aimé de tout son être. De tout son être, pas seulement avec son cœur et

---

[14] FIDESCO : Fondation internationale pour le développement économique, social et spirituel au service de la coopération ; créée par la communauté de l'Emmanuel, elle envoie, à la demande des évêques locaux, des missionnaires laïcs pour mener conjointement coopération technique et évangélisation.

son dévouement, mais aussi avec sa rigueur et son intelligence. Avec lui, la science, la politique, l'organisation rationnelle deviennent des signes de la charité chrétienne car, sans en faire des idoles, il les met au service des hommes. Vivant simplement, évitant toute notoriété inutile, lui et sa famille offrent l'exemple d'une forme de vie cachée et enfouie, au cœur du monde. Une vie à la fois proche et différente de celles du docteur Schweitzer et de Robert Schuman. Méditer la vie de cet homme d'action conduit à la réflexion spirituelle.

ANNEXE DOCUMENTAIRE

Sources imprimées

Louis-Paul Aujoulat (1910-1973), 58 p.

L'hommage de l'Afrique au docteur Aujoulat, compte-rendu de la cérémonie d'inauguration du monument à la mémoire du docteur Aujoulat à Bobo-Dioulasso le 26 avril 1978, 24 p.

Simone et Joseph FORAY, *Louis-Paul Aujoulat, médecin, missionnaire et ministre*, édité par l'Association internationale des amis du docteur Aujoulat, 1981, 160 p.

André RÉCIPON, *Au Cameroun sur les pas du docteur Aujoulat*, édité par l'Association française Raoul Follereau, 1974, 12 p.

Entretiens avec :

– Marguerite Aujoulat, épouse du docteur Aujoulat ;
– Jean-Marie Aujoulat, son fils aîné ;
– Jean Masselot, ancien inspecteur général de l'Outre-Mer, chef de cabinet du docteur Aujoulat et secrétaire général de l'Association internationale des amis du docteur Aujoulat ;
– Maurice Schumann ;
– la plupart des collaborateurs et amis de Raoul Follereau.

Bibliographie sommaire

Outre les livres et articles (plusieurs centaines) rédigés par le docteur Aujoulat, on consultera avec profit :

LAPEYSSONNIE (médecin général), *La médecine coloniale. Mythes et réalités*, Paris, Seghers, 1988.
Françoise BRUNNSCHWEILER, *Raoul Follereau, messager d'espoir et de vie*, édité par l'Association suisse Raoul Follereau, 1978.

Jean TOULAT, *Raoul Follereau ou le baiser aux lépreux,* Paris, Flammarion,
    Mulhouse, Salvator, 1978.
Claire BRISSET, *La santé dans le Tiers Monde,* La Découverte-Le Monde, 1984.
*Santé, médicaments et développement : les soins de santé primaires à l'épreuve
    des faits,* sous la dir. d'Alain DESTEXHE, Paris, Liberté sans frontière, 1987.

P.B.G. PEERENBOOM

L'ŒUVRE MÉDICALE DE L'ÉGLISE ÉVANGÉLIQUE DU CAMEROUN DANS LE DÉPARTEMENT DU NOUN

La description de l'histoire de l'œuvre médicale de l'Église évangélique du Cameroun (É.É.C.) dans le département du Noun ne peut pas être comprise sans une introduction au pays en général et au département du Noun en particulier (point A). Le point suivant contient l'histoire propre du travail médical accompli, non seulement à l'époque missionnaire, mais aussi les trente dernières années. Depuis l'indépendance de l'É.É.C. en 1959, l'œuvre médicale a connu un développement important. Ensuite, une vue globale de toutes les œuvres médicales de la région est donnée au point C. Le dernier point contient quelques réflexions, formulées à partir de mon expérience personnelle.

A. *Le Cameroun et le département du Noun*

Le Cameroun est situé entre l'Afrique occidentale et l'Afrique centrale, à l'est du Nigéria. Le pays a une superficie de 475.000 km^2, avec une population totale en 1985 d'environ neuf millions et demi d'habitants, soit une densité de vingt habitants par km^2. Le Cameroun forme une réelle mosaïque de plus de cent ethnies différentes, chacune ayant sa propre langue.

À partir de juillet 1884, les Allemands s'infiltrent dans le pays et commencent à chercher les produits commerciaux. Dès janvier 1916, à la faveur de la première guerre mondiale, un partage intervient qui donne à la Grande-Bretagne une bande de territoire le long du Nigéria, le reste de la colonie revenant à la France. La deuxième guerre mondiale a été très importante pour l'éveil de la conscience politique.

Le premier janvier 1960, le Cameroun oriental est déclaré indépendant. Le Cameroun occidental suit en octobre 1961 par référendum et la République fédérale du Cameroun est née. La première tâche du gouvernement fut de préparer l'évolution vers un État uni, ce qui s'est réalisé le 20 mai 1972. Ce processus a eu lieu avec une intégration progressive des différentes institutions. Actuellement, la République du Cameroun connaît un régime présidentiel avec un seul parti politique, le Rassemblement démocratique des peuples camerounais. Le pays est officiellement bilingue : le français et l'anglais.

Quant à l'économie, le Cameroun connaît comme idée de base le libéralisme planifié. L'économie camerounaise repose essentiellement sur l'agriculture. Grâce à la diversité des climats et des sols, les productions agricoles du Cameroun sont très variées. Fait remarquable, le Cameroun est un des rares pays africains dont la production agricole est autosuffisante. Grâce aux efforts communs, le Cameroun a pu réaliser entre 1970 et 1981 une augmentation du P.N.B. de 6,3 % par an (par habitant environ 222.500 francs CFA en 1982 (US$ 890)). Au début de l'indépendance, avec les troubles internes, on ne pouvait penser que le Cameroun serait dans les années quatre-vingts un des pays les plus prospères de l'Afrique tropicale (tableau 1).

Tableau 1. Comparaison des indicateurs de prospérité du Cameroun : l'Afrique tropicale et les pays industrialisés.

	Cameroun	Afrique tropicale	Pays industrialisés
P.N.B./hab. (1981, US$)	880	556	11.120
% annuel croiss. P.N.B. par habitant 1960-1981	2,8	1,6	3,4
Nourriture (calories par habitant par jour 1977)	2.069	2.065	3.377
% lettrés (population au dessus de 15 ans d'âge)	30	27	99

Le département du Noun, dans la région francophone du Cameroun, se compose de deux régions distinctes : une zone de hautes terres marquées par le volcanisme et une zone plus basse située sur la rive occidentale du Mbam. Le climat est équatorial à deux saisons. La température moyenne à la capitale, Foumban, est de 21°7. Entouré par une savane, Foumban suggère l'image d'une oasis, dont les habitants avec leurs vêtements flottants et les femmes voilées évoquent l'aspect des villes soudanaises. On se sent plongé dans l'ambiance particulière des régions musulmanes. Zone intermédiaire entre la forêt et la savane, la région abrite aussi une population métisse, issue d'un mélange de Bantous et de Soudanais. Cette population est connue comme « Bamoun ».

À partir des données du recensement général de la population en 1976, nous pouvons estimer le nombre d'habitants en 1988 pour l'ensemble du département à environ deux cent soixante-quinze mille habitants. Avec une superficie de 7.689 km², cela donne en moyenne trente-six habitants au km². Le taux annuel d'accroissement de 3,1 % fait augmenter la population du département du Noun très rapidement.

La population habite des villages d'environ deux cents à trois mille habitants, dont la grande majorité est bamoune. Les villages sont assez circonscrits et bien peuplés, avec les champs de cultures pour la plupart en dehors du centre. L'organisation sociale est très structurée ayant à sa tête un chef de village qui jouit d'une grande influence. La région compte deux villes : Foumban avec ses quelque quarante mille habitants, centre politique et culturel, et Foumbot (environ dix-huit mille habitants), qui joue un rôle important dans l'économie de la région avec son marché des cultures vivrières.

Quelque trois mille Foulbés restent dans les parties déboisées du département. En langue courante, on les appelle *bororos* et il est probable qu'ils parcourent la région depuis la première guerre mondiale. Ce sont des nomades, qui s'occupent principalement de l'élevage des bœufs et qui se déplacent fréquemment pour chercher de bonnes herbes pour leurs troupeaux. De plus en plus, il y en a qui s'installent définitivement et commencent des plantations.

L'histoire du département est fortement liée à celle du peuple bamoun, la principale tribu qui habite la région. Le fondateur de la dynastie bamoune au 16e siècle est Nshare Yèn. Le peuple semble actuellement former un bloc unique, mais par l'histoire nous pouvons savoir que le pays est constitué de soixante-sept clans soumis par Nshare et ses descendants. Le roi le plus célèbre parmi les dix-sept successeurs de Nshare était sans doute Njoya, décédé en 1933, après une longue et abondante activité. Il a dirigé son peuple avec intelligence après la colonisation du pays par les Allemands en 1902. C'est sous son règne que se sont rencontrées les civilisations européenne et musulmane. Il a inventé une écriture, ouvert un musée ethnographique et construit des grands palais. Avec une influence importante sur la distribution des terrains, des femmes et des esclaves conquis, l'initiative royale joua un rôle très important en ce qui concerne le développement du pays. En 1924, une réforme administrative supprima les obligations économiques qui marquaient la subordination des éléments de la population les uns aux autres, des esclaves jusqu'au roi. Ainsi, le pouvoir du souverain fut brisé et le territoire partagé entre des chefs administratifs, appelés chefs supérieurs.

Dans le fonctionnement actuel de la société bamoune, nous reconnaîtrons toujours cet aspect hiérarchique avec le rôle important du chef. Qu'il soit chef de famille, chef du village, etc., rien ne peut s'organiser en son absence. Quoique son pouvoir administratif officiel ait été réduit, l'actuel sultan Seidou Njimoluh Njoya exerce toujours la fonction de maire de Foumban et de chef du service judiciaire devant les tribunaux coutumiers. Son influence sur les affaires concernant le département est très importante.

Pour conclure, nous pouvons dire que, grâce aux efforts de la population dans les domaines de l'agriculture et de l'artisanat, le département est assez prospère par rapport à d'autres régions du Cameroun. Une modernisation de ces deux secteurs et des initiatives dans d'autres domaines s'imposent pour assurer un développement équilibré et harmonieux dans l'avenir.

Pour comprendre le rôle que joue l'œuvre médicale de l'Église évangélique du Cameroun (l'É.É.C.), dans le département, il faut aussi connaître certains éléments de l'histoire du christianisme dans la région. L'histoire des Bamouns est caractérisée par une interaction continue des différentes traditions et cultures.

Vraisemblablement, le christianisme a été introduit à Foumban en 1902 par deux employés nigérians au service du commerçant allemand Habisch. Njoya jugea préférable d'abandonner la foi musulmane pour devenir chrétien. C'est ainsi que sur l'invitation du roi, la mission de Bâle s'installa définitivement sur la colline de Njissé à Foumban en 1906. Dès 1907, la semaine bamoune, qui comptait huit jours, fut ramenée à sept, de sorte qu'elle puisse coïncider avec celle des chrétiens et que le jour du marché ne tombe pas un dimanche. Njoya aurait toutefois voulu apporter quelques changements dans les principes de l'Église pour l'adapter à la société bamoune. C'est la grande polygamie qui l'empêcha de recevoir le baptême, mais le pasteur Göhring resta ferme dans son refus. En dépit de cet échec, Njoya garda de très bonnes relations avec la mission jusqu'en 1915, lorsque les alliés remplacèrent les Allemands.

Au départ des Anglais en 1916, il y eut une période sans puissance coloniale sur place ; Njoya, comprenant qu'il ne pouvait tirer aucun avantage politique de sa conversion au christianisme, se tourna à nouveau vers l'islam, qui paraissait plus accessible. D'ailleurs, cet islam peu orthodoxe, peu exigeant et surtout très tolérant, pouvait se superposer au fond traditionnel sans le détruire. Il y eut à cette époque des persécutions assez sévères de chrétiens qui ne voulaient pas obéir au roi. Au bout de quelques années, une grande partie de la population était islamisée. Ce n'est qu'après le passage du gouverneur français à Foumban en 1918 que Njoya annonça solennellement que chacun était libre de pratiquer la religion de son choix. En donnant l'exemple, lui-même améliora ses contacts avec les missionnaires ; il envoyait les enfants de sa famille aux écoles chrétiennes et assistait officiellement aux principales fêtes chrétiennes. Ces pratiques, preuves d'une coexistence pacifique entre les différentes religions, continuent jusqu'à nos jours.

B. *L'œuvre médicale de l'Église*

Les soins aux malades selon le concept de la médecine moderne ont débuté avec l'installation des premiers missionnaires à Foumban le 10 avril 1906. La femme du pasteur Göhring étant sage-femme, elle donnait des soins à tous les malades qui se présentaient à Njissé. D'ailleurs, les missionnaires du temps avaient reçu une formation pour donner des soins aux malades et vendre des médicaments, car il y avait beaucoup de stations missionnaires sans médecin. Vu que Mme Göhring était trop chargée avec le travail médical, la mission envoya en octobre 1914 l'infirmière Mina Föll. Elle traitait vingt-cinq à trente malades par jour. On parlait même de l'amputation d'une jambe sur la véranda de la maison missionnaire. Durant la période allemande, il n'y a jamais eu de médecin. La mission de Bâle ne dura que huit ans au Bamoun : de 1906 à 1915. Avec l'arrivée des Anglais, l'œuvre médicale connaît une rupture jusqu'en 1920.

C'est en juillet 1920 que la première équipe missionnaire française s'installe à Foumban. Dans cette équipe se trouvait Melle Homburger, infirmière de la Société de secours aux blessés militaires. Depuis cette date, le dispensaire fonctionne d'une façon progressive. Melle Gay rapporte en 1922 presque trois mille consultations par mois. Ayant compris l'utilité du dispensaire, les Bamouns apportèrent massivement leurs concours par des investissements humains pour l'extension rapide de l'œuvre médicale. C'est ainsi que sous la surveillance du docteur Debarge, qui était arrivée le 16 novembre 1926, s'élève un modeste hôpital. Son travail est partagé entre le dispensaire, la salle d'opération et les services hospitaliers. L'hôpital attire les malades de très loin ; plus de la moitié viennent de l'extérieur de la région bamoune.

Le travail curatif n'empêche pas la formation du personnel et l'organisation d'une pouponnière. La pouponnière surtout eut une grande influence sur la pensée de la population. Autrefois chez les Bamouns, lorsqu'une femme mourait après l'accouchement, on enterrait l'enfant avec sa mère. C'est l'hôpital qui a amené les femmes bamounes à allaiter les enfants qui n'étaient pas les leurs.

L'année 1929 débute avec un incendie à l'hôpital, qui détruit le laboratoire, la salle d'opération et un service hospitalier. À partir du mois d'août 1930, nous trouvons deux dames médecins à Foumban ; elles ouvrent une école d'infirmiers. L'œuvre médicale peut ainsi être développée davantage au-delà des frontières de la région bamoune. C'est ainsi que l'œuvre médicale de Bangwa se développe ; la doctoresse Debarge s'y installe en mai 1931 avec quelques infirmiers. Avec l'extension de l'œuvre médicale dans la région bamilékée et le placement d'un médecin administratif à Foumban, l'hôpital de Njissé s'est vu réduit en dispensaire. De 1935 à 1946, non seulement il n'y a pas eu de médecins à l'hôpital, mais le dispensaire a parfois été fermé momentanément à cause de la pénurie de personnel.

Avec l'arrivée de la doctoresse Suzanne Mathieu en 1946, l'œuvre médicale prend un nouvel élan. Malheureusement en 1949 l'hôpital sera à nouveau fermé, avec le départ de la doctoresse pour raison de santé. Les activités normales reprennent au début de 1952 avec l'arrivée du docteur Cugnet. Ensuite, à l'issue d'une crise dans l'Église de Njissé lors de la fête des récoltes en octobre 1953, le docteur Cugnet prend lui-même l'initiative de renvoyer les malades et de fermer les portes de l'hôpital. À la suite de ces événements, le docteur est renvoyé par la mission. Heureusement la fermeture ne dura pas longtemps. Un an après, le calme revenait dans l'ensemble de l'Église et l'hôpital reprit normalement ses activités.

Depuis ce temps l'œuvre médicale de l'Église dans le département du Noun a connu un développement progressif jusqu'à nos jours. De plus en plus la population montre sa confiance en la médecine moderne et l'extension des services hospitaliers s'est avérée nécessaire. De cent vingt lits en 1960, l'hôpital de Njissé s'est agrandi jusqu'à cent soixante-six lits actuellement. Grâce à l'aide de l'extérieur on a pu ouvrir en 1972 un service d'enfants avec quarante-trois lits et le service de chirurgie a été renouvelé complètement en 1977. En outre, les recettes propres de l'hôpital ont pu supporter le renouvellement des salles payantes en 1978 et la construction d'un bâtiment administratif en 1981. Les quelque huit mille malades hospitalisés chaque année sont encadrés par soixante-dix personnes, pour la plupart personnel soignant.

Néanmoins, ce n'est pas seulement ce travail curatif à l'hôpital qui a connu une extension importante, car l'œuvre médicale de l'É.É.C. dans le département du Noun a mis depuis longtemps l'accent sur la médecine rurale et préventive. En 1928 le Dr Debarge se plaignait du faible nombre d'accouchements à l'hôpital (trois à quatre par mois), mais elle espérait pouvoir aller vers les femmes dans les villages pour expliquer la conduite à tenir lors d'un accouchement et la façon de soigner un nouveau-né. Le rapport de l'année 1932 fait mention de trois cent soixante-quinze consultations prénatales et de deux mille vaccinations contre la variole, qui faisait rage à Foumban. Par contre, le nombre de vingt-neuf accouchements était très faible, surtout si nous comparons ce chiffre avec le nombre d'au moins dix mille habitants à Foumban. Ce n'est que les vingt-cinq dernières années que les accouchements à l'hôpital ont beaucoup augmenté.

Avant la Deuxième Guerre mondiale, on a certainement pris des initiatives dans la direction du travail de protection maternelle et infantile (P.M.I.) et de la vaccination. Mais, à cause de l'instabilité du personnel, le travail de P.M.I. n'a jamais été de longue durée. Ce n'est qu'en 1961, quand les relations entre l'É.É.C. et l'Église réformée des Pays-Bas ont débuté, que ce travail s'organise plus systématiquement. À partir de cette année, les séances de vaccination et d'éducation sanitaire sont organisées régulièrement à l'hôpital de Njissé. D'abord, le travail est organisé à la consultation générale, mais la construction et l'ouverture d'un bâtiment de P.M.I. en 1967 permettent une organisation séparée de la médecine curative. À partir de 1980 la P.M.I. s'ouvre tous les matins, du lundi au vendredi, avec également la réception des enfants malades et la vaccination tous les jours.

C'est aussi en 1961 que commencent les tournées en brousse vers les villages de Koumengba et de Mamognam pour donner des cours aux villageois. Cette stratégie avancée, avec une équipe de P.M.I. qui sort de l'hôpital, se développe progressivement à la demande de la population. Dans la plupart des villages, le travail de l'équipe de P.M.I. est très estimé par les populations. Actuellement, vingt-sept ans après le début, il y a plus de trente-cinq villages qui sont visités une fois par mois.

Les tournées de brousse ont eu une influence décisive sur le développement de l'œuvre médicale. Avec la multiplication des contacts, la population s'est ouverte à la médecine moderne et a demandé l'ouverture de dispensaires. C'est ainsi qu'on a fondé huit centres de santé, dont le centre de Baïgom, pris en charge depuis 1971, est de loin de plus important. Avec trente-neuf lits et plus de trois mille hospitalisations par an, ce centre tend à devenir un petit hôpital.

Depuis les années quatre-vingts la construction des dispensaires s'est effectuée avec une participation active de la population locale. Si au début la population devait seulement fournir le terrain, les derniers dispensaires sont entièrement construits par les populations elles-mêmes. Cela offre un grand avantage, car la population est obligée d'organiser un comité de construction pour gérer l'argent et surveiller les travaux. Ainsi la construction devient vraiment une affaire de tout le village et la population est très intéressée au bon fonctionnement après l'ouverture. Les villageois des anciens dispensaires, qui sont financés par l'hôpital, sont nettement moins engagés.

Au début des années quatre-vingts, il devint de plus en plus clair qu'il n'était pas possible de continuer la création illimitée des dispensaires. La gestion en matériel et personnel de tous les dispensaires commençait à peser sur la direction de l'hôpital, qui n'avait qu'un service administratif très limité. Ensuite, il y avait aussi des arguments financiers. Il ne restait presque plus de villages qui soient si peuplés qu'ils puissent supporter le fonctionnement financier d'un dispensaire. Avec les barèmes de salaires relativement élevés, les frais du personnel sont déjà énormes, même dans les petits dispensaires. D'ailleurs, avec le grand nombre de centres de santé de l'État, la disponibilité des services curatifs est déjà assez bonne. J'estime que plus de 90 % de toute la population habite à moins de dix kilomètres d'une formation sanitaire curative.

Vu la demande des villages d'ouvrir des dispensaires, ce fut pour l'œuvre de l'Église une bonne occasion, quand l'État offrit la possibilité d'envoyer les villageois se former comme agents de santé communautaire. C'est ainsi qu'en juin 1984 les six premières personnes furent formées et que le démarrage d'un programme de soins de santé primaires eut lieu dans trois villages. Depuis ce temps, plusieurs cours ont été organisés et actuellement il y a sept cases de santé qui fonctionnent comme centres de S.S.P.

C. *L'infrastructure sanitaire du département du Noun*

Ce n'est pas uniquement l'Église protestante qui a organisé des soins aux malades. L'État et la mission catholique ont fondé des centres de santé dans la même région. Les relations entre les formations sanitaires de l'État et celles des Églises sont relativement bonnes. Les deux hôpitaux de Foumban ont toujours connu une certaine complémentarité ; l'hôptial de l'État avait mis l'accent sur la médecine des adultes, l'hôpital protestant sur la pédiatrie et la maternité. À un certain moment il existait même un tableau de garde commun pour les médecins. L'expérience montre comment cette collaboration dépend beaucoup des initiatives et relations personnelles des différents responsables. Ces dernières années, avec l'extension progressive du travail en campagne, il est nécessaire de coordonner les activités plus que par le passé.

Tableau 2. Résumé de l'infrastructure sanitaire du département du Noun fin 1988.

	État	É.É.C.	Mission catholique	Reste	Totaux
Hôpitaux	4	1	0	0	5
Centres de santé	16	8	1	0	25
Léproserie	1	0	0	0	1
Propharmacies	6	8	1	2	17
Centres de P.M.I.	1	41	4	0	46
Centres de vaccination	8	41	4	0	53
Cases de santé	12	8	3	0	23
Médecins	8	2	0	1	11

La description de plusieurs systèmes de soins de santé dans une même région soulève immédiatement la question des liaisons qui existent entre eux. Si nous parlons dans ce contexte d'interconnexion, cela suppose une relation de ces différents systèmes afin de permettre les échanges d'un système à un autre. C'est avant tout le malade lui-même qui, par son changement fréquent de praticien, réunit les traitements des différents systèmes médicaux. On parle dans ce contexte quelquefois de *healer shopping,* une expression qui décrit bien le comportement des malades.

D. *Réflexions*

À partir de mon expérience comme médecin au service de l'œuvre médicale de l'É.É.C., je fais quelques remarques.

1. *Les ambiguïtés d'une médecine moderne.* — Dans tous les pays du monde existe un système de soins de santé. En Afrique, on peut distinguer dans ce système une partie moderne et une partie traditionnelle. Généralement, ces parties modernes sont des copies des pays occidentaux, sans qu'on se soit toutefois demandé si leur organisation est capable de faire face aux besoins des populations. Les connaissances techniques actuelles permettent d'assurer une meilleure santé, mais malheureusement, elles ne sont pas exploitées au mieux dans l'intérêt du plus grand nombre. Les ressources sanitaires, souvent déjà limitées, sont affectées principalement à des institutions médicales modernes implantées en milieu urbain. Outre ce qu'elle a de socialement contestable, la concentration d'une technologie complexe et coûteuse sur des segments limités de la population n'augmente même pas le niveau de la santé. De plus, les contraintes financières ou les interdits

culturels les mettent hors de portée de ceux qui en ont le plus besoin. Simultanément, les groupes défavorisés n'ont accès à aucune forme de soins de santé moderne.

2. *La place de l'œuvre médicale des Églises par rapport à l'État.* — Auparavant les services de l'Église assuraient la plus grande partie de tous les soins curatifs à la population camerounaise, mais malgré les efforts déployés, on estime que ce pourcentage a baissé à 40 % actuellement. Il manque aux Églises de l'argent pour faire des investissements importants, raison pour laquelle elles travaillent surtout en milieu rural avec des petits centres. À cause d'un fonctionnement bien organisé au point de vue du personnel et du matériel, leur travail est beaucoup estimé par la population. Aussi l'État considère que ce travail des Églises est d'une grande importance, mais il n'est pas encore arrivé à formuler le rôle exact que ces institutions devraient jouer dans le système sanitaire du pays. Malgré l'existence du décret fixant les conditions de création et de fonctionnement des formations sanitaires, il y a dans certaines régions des doublures nombreuses en ce qui concerne la disponibilité des établissements sanitaires. Par contre dans d'autres régions il y a une absence totale des soins de santé modernes. Un manque de collaboration et de coordination entre les Églises en est aussi, en partie, la cause. Il devient impératif de définir clairement les responsabilités des différents secteurs.

3. *Formuler une stratégie.* — Héritages de l'histoire coloniale, la gestion et la planification des œuvres médicales posent souvent de multiples problèmes aux Églises. Il leur manque souvent le personnel cadre pour les aider à formuler une politique claire et nette pour le développement à moyen et long termes de leurs œuvres. Néanmoins, à la longue, les Églises ne peuvent pas ignorer le rôle que jouent leurs œuvres médicales actuellement ; elles sont appelées à formuler une stratégie.

4. *Les difficultés d'une médecine préventive.* — Généralement les institutions des Églises sont financièrement autonomes, bien que la plupart d'entre elles reçoivent des dons de l'extérieur et/ou des subventions de l'État. La plus grande majorité des recettes entrent par le paiement des malades pour les soins. La politique de prix relativement bas, pour rester accessibles à toutes les couches de la société, donne à ces œuvres le souci quotidien d'équilibrer leurs budgets. Ceci explique pour une partie que la médecine préventive, étant très coûteuse, ne connaisse pas souvent une grande priorité.

5. *Un encadrement de la base.* — Avec le développement d'un programme de soins de santé primaire, on rencontre d'autres problèmes. Un tel programme demande la participation active de la population ; en collaboration avec les populations, il est nécessaire de formuler les vraies priorités et actions à entreprendre. Sur le terrain, bien souvent, les priorités formulées par les

communautés sont différentes de celles d'un programme officiel. Ces priorités concernent d'ailleurs souvent d'autres domaines que la santé. Cela veut dire que le programme doit connaître une grande flexibilité.

L'encadrement des agents de santé demandera une surveillance et un appui continu de la part des services de soutien. L'expérience dans beaucoup de programmes montre que les difficultés les plus sérieuses se situent souvent à ce niveau. Il sera nécessaire de former du personnel spécialisé pour assurer cet encadrement à plein temps.

La réussite d'un programme dépend beaucoup de la bonne gestion de la caisse à pharmacie et des finances. Il ne suffit pas de former des agents sanitaires, mais il est également nécessaire de donner une formation en gestion aux membres des comités de santé villageois.

6. *La médecine traditionnelle.* — L'attitude des Églises envers la médecine traditionnelle est très ambiguë. Son personnel médical y est tous les jours confronté, mais au moins une partie des idées religieuses qui sous-tendent la médecine traditionnelle ne correspondent pas avec la croyance chrétienne. On sent une certaine peur chez les responsables des Églises, qu'une collaboration étroite mette la foi chrétienne en jeu. Aussi l'attitude du malade y joue un rôle. Il voit souvent la guérison par un traitement moderne sous un angle purement somatique. Le médecin risque de perdre tout caractère d'assistant psychologique et l'hôpital devient une roue de secours, où on reste parce qu'on n'a pas trouvé un bon tradipraticien. Le fait que l'hôpital appartient à une Église n'y change rien. Pour le traitement des maladies psychiatriques et des fractures des os, les tradipraticiens ont une grande renommée. Il est pratique courante pour le personnel de l'œuvre médicale de l'É.É.C. d'envoyer ces malades aux guérisseurs. De retour certains guérisseurs envoient leurs malades à l'hôpital pour faire des clichés radiologiques pour contrôler l'état d'une fracture.

7. *Les motivations chrétiennes du personnel.* — L'orientation chrétienne est-elle vraiment une motivation pour le personnel médical ? Pour servir comme infirmier à l'hôpital de Njissé, il fallait au préalable signer un engagement. Aux techniques médicales, il fallait joindre l'éthique chrétienne en faisant appel aux préceptes évangéliques dont le fil conducteur est l'amour du prochain. Avec le développement de l'œuvre médicale, les liens étroits entre l'Église et le personnel médical ont connu un certain relâchement. Toutefois, actuellement, l'Église fait encore appel aux ouvriers afin qu'ils travaillent avec conscience et renoncent éventuellement à une vie de désordre qui ne fait que compromettre l'œuvre en général.

*   *

*

Pour conclure, une citation de Mr Sollé Amon, gestionnaire d'un des hôpitaux de l'É.É.C. :

« La folie de la société industrielle est d'avoir façonné le projet d'un bonheur matérialisé et factice qui nie la mort et fait de la maladie une déviance, une monstruosité. En négligeant la recherche permanente d'un équilibre sans cesse remis en question, elle a fait le pari que la médecine pourrait réparer, entretenir et prolonger la santé quels que soient les risques auxquels l'exposaient l'industrialisation, l'urbanisation dévorante, le gaspillage et la dégradation des ressources naturelles. La santé devient l'affaire de tous, dans un refus de la mettre au service du seul développement économique, dans la prise de conscience des contradictions sociales, sources d'inégalités, qui opposent le bien-être des uns à la santé des autres, et dans une recherche permanente de libération individuelle et collective ».

FRANÇOISE RAISON-JOURDE

LES INTERROGATIONS MALGACHES DEVANT L'ACTION DES MISSIONS SUR LES HAUTS-PLATEAUX LORS DES ÉPIDÉMIES DE 1875-1881

Pour appréhender les rapports que nouèrent Malgaches des Hauts-Plateaux et missionnaires protestants et catholiques[1] autour du thème de la maladie, il faut évidemment partir d'une représentation du désordre qu'introduit la maladie et de son interprétation. La maladie se manifeste par la chaleur, alors que le froid caractérise l'homme en bonne santé. L'interprétation en est biologique et sociale : souvent, elle renvoie, à travers le désordre physiologique, à une faute contre l'ordre de la parenté ou du groupe. Faute non intériorisée bien souvent, c'est-à-dire intervenue par inadvertance, sans que la personne en ait conscience. Une rupture d'interdit par exemple. La personne consultée est alors le *mpisikidy*, ou devin, qui scrute les actions commises, en prenant en compte le destin (*vintana*) du consultant, découvre une incompatibilité avec le destin d'un protagoniste de l'action ou une faute de désituation dans l'ordre des obligations de parenté. Le *mpisikidy* est le maître des *aretina miala* (« maladies qui se retirent ») quand il en a détecté l'origine. Il restaure la relation du malade avec le monde en même temps qu'il traite la partie du corps souffrante avec des plantes et propose un charme protecteur. Une maladie qui résiste, empire, est qualifiée d'*aretina manombo*, elle s'acharne sur le malade, le conduit à la mort. On y voit très généralement l'action de la sorcellerie.[2]

---

[1] La *London Missionary Society* fut la première à s'implanter, sous Radama Ier, en 1817. Ses derniers membres partirent après le discours royal de 1835, par lequel Ranavalona Ière, veuve de Radama, interdisait aux Merina la pratique du christianisme. À la mort de Ranavalona Ière, le royaume se rouvrit et accueillit la L.M.S. , la S.P.G. (anglicane), les jésuites français, ainsi que les luthériens norvégiens de Stavanger.

[2] Notes manuscrites d'A. Grandidier sur des informations orales de P. Callet, Fonds Grandidier, Tananarive, p. 67. Pour une approche détaillée du processus de traitement et des cérémonies conjuratoires, on se reportera à L. VIG, *Les conceptions religieuses des anciens malgaches*, dans *Aspects du christianisme à Madagascar*, XIV-5, septembre-octobre 1973, p. 150-151, et L. VIG, *Divination astrologique à Madagascar*, dans *Croyances et mœurs des Malgaches*, II, 1977, p. 9-52.

A. *Maladie et conversion*

Il est normal qu'à partir de ce donné sommairement esquissé, la santé du corps et la santé de l'âme soient conçues comme intimement liées par la première génération des évangélisés protestants. La maladie joue un rôle dans nombre de conversions. Elle est un signe qu'envoient les puissances invisibles et s'interprète facilement, au regard de la parole biblique sur l'homme pécheur, comme le signe d'un désordre intime et social à la fois, dont la conversion est le dénouement. La maladie à son paroxysme s'accompagne d'une vision qui authentifie la rencontre du Seigneur et la descente de la grâce. Dans son autobiographie, un évangéliste explique :

> « Je désirais voir le Seigneur comme les Apôtres l'avaient vu, pour lui rendre hommage et lécher la plante des pieds de Jésus. J'espérais le voir... quelques temps après... je fus malade, car j'avais attrapé la variole et à cette occasion le Seigneur m'apparut au milieu de prodiges nombreux et variés et l'Esprit me parla... Et Jésus le Seigneur m'apparut dans sa gloire, si étincelant qu'il éblouissait mes yeux aveugles... Et il y eut une forme ressemblant à celle d'une colombe qui descendit jusqu'à ma bouche et après quelque temps il apparut quelque chose comme un morceau de bois avec des cendres et des racines souillées qui sortit de ma bouche ».[3]

La conversion impliquait à son tour une responsabilité caritative vis-à-vis des malades auxquels Dieu manifestait son offre de salut, par l'intermédiaire des chrétiens pourvus de médicaments efficaces qu'ils se procuraient auprès des missionnaires. Le salut se comprend comme celui de l'être tout entier. Mais cet efficace des médicaments européens est perçu comme une puissance inquiétante. Capable de sauver, il peut aussi bien être nuisible, à la manière des *ody*, qui sont réputés bienfaisants ou agressifs (*mahery*). Cette conviction fut renforcée par les premières inoculations locales d'individus sains avec le virus atténué de la variole, prélevé sur des malades. Une sœur du roi Radama Ier en mourut et une de ses femmes, la future Ranavalona Ière, en fut très malade. La conviction se développa chez elle que les Européens entendaient nuire au pays (qu'elle prétendait, après 1835, fermer au christianisme), en y répandant des épidémies. Ils empoisonnaient l'air ou ils empoisonnaient le sang des malades qu'ils vaccinaient. Ce premier épisode de la rencontre entre Malgaches et missionnaires autour de la maladie débouche donc sur une évaluation ambivalente des extraordinaires pouvoirs de ces

---

[3] Image du mal avec lequel rompt le converti, représenté sous la forme d'un talisman végétal. Il « vomit » le mal. Lécher la plante des pieds fait référence aux rituels d'allégeance monarchiques. (*Autobiographie d'And... évangéliste*, dans Lettre de Stribling, missionnaire, à L.M.S., B16 F1, 20 mars 1879).

étrangers, perçus comme bénéfiques dans le petit noyau des convertis, et comme maléfiques dans le milieu des dirigeants.

Ce schéma impliquant trois types de partenaires différents change après 1869 quand le pouvoir bascule dans le camp du protestantisme. Les missionnaires deviennent officiellement des bienfaiteurs du royaume, des artisans de progrès. Ils ouvrent des églises et des temples, des écoles qui se tiennent dans les mêmes bâtiments et, enfin, des dispensaires ou des hôpitaux. Ces derniers sont toujours installés en ville, à Tananarive : hôpital de la L.M.S. dont la construction est lancée en 1864, dispensaire des sœurs de Cluny (1863), École de médecine et dispensaire luthériens, dispensaire de la L.M.S. à Fianarantsoa après 1875. Ces centres donnent les médicaments élémentaires et font des pansements, espérant que les liens tissés avec les patients achemineront ceux-ci, reconnaissants, vers le catéchuménat. Ils vaccinent aussi : à la demande des particuliers, c'est-à-dire rarement chez les catholiques et les anglicans, mais collectivement pour le docteur Davidson, de la L.M.S., qui réussit à convaincre les autorités de faire vacciner soldats et écoliers contre la variole. Six mille vaccinations sont pratiquées en 1865 sans qu'un seul cas de décès soit enregistré.

La L.M.S. pense alors avoir convaincu les autorités de l'importance d'une œuvre parallèle dans les campagnes. Plusieurs jeunes étudiants merina sont autorisés à commencer des études de médecine à condition d'accepter de travailler ensuite dans chacune des six divisions administratives de l'Imerina. Ce projet intéressant, entrevu en 1865-66, n'aboutit pas, si bien que ce sont les missionnaires eux-mêmes qui consacrent un bon tiers de leur temps et de leurs tournées à des « urgences médicales », servant de recours tardif pour des cas déjà soignés en vain par le *mpisikidy* local. Les stations rurales abritent donc une pharmacie sommaire. Elles ne recueillent pas les malades. Quelques centres spécialisés sont édifiés par les catholiques et les luthériens pour les lépreux, conformément à la tradition caritative occidentale qui voit dans la lèpre un fléau coupant l'individu de la société. Les missions ne réalisent pas immédiatement que d'autres maux induisent le même malheur à Madagascar, en particulier la variole.[4] Deux traits caractérisent donc l'implantation médicale des missions : les urbains sont très favorisés par rapport aux ruraux, fait peu surprenant et, d'autre part, un hiatus existe entre la perception de telle ou telle urgence médicale par certaines missions et la réalité locale.

On sait que dans bien des situations d'évangélisation, la ou les villes sont touchées longtemps avant les campagnes et que les résistances sont particulièrement fortes dans ces dernières. Or un processus sensiblement différent intervient dans le royaume merina. La souveraine, Ranavalona II, et son premier

---

[4] La variole, apparue probablement dans le courant du 18ᵉ siècle et en relation avec le développement sur les Plateaux de la traite des esclaves, entraînait, quand elle se déclarait, la séparation complète du malade d'avec son entourage, qui l'amenait dans des lieux déserts, éloignés de toute habitation, et l'y laissait avec quelque nourriture. L'issue générale était la mort. Cette conduite, difficile à assumer pour une population très attentive à ramener les corps au tombeau familial, était dictée par les dirigeants (F. CALLET, *Tantara ny Andriana*, III, p. 64).

ministre, se convertissant en 1869, déclenchent une formidable vague de ralliement au protestantisme. Les ruraux, méfiants et peu impliqués dans les processus de contacts, qui intéressent d'abord la capitale, posent cependant le geste du baptême et demandent à accéder à la Cène par loyalisme à l'égard de la souveraine qui les y exhorte.[5] Ils perçoivent ces deux rituels comme les classiques épreuves ordaliques engageant les sujets à l'égard du pouvoir, *vokaka* par exemple, mélange d'eau et de terre prélevée dans la tombe d'un souverain défunt et devenue, par contact, un prolongement de son corps, homologue du corps du Christ. Le *vokaka*, intégré au corps de celui qui l'a bu, tue le sujet qui se rend coupable d'infidélité au serment d'allégeance initial. Ainsi en sera-t-il avec le souverain Jéhovah, si le pacte engagé objectivement par le baptême et la Cène n'est pas ratifié. La communion, intégrant en chacun la force agissante du corps du Christ, punira ensuite les « mauvais » chrétiens.

C'est dans ce nouveau contexte qu'apparaissent les grandes épidémies de 1875-1878. La première est la variole, qui, entre 1875 et 1877, touche la côte ouest, la côte est, puis remonte vers la capitale et descend vers le sud des Hauts-Plateaux. On estime alors à dix mille le nombre des morts en Imerina centrale et ceux de la côte orientale à quarante pour cent de la population. L'abandon des rizières pendant l'épidémie entraîne une famine. Vient ensuite une fièvre à laquelle on attribue un caractère épidémique, bien que ce soit une forme virulente de paludisme, maladie connue sous des formes antérieures sur la périphérie de l'Imerina, mais qui développe de nouveaux symptômes et frappe des régions restées jusque là indemnes, en particulier le nord de l'Imerina, fertile et actif. Nous passerons sur les hypothèses expliquant ce nouveau paludisme, par transmission de celui qui frappa en 1867 l'île Maurice,[6] jusque là indemne, pour aborder la question de l'interprétation de ces événements en référence à l'activité missionnaire.

B.   *L'interprétation des épidémies de 1875-1878 par la population*

1. *L'impact de la maladie sur la vie collective.* — Les témoignages contemporains s'accordent pour parler de fléau. A. Taïx évaluait en juillet 1878 à trois mille le nombre de morts dans le secteur repéré comme foyer d'origine. Moss comptait dix à douze morts par jour dans la zone située au nord-ouest de Tananarive.[7] Il écrit : « Là où je prêchais à cinq cents, je prêche à cinquante ». Rappelons aussi les mille cinq cents morts sur quatre mille paroissiens comptés en Vonizongo. Le fait qu'on enterrât plusieurs morts par jour dans l'Avaradrano

---

[5] Voir F. RAISON-JOURDE, *De la restauration des talismans royaux au baptême de 1869 en Imerina,* dans *Les souverains de Madagascar. L'histoire royale et ses résurgences contemporaines,* Paris, Karthala, 1983, p. 337-369.

[6] Ces hypothèses sont présentées dans ma thèse : *Construction nationale, identité chrétienne et modernité. Le premier XIXème siècle malgache,* t. II, p. 973-980.

[7] F.F.M.A., *Reports.* Rapport du sous-comité de Madagascar pour 1880.

ouest y déclencha une panique ; les villageois terrorisés fuirent les maisons, abandonnant agonisants et cadavres.[8] Plus personne n'osait toucher les morts. Les tombes alentour d'Ambohibeloma étaient par ailleurs pleines au point qu'on ne pouvait y faire entrer les morts. L'on ne disposait plus de *lambamena,* ces suaires locaux de soie sauvage. On les achetait à n'importe quel prix et l'on devait se résoudre à les découper, tellement ils étaient devenus rares et chers.[9]

Le riz ne fut pas récolté, les écoles fermèrent, les temples se vidèrent. Les évangélistes du Vonizongo, qui étaient originaires de Tananarive, quittèrent leur poste.[10] Les procès furent suspendus par édit royal en Imerina, ainsi que les exercices militaires. Les gens évitaient toute réunion à cause des craintes de « contagion ». Les tentatives de soins furent réelles, mais leur échelle d'application dérisoire. Le fléau frappait au pire moment. L'hôpital de la L.M.S. était fermé depuis 1875, car la L.M.S. ne disposait de personne de compétent. La F.F.M.A. ne recruta Fox comme *medical missionary* qu'en 1879. Parker, attaché au soin de la reine et de la cour, continua d'exercer dans une capitale restée indemne, au service de privilégiés. Une proclamation royale avait, en août 1875, informé la population que les médecins de la reine soigneraient gratis et que les médicaments seraient gratuits aussi dans la mesure du possible. Il n'en était plus question.

Des évangélistes, des aides de camp de la cour, un certain nombre de cadres en contact avec les ruraux furent approvisionnés en quinine et chargés de la faire prendre.[11] Les médicaments ne furent pas renouvelés. La population revint alors au rhum qui semble avoir servi de recours ancien contre les épidémies. Des marchands se hasardèrent alors à exhiber des dames-jeannes de rhum sur les marchés, entrant en conflit avec les évangélistes et les pasteurs les plus intègres.[12] Le Révérend Matthews fit une distribution gratuite de quinine en Vonizongo, puis se résigna à la faire payer, mais ce produit, très demandé à Maurice, était coûteux (quinze shillings l'once) et l'importateur, profitant de la pénurie, la vendait vingt-quatre shillings aux missionnaires. Matthews en commanda cent onces directement au fabricant. Le prix de gros était de six shillings l'once en 1870, mais il attendait toujours sa livraison à la fin de 1877.[13]

---

[8] WILLS : « Ny amy ny aretin'ny olona » [Au sujet de l'épidémie]. Isan 'Enimbolana, du 16-17 janvier 1878 ; p. 7-9. En Betsileo nord, « on a formellement défendu de porter secours aux malades. On les abandonne à leur triste situation. » (A. TAÏX, avril 1878, dans *Lettres de Vals,* avril 1879, p. 27).

[9] L.M.S., B2 F3, Rapport sur le district d'Ambohibeloma, 1878, et B2 F4, idem pour 1880.

[10] L.M.S., B2 F3, Matthews, Rapport sur le Vonizongo, 1878.

[11] Rainandriamampandry, par exemple. Sur cinq cents corvéables, on comptait quatre cent trente malades, dont trois cent soixante-dix-sept furent traités une fois. Il comptait en 1879 cinquante-deux morts, quarante malades très affaiblis dans un état critique et trois cent soixante-dix-neuf encore malades (ARDM, GG 2 : Cahier tenu par Rainandriamampandry, treize honneurs, 1874-1879 (1879).

[12] Rapport de Peill au Premier ministre pour Ambohibeloma, ARDM HH2, 12 juin 1878.

[13] L.M.S., B2 F3 : Rapport de Matthews pour le Vonizongo, 1878, et Matthews à L.M.S., B 13 F1, 28 février 1876.

La maladie frappa en 1877 des organismes affaiblis par une nourriture pauvre. Le riz manqua du fait que la saison des pluies ne s'était pas installée normalement à la fin de 1876. Il n'y eut pas assez d'eau pour faire le repiquage. Elle ne vint que le 28 décembre.[14] Dès la fin de novembre, le prix du riz était très élevé. Les perspectives étaient plus noires encore du fait de l'abandon des travaux rizicoles par les malades en 1877-78. Après la sécheresse vint l'inondation. Le niveau des eaux dans la plaine monta au point de rendre la circulation dangereuse. La nourriture ne passa plus.

Des rumeurs de famine circulaient dans la population. Les années 1877 et 1879 furent caractérisées par une sérieuse dépression. Les achats destinés à la consommation furent réduits au minimum malgré la création de quatre nouveaux marchés aux abords de la capitale en 1879. 1881 fut une année de sauterelles « par milliards » (depuis quatorze ou quinze ans on n'avait vu pareils vols), donc de riz rare, puisqu'il avait été dévoré encore vert. 1882 et 1883 furent marqués par le retour d'une variole virulente, spécialement en Mandridrano, Vonizongo et en Betsileo. Les cadres d'église obligés à des déplacements réguliers s'en trouvèrent décimés : quarante pasteurs ou évangélistes de la L.M.S. disparurent dans les six premiers mois de 1882.[15]

Les missionnaires ne furent pas les seuls à se demander : « Qu'est-ce que cela signifie ? »[16] Ces malheurs en chaîne suscitèrent à partir de 1875-77 une interrogation angoissée sur le sens des temps nouveaux, une mise en cause de la société à fondements chrétiens[17] et du pouvoir converti. Les fièvres apparues en 1877 servirent généralement de point de départ pour l'interprétation. Leur caractère collectif invitait à y percevoir un message d'avertissement adressé à la société et non à des individus isolés. Il n'existait pas en effet dans la pensée malgache de rupture et d'opposition entre le corps humain et le corps social. Faut-il rappeler que, dans ce type de société, l'ordre biologique, comme l'ordre social, sont des systèmes liés par des correspondances et homologies, que tout désordre sur un point est lisible objectivement et met en péril la construction entière ? C'est le pouvoir qui assume la coordination heureuse, grâce au *vintana,* du biologique, du social, du politique dans un tout commandé par l'exercice du nouveau *hasina.*

2. *Les hypothèses d'une punition pour des manquements à l'ordre ancestral.* — Trois hypothèses étaient avancées. Des membres d'expérience disaient, jusque dans les églises, que « la maladie était venue à cause de la Prière et que c'était une malédiction envoyée par leur vieille Reine, Ranavalona Ière, du fait qu'ils avaient changé de religion ».[18] On pensa aussi aux *Vazimba* mécontents

---

[14] La mesure de riz *vary* de cent vingt litres se vendait un tiers de piastre quand la récolte était bonne et douze mesures se vendaient à un piastre quand la récolte était excellente.

[15] Isan 'Enimbolana des 12-13 juillet 1882, Compte-rendu, p. 4.

[16] Selon l'expression de S. Faure, 25 avril 1881, dans *Lettres d'Uclès,* juillet 1883.

[17] Ou, selon un double jeu sur le mot, une mise en cause(s) sociale(s) de la maladie. Cfr M. AUGÉ, *Ordre biologique, ordre social ; la maladie, forme élémentaire de l'événement,* p. 35.

[18] L.M.S., B2 F3, Rapport de J. Peill pour 1878..

de l'abandon de leur culte, et aux ancêtres. « La souffrance peut envoyer un message », disait-on bien avant que ces événements n'arrivent ; « les maladies sont dues aux esprits des ancêtres ou des *Vazimba* »,[19] c'est-à-dire des premiers habitants mythiques de l'Imerina. Dans ces différentes hypothèses, quel que soit l'auteur de l'agression, celle-ci était signe d'une sanction (*tody*) frappant les manquements, en l'occurrence l'infidélité aux valeurs du groupe. Être fautif expose à la malédiction, au courroux des ancêtres. Mais, des gens qui restaient attachés à une interprétation chrétienne de l'événement faisaient aussi intervenir l'idée du châtiment... manié par Jéhovah. « C'est Dieu qui nous châtie, dit-on encore, en établissant un parallèle avec les sept plaies d'Égypte ».[20] On parlait alors de *fikapoan 'Andriamanitra*, punition de Dieu. Le recours à ces modes d'explication est loin d'être spécifique à Madagascar. Ils existent sur le côte est d'Afrique et chez les Indiens du Mexique.[21] Les missionnaires, pris de court, s'efforçaient de repousser cette interprétation, la seule pourtant à se situer dans le contexte biblique. « Ne dites pas : « c'est la punition de Dieu, c'est la colère de Dieu ». Ne jugez pas Dieu ainsi. Soyons d'accord pour dire que la conduite de Dieu est chose incompréhensible pour nous. Regardons les malheurs des autres. Le nôtre nous paraîtra léger » s'écrie légèrement l'orateur de l'Assemblée semestrielle des Églises en 1878, mentionnant ensuite la famine en Inde, en Chine du Nord, où les morts sont plus nombreux que toute la population de Madagascar.[22]

Chacune des trois hypothèses est étayée selon la même logique et achemine vers la même question : qu'avons-nous fait pour être châtiés ? Cette question affecte majoritairement les ruraux, dans la mesure où l'épidémie de variole épargne les gens de la capitale, vaccinés en grand nombre, et où le paludisme qui se développe dans les bassins rizicoles reste à distance de la capitale, érigée sur un promontoire. Les ruraux s'interrogent donc. Quels devoirs ont-ils négligé ? Envers les ancêtres royaux, la réponse est évidente. La contradiction majeure se situe vis-à-vis de Ranavalona Ière, qui avait lié fidélité aux ancêtres royaux et rejeté le christianisme, mais personne n'ose la retourner contre le pouvoir en place ; du moins personne dans l'entourage urbain et rural de la L.M.S. Envers les ancêtres familiaux, la conscience d'une défection est évidente. « Est-on malade, dit le proverbe, on se rappelle ses ancêtres ». On prend conscience de les avoir abandonnés. La rupture est profonde avec leur genre de vie, leur *hafatra* (héritage de prescriptions). En se tournant vers la prière, leurs descendants les ont renvoyés vers les temps obscurs, ils ne se recommandent plus d'eux, mais souscrivent aux nouveautés de l'avenir. Ils transgressent jusqu'à des *fady* protégeant de la maladie,

---

[19] H.F. STANDING, *The children of Madagascar*, p. 119-120.

[20] « Ny vary sarotra », *Recueil d'Isan 'Kerintaona*, F.F.M.A., 1877, p. 186.

[21] M.F. FERNANDEZ, *La résistance socio-culturelle des Amakuwa à la colonisation portugaise*, mémoire EHESS, 1976, 252 p. et S. GRUSINSKI, *La colonisation de l'imaginaire. Sociétés indigènes et occidentalisation dans le Mexique espagnol. XVIe-XVIIe siècle*, Paris, Gallimard, 1988, p. 119-122.

[22] WILLS, Compte-rendu de l'Isan 'Enimbolana des 16-17 janvier 1878, p. 7-9.

comme nous le verrons plus loin. De même sont délaissés les cultes des *Vazimba*, classés au rang de vieilleries superstitieuses.

3. *La punition de Jéhovah.* — Mais envers Jéhovah, la situation est analogue. Les Merina s'assimilent d'eux-mêmes aux Hébreux infidèles. Ils ne se sont convertis qu'en surface, les missionnaires le répètent assez souvent. De même que le biologique et le social sont, pour les anciens Merina, inséparables, santé du corps et conduite morale ne font qu'un pour les missionnaires : « Ne buvez pas de rhum, ne chiquez pas, ne mentez pas, ne volez pas, ne commettez pas d'adultère et soyez propres, lavez-vous bien » recommande le Rév. Pickersgill, de la L.M.S. à ses consultants.[23] D'autre part l'adhésion au culte du temple, lié au village, n'a pas vidé pour autant l'environnement naturel des forces qui y restent logées et ne sont plus honorées. Dieu peut être jaloux de ce voisinage et de cette concurrence.

Du fait que les missionnaires ont insisté sur les infidélités, la tiédeur et les manques des chrétiens, l'idée d'une initiative punitive apparaît dans les consciences les plus sceptiques des communautés ecclésiales et surtout à l'extérieur de celles-ci. Vig, missionnaire luthérien, rapporte des rumeurs insistantes pour le Vakinankaratra, massif situé au sud de l'Imerina, région encore peu christianisée :

« Le châtiment était jugé tout naturel puisqu'on n'avait pas respecté nos exhortations et qu'on ne s'était pas converti ; nous les avions punis. La preuve, c'est que nous sauvions les nôtres et ceux qui avaient « bu la foi » chez nous ».[24]

L'engagement de la souveraine, impliquant celui de la population, étant perçu comme une sorte de contrat sur le mode de la relation au pouvoir ancien et aux ancêtres, les termes n'en ayant pas été respectés, les agents de Jéhovah sur terre s'en prennent donc aux « mauvais » chrétiens. Preuve a contrario : les « bons » chrétiens fréquentant assidûment la station de la mission ont reçu de la quinine et sauvé leur vie. Entre « boire la foi » (communier) et boire le médicament (*fanafody*) des Blancs, il y a continuité de deux *ody*. À l'inverse, pour les mauvais chrétiens, la communion distribuée par les missionnaires a agi comme une boisson ordalique. Dans quelques cas extrêmes, les missionnaires sont accusés d'avoir consciemment déchaîné la fièvre. L'hypothèse s'appuie sur des gestes apparus comme de pure provocation. En Betsileo, à Ambohimahamasina, touchée par l'*aretin'olona*, deux experts, Ratsivalaka et Rahambamenamaso avaient traité le mal en rassemblant les fièvres dans un panier enterré avec des charmes.[25] Or en 1876, un missionnaire luthérien fit creuser les fondations de son logement sur cet emplacement connu comme tabou. Quand apparurent les fièvres de 1877, souvent

---

[23] A. GRANDIDIER, *Ethnographie de Madagascar*, IV, p. 426.

[24] L. VIG, *Charmes*, p. 168.

[25] On mettait dans un pot ou un panier tressé les différents objets sur lesquels la maladie avait été préalablement fixée par le devin et on enterrait le tout à l'endroit où elle était apparue (L.M.S., B10 F2, Docteur Parker, Rapport médical sur le Betsileo, 1872).

mortelles (c'est le *rapo rapo*) la liaison fut évidente avec cette transgression.[26] Puis en 1877, un missionnaire catholique, H. Taïx, fit l'ascension de l'Ambondrombe, violant cette montagne des morts sur lequel régnaient les ancêtres royaux merina. On s'attendit donc à des désordres spectaculaires, d'autant plus que peu avant Shaw avait effectué l'escalade pour le compte de la L.M.S. Les missionnaires ne furent pas eux-mêmes frappés ; sans doute étaient-ils trop puissants. Les sujets le furent, sans doute pour avoir mal protégé le séjour des morts.

On voit qu'il s'agit d'une intervention calculée et néfaste des missionnaires. Ils se comportent comme des *mpamosavy*, sorciers malfaisants manipulant la force de la maladie. Ils sont eux-mêmes à l'abri de ce type d'agression par leur force exceptionnelle, mais ils sont susceptibles de l'exercer sur la population. À ce point de l'analyse s'impose le témoignage de Vig, luthérien, déjà utilisé dans ma thèse.

C. Agression missionnaire et sorcellerie

Vig est le seul à oser le reconnaître : « Les païens accusaient les missionnaires d'avoir empoisonné les puits, les rivières et même l'air ».[27] On sait que l'eau est le principal véhicule utilisé par les *mpamosavy* malgaches pour nuire et que l'air était censé véhiculer les maladies qui « se respiraient ». Des rumeurs concordantes courent à Nosy Be autour de la mission catholique, où huit enfants sont morts presque en même temps en 1876. « Le mot de poison a été prononcé et l'autopsie des chères victimes [pratiquée très imprudemment] donnait de la vraisemblance au soupçon ». Les missionnaires catholiques constituaient une cible d'autant plus sensible qu'ils recueillaient sur ce secteur du nord de l'île des orphelins (les autres enfants étant jalousement gardés par la famille) et qu'ils servaient d'ultime recours aux familles veillant sur un mourant, quand ils n'accouraient pas d'eux-mêmes à son chevet. L'administration du baptême *in extremis,* qui les remplissait de bonheur, car ils se disaient assurés d'envoyer une âme au Paradis, achevait parfois de convaincre les esprits méfiants, qui associaient l'acte du baptême à l'inexorable conclusion de la mort.

L'émotion publique, alimentée par la maladie, a pour nous l'exceptionnel intérêt du révélateur. Même s'il est vrai qu'elle pousse à l'extrême certains raisonnements qui ne seraient peut-être pas apparus sans elle, elle nous permet d'entendre les gens dire tout haut ce qu'ils pensent d'ordinaire intimement ou en refusant de se l'avouer. Les missionnaires leur apparaissent doués d'une force supérieure à celle des ancêtres au point d'annuler les effets de protection de celle-ci. En Vonizongo, par exemple, les gens souhaitent obtenir de la quinine mais s'en détournent, car elle est « trop puissante » et détruirait à jamais le pouvoir de leurs

---

[26] *A modern epidemic in the Betsileo province,* dans *Antananarivo Annual,* Noël 1880, IV, p. 32.
[27] L. VIG, *Charmes,* p. 168.

ody, ou charmes protecteurs ancestraux.[28] Cette deuxième génération, dont l'adhésion est conformiste, à la différence de la première, souhaiterait combiner les effets des *ody* ancestraux et des remèdes chrétiens et non remplacer les uns par les autres.

Or, la confrontation entre le christianisme et le monde malgache est perçue comme un constant rapport de force qui se joue au niveau du pouvoir et au sein de la population. Tout événement est intégré dans cette vision qui, sous le choc des maladies, est maintenue constamment en éveil. Ainsi le voisin de Vig, qui possède un charme *valohelatra*, pour gouverner foudre et tonnerre et a mis le feu à un petit temple luthérien récemment construit, raconte-t-il que la foudre dirigée par lui est tombée sur le toit. Il est cru. Mais il meurt peu après. Une liaison est établie par la population avec la séquence précédente : le rapport de force s'est renversé. « Pour eux, conclut Vig, c'était l'épreuve de force entre lui et moi, tout comme la lutte entre leurs devins ».[29]

Le personnage soupçonné de détenir des *ody mahery*, c'est-à-dire des charmes malfaisants, devait être dénoncé par l'opinion publique ou plus directement par une des victimes présumées. Il devait subir les procédures individuelles du tanguin ou celle, collective, de détection des sorciers, pratiquée à chaque veille de circoncision et appelée la chasse aux rats.[30] Cette procédure avait disparu lors de la privatisation de la circoncision en 1869. On en trouve une trace en 1872 dans l'invitation faite à la population de dénoncer les suspects.[31] Mais il ne semble pas que ces mesures périodiques de recherche des suspects se soient maintenues après 1872. D'autre part, il n'était pas pensable, depuis 1869, qu'on pût accuser d'intentions malfaisantes les missionnaires, qui étaient tous présentés publiquement comme parents de la reine et remerciés pour leurs services, jugés grandement bénéfiques. Les interrogations étaient impossibles à formuler publiquement ; elles se trouvaient, du fait du rapport de force établi, à la fois invalidées et rejetées dans l'impensable.

Il n'est donc pas surprenant que la question ait été déplacée pour être posée dans le cadre purement malgache, qui avait été jusque là celui de la sorcellerie, et les missionnaires préférèrent presque tous éviter de prendre la mesure de ce phénomène souterrain. Le pasteur Andriambelo, qu'on poussait à s'aventurer sur les terrains

---

[28] L.M.S., B2 F3, Matthews, Rapport sur le Vonizongo, 1878.

[29] L. VIG, *Charmes*, p. 48.

[30] C'est-à-dire toujours l'ordalie du tanguin. Cfr *Tantara ny Andriana*, IV, p. 516, où le roi Andrianampoinimerina invite la population à rechercher et dénoncer toutes les « mauvaises gens » sans les protéger sous prétexte qu'ils sont des parents. L'allusion aux rats peut être rapprochée de l'expression : « avoir ou garder des rats dans le ventre », c'est-à-dire nourrir des sentiments hostiles à l'égard de ses parents, le ventre étant le siège des sentiments liés à la parenté.

[31] « La population se répartit par groupes de cent, ceux qui renfermaient de mauvais éléments les amenèrent devant la Reine... Ce furent les fokonolona qui amenèrent les sujets qui leur inspiraient de la crainte... [après jugement] la Reine les condamna aux fers. » (*Tantara ny Andriana*, IV, p. 519).

délicats, tant on le savait estimé de tous, mit en garde l'Assemblée semestrielle des Églises dès 1871 :

> « Très nombreux sont encore les communiants qui craignent la sorcellerie. Ils ne craignent pas d'être sagayés ni frappés par la hache ni lapidés [allusions aux martyrs], mais ils craignent la force de la sorcellerie (*ny hery*), la vertu efficace de la sorcellerie (*ny hasiny ny mosavy*)... Ils boivent et mangent la Cène en vain, ils continuent de faire de la sorcellerie la maîtresse de leur vie (*tompony ny ainy*) ».[32]

En touchant le corps, on agit sur l'âme, en agissant sur l'entourage matériel, on agit sur le corps. Seul Vig, dans le contexte archaïque de la province du Vakinankaratra et grâce à son ouverture d'esprit et à la confiance exceptionnelle que lui firent d'anciens élèves, put recueillir des descriptions fines des procédures des *mpamosavy*.[33] Pour les cadres malgaches des missions, parler des pratiques de sorcellerie semble avoir été jugé déshonorant parce qu'ils avaient été formés à regarder le monde du point de vue des Européens. Selon ces vues, elle échappait à toute logique et n'existait que dans des imaginations enténébrées. Les années 1877-78 furent donc des années d'interrogation sur le malheur collectif, et de divergence des individus, susceptibles d'assumer des conduites très divergentes. La maladie ne paraît pas avoir servi de nouveau d'arrière-fond à des adhésions radicales comme celle de Rainitsiandavana en 1832 ou de Rainisoalambo, fondateur du Fifohazana, en 1894, qui y virent le signe d'une élection inaugurant un retournement (*métanoia*) vers une vie consacrée à la Parole. Pour les ruraux, durement touchés, le souvenir des ancêtres et le besoin d'un retour à leur protection entraîna une réorganisation des pratiques. Deux différences avec les temps anciens marquent ce travail : l'arrêt des procédures normales de protection contre les épidémies et de détection de la sorcellerie, d'autre part, la suppression des *sampy*. Ces opérations venaient du pouvoir, ces relations s'opéraient sous son patronage. Aucune réorganisation n'est tentée. Chacun dans la population se trouve pour la première fois affronté au problème du diagnostic individuel pour l'interprétation du malheur collectif ou de l'épreuve personnelle. L'inquiétude grandit et prend souvent des formes « paranoïaques » qui étaient auparavant inconnues. L'angoisse trouve son origine dans les rapports avec les voisins et parents, mais aussi avec les étrangers, qui sont dans cette période essentiellement des missionnaires.

Tandis que la problématique chrétienne occidentale de la conversion nous achemine vers une vision du bien et du mal comme forces portées par le psychisme, intérieures à l'individu, isolables de sa réalité biologique d'une part et de son insertion sociale d'autre part, la restitution d'une logique malgache de l'adhésion nous amène à l'interrogation incessante, a posteriori, de l'événément

---

[32] Isan 'Enimbolana du 13 décembre 1871. Ambohipotsy, Compte-rendu, p. 52.

[33] L. VIG, *Charmes*, p. 115-116 et *id.*, *Médecins et sorciers*, dans *Bulletin trimestriel des missions luthériennes à Madagascar*, 15 février 1903, p. 218-223.

comme signe, révélant l'intervention de forces dont il faut détecter le caractère bénéfique ou maléfique, la valence et la provenance. Les bienfaits attendus, les méfaits suspectés peuvent être appréhendés, année après année, dans l'harmonie de la nature et la prospérité des hommes ou inversement dans les catastrophes écologiques, agricoles, et les troubles collectifs de la santé. Si, sous le règne de Ranavalona Ière, des formes légères de variole ont acheminé des individus vers la conversion comme guérison totale, par contre le choc des épidémies de 1875-1880 amena, au sein de masses superficiellement ralliées, l'effet inverse, c'est-à-dire le retrait, la peur.

On peut en conclure que la logique des conduites autochtones n'est pas donnée une fois pour toutes comme elle le serait dans ce qu'on appelle une conversion, mais affronte l'événement individuel et collectif et l'interroge sur l'efficacité du christianisme pour le bien individuel et collectif immédiat plus que pour le Salut. La même logique fait qu'on prête aux étrangers, tout au long du 19ᵉ siècle, la capacité d'agir sur la vie collective dans bien d'autres domaines que celui de la prière. Sous Ranavalona Ière, les mauvaises récoltes de riz et la raréfaction de la nourriture sur les marchés furent imputées à l'action des missionnaires, ainsi que le passage de la petite vérole. Tenus en échec par la quasi-fermeture des écoles, l'interdiction de la Bible, ils se vengeaient ainsi.

Le nouveau pacte conclu par Ranavalona II avec Jéhovah n'impliquait guère de transformations personnelles par intériorisation des convictions. C'était un pacte objectif avec un Dieu qui avait tiré le peuple juif d'affaire dans les moments les plus difficiles de son histoire et apporté puissance et prospérité aux Anglais. On le pensait susceptible d'intervenir dans l'histoire collective merina à la façon des ancêtres royaux, dans l'histoire de chacun à la façon des ancêtres familiaux. Mais s'il était mécontent, il interviendrait négativement par l'intermédiaire de ses envoyés missionnaires. Une ambivalence, masquée par la très grande politesse habituelle dans les rapports sociaux malgaches, affectait les rapports avec eux. Ils étaient bienfaiteurs *et* redoutés. Eux-mêmes, s'ils partageaient avec leurs fidèles l'idée d'une solidarité de l'âme et du corps, d'une valeur préventive et curative de la vertu et d'un bon usage moral des maladies, ne pouvaient cependant accéder à une représentation d'ordre cosmique de la maladie, qui liait celle-ci aux grands mouvements de l'univers, sécheresse, inondation, vols de sauterelles, pour en faire un ensemble de mécanismes actionnés par Dieu pour signifier un message aux humains.

ANNEXE DOCUMENTAIRE

Archives

Archives de la L.M.S. (SOAS, Londres)
Série Letters : B 10 à B 18.
Série Reports : B 2.

Archives de la F.F.M.A. (Londres)
Série Reports.

Archives de la République démocratique malgache (A.R.D.M.) (Tananarive)
Série HH (Correspondance des missions avec le pouvoir central)
Série GG (Affaires scolaires).

Sources imprimées et travaux

Recueil des Isan'Enimbolana (assemblées trimestrielles des églises de la L.M.S.), paginé par fascicules.

Isan'Kerin-taona (revue des Quakers à Madagascar), 1877.

Antananarivo Annual (revue publiée par la L.M.S.).

F. CALLET, *Tantara ny Andriana (Histoire des rois)* (recueil de manuscrits anciens merina et de récits oraux), 3 tomes, 1878-1881. Traduction française par G.S. CHAPUS et E. RATSIMBA, Académie malgache, 1953-1978. Les références sont indiquées dans l'édition française.

F. RAISON-JOURDE, *Construction nationale, identité chrétienne et modernité. Le premier XIXᵉ siècle malgache*, thèse de doctorat, Université de Lyon III, 1989, tome II.

L. VIG, *Charmes. Spécimens de magie malgache*, Oslo, 1969, 179 p.

L. VIG, *Croyances et mœurs des Malgaches*, Tananarive, 1977, 2 t., 64 et 78 p.

A. ZEMPLÉNI, *Anciens et nouveaux usages sociaux de la maladie en Afrique*, dans *Archives de sciences sociales des religions*, Paris, 1982, 1, p. 5-19.

RÉFLEXIONS SUR LE PASSÉ

Ces pages regroupent divers types de réactions face aux affirmations et à la problématique énoncées dans les articles qui précèdent. D'une part, Henri Derroitte synthétise des opinions émises concernant l'emploi des thérapeutiques traditionnelles par les missionnaires.[1] D'autre part, Maurice Cheza livre ses vues personnelles sur l'action médicale dans les pays de mission. Ces diverses considérations n'ambitionnent nullement de conclure la première partie, historique, de l'ouvrage, mais cherchent plutôt à formuler des intuitions et à préciser des pistes pour une réflexion future.

A. *Les missionnaires et la thérapeutique africaine traditionnelle*
   (par Henri Derroitte)

Dans quelle mesure les missionnaires ont-ils eu accès aux informations sur les plantes médicinales et sur la thérapeutique africaine ? Comment ont-ils intégré ces renseignements dans leur propre pratique médicale ? On sait que des enquêtes ont été faites par certains missionnaires ethnologues dans le but de recueillir des informations sur les pratiques traditionnelles. De nombreux éléments sur la pharmacopée africaine pourraient sans doute être glanés dans *Anthropos,* la grande revue viennoise d'ethnologie missionnaire qui débuta en 1906. Mais il n'est pas certain que les missionnaires aient pu dépasser beaucoup le stade de l'inventaire pour intégrer largement ces données à leur propre médecine.

Il est en effet peu probable que les informateurs des missionnaires, les premiers convertis, se soient montrés empressés de divulguer les connaissances ancestrales liées au monde de la guérison. Leur option pour la religion chrétienne les faisait certes prendre distance par rapport à leurs anciennes coutumes, mais elle ne signifiait pas automatiquement une obligation de dévoiler les secrets dont dépend la vie de leur groupe ethnique. Ils ne tenaient pas à se couper du reste de la population. De plus, pour ces gens, le recours aux pratiques médicales traditionnelles aurait été comme un retour en arrière. Ils jugeaient la médecine occidentale comme un progrès fondamental. Dès lors, ils ne considéraient pas

---

[1] Réactions enregistrées lors du colloque *Églises et santé dans le Tiers Monde. Hier et aujourd'hui,* Louvain-la-Neuve, 19-21 octobre 1989.

opportun de violer les secrets du groupe pour exposer aux missionnaires des pratiques médicales d'une efficacité inférieure à celle des Blancs.

Il ne faut pas oublier non plus que, dans la théologie des missionnaires, le temps n'était pas à l'intégration d'éléments religieux africains. Les évangélisateurs de l'Afrique se méfiaient des pratiques thérapeutiques ancestrales, car ils avaient compris qu'elles ne pouvaient être dissociées de quelque chose de beaucoup plus complexe, un rituel et une relation au sacré. Vis-à-vis des premiers convertis, les missionnaires voulaient éviter toute menace de syncrétisme. L'a priori était à la méfiance contre tout ce qui pouvait apparaître comme élément magique, lié à une rationalité autre qu'occidentale.

En outre, il est sans doute vrai que les missionnaires étaient pour la plupart issus d'un milieu rural très modeste où pouvaient subsister certaines pratiques médicales parallèles (rebouteux ou herboristes). Cependant la coupure causée par de longues études et la formation reçue les orientaient résolument dans l'idée qu'il fallait aller vers la médecine moderne. À la suite des découvertes de Pasteur (1885), ils seront tous convaincus de l'efficacité de la science médicale occidentale.

Les recherches dans les archives des dispensaires africains confirment cette méfiance à l'encontre des pratiques thérapeutiques traditionnelles. On ne trouve une trace d'un recours plus fréquent à la pharmacopée africaine qu'à partir de l'entre-deux-guerres et spécialement lors du deuxième conflit mondial. Du fait des difficultés dans l'approvisionnement de médicaments européens, les missionnaires ont utilisé certaines plantes locales dans les dispensaires.

Aujourd'hui, à l'inverse, c'est peut-être chez les prêtres et religieux africains qu'existe l'effort le plus net pour sauver cette médecine traditionnelle. Au nom de l'inculturation, ils cherchent à intégrer les pratiques médicales et les significations symboliques qui s'y rattachent à la pratique chrétienne. Ainsi, au Zaïre, lors du sacrement des malades, on a vu certains prêtres mêler des gestes thérapeutiques bantous aux formules sacramentaires. Des exemples analogues se retrouvent également dans certains groupes charismatiques en Afrique. Leur motivation pastorale est double : ils veulent à la fois sauver leur culture et libérer les populations de leurs maux.

B. *Conception et mise en pratique d'une action sanitaire*
    (par Maurice Cheza)

1. *Vision fragmentée ou unifiée de la personne ?* — Quand la médecine échappa au contrôle des clercs et acquit son statut de science autonome, il s'agissait incontestablement d'un énorme progrès. Mais la modernité a connu ses dérives et a abouti à un découpage extrême de la personne. Les distinctions se sont muées en compartiments. On peut en voir une conséquence dans certains acharnements thérapeutiques qui déshumanisent les dernières semaines de vie des patients.

Aujourd'hui, on tend à revenir à une vision anthropologique plus globale et plus intégrée. Diverses médecines douces s'intéressent davantage à la totalité de la personne dans son milieu et dans ses relations. C'est peut-être en partie sous l'influence du Tiers Monde que cet effort d'unification se développe en Occident. En effet, dans leur ensemble, les pays non occidentaux ont une conception de la santé moins mécanique et moins individuelle que celle à laquelle une trop grande spécialisation a abouti chez nous.

Il s'agirait en particulier de réconcilier les dimensions scientifique (le vrai), éthique (le juste) et relationnelle (l'authentique) et à réunifier l'homme sans pour autant revenir à une vision sacrale. En effet, la distinction entre le sacré et le profane est d'autant plus indispensable que dans le monde pluraliste que nous connaissons, il existe, du réel, d'autres lectures que religieuses. Un sens global peut être poursuivi dans le cadre d'une foi non religieuse. Un progrès humain ne reste-t-il pas un acquis même s'il exclut toute référence à Dieu ?

2. *Optimisme chrétien.* — La perspective chrétienne est particulièrement à l'aise avec ce thème de globalité, car le salut chrétien est destiné à la totalité de la création. On s'est interrogé sur les raisons de l'engagement missionnaire dans les soins de santé : s'agissait-il de *captatio benevolentiae,* de compassion, de condition pour pouvoir entrer dans un pays ou encore de possibilité de conférer des baptêmes *in extremis* ? Sans doute, les motivations étaient-elles fort mélangées, mais le christianisme (dans une forme très occidentale, il est vrai) était pour les missionnaires une force régénératrice de l'homme et de la société.

Ce n'est que plus tard qu'il fut question de « développement intégré » au bénéfice de « tout l'homme et de tous les hommes » et que l'on approfondit explicitement la relation entre évangélisation et développement : le salut en Jésus-Christ concerne la personne dans sa totalité, vivant en société et en relation avec le monde. On souligna le caractère optimiste de l'anthropologie chrétienne : dans l'Évangile, ne voit-on pas Jésus sauver et libérer ses contemporains tant par ses actes que par ses paroles ? De sa prison, Jean-Baptiste envoie des messagers à Jésus pour lui demander s'il est celui qui doit venir ou s'il faut en attendre un autre. Jésus répond : « Allez rapporter à Jean ce que vous entendez et voyez : les aveugles retrouvent la vue et les boiteux marchent droit, les lépreux sont purifiés et les sourds entendent, les morts ressuscitent et la Bonne Nouvelle est annoncée aux pauvres. » (Mt., 11, 2-5).

Toutefois, même si le salut est présenté comme global, cela ne signifie pas que la causalité soit immédiate, comme si la maladie ou la mort découlait d'un péché précis et en constituait la punition (voir par exemple Luc, 13, 4). La souffrance, le péché et le mal font partie de la même sphère à laquelle s'opposent les forces de la guérison et du salut, mais l'expérience quotidienne révèle que la « réussite » (santé, bonheur, richesse) n'est pas proportionnelle à ce que, pour faire court, on pourrait appeler la bonté et que, à l'inverse, l'« échec » ne correspond pas non plus à la méchanceté. Le cri de Job continue à s'élever de bien des lits d'hôpitaux et la souffrance, surtout innocente, reste une pierre d'achoppement pour la foi.

Les nouveaux mouvements religieux sont souvent évoqués actuellement. Dans une certaine mesure, en effet, ces groupes afro-chrétiens ont mieux réussi que les grandes Églises à intégrer diverses dimensions : on y participe à une communauté chaleureuse qui s'enracine à la fois dans la tradition africaine et dans la tradition chrétienne.

3. *À partir de quel point de vue ?* — La relance de l'action missionnaire au 19e siècle se fit dans une perspective très européocentrique. Pour les missionnaires de cette époque, les conceptions scientifiques et médicales de l'Occident avaient valeur d'absolu et faisaient partie de « la » civilisation apportée par l'homme blanc. Le vainqueur peut difficilement voir les choses à partir de la situation du vaincu. Ce n'est que lentement et timidement que les missionnaires européens prirent en considération le point de vue des sociétés coutumières pour lesquelles la santé physique fait partie d'un ensemble anthropologique et social beaucoup plus vaste.

4. *Conception des rôles.* — En ce qui concerne la répartition des rôles entre hommes et femmes et entre ecclésiastiques et laïcs, les exposés historiques ont présenté des réalités un peu différentes des théories ou du moins des représentations habituelles. Alors que l'organisation ecclésiastique reposait essentiellement dans les mains des hommes, les femmes missionnaires ont joué un rôle extrêmement important dans la pratique des soins de santé, même dans les cas où les conventions avec le pouvoir colonial étaient signées par les hommes (évêques ou supérieurs religieux). L'article d'Élisabeth Dufourcq a bien montré la prépondérance des femmes dans le secteur médical. Par ailleurs, le rôle des laïcs dans l'action sanitaire de l'Église ne fut nullement négligeable : on l'a constaté sur le terrain (par exemple, le docteur Aujoulat était laïc et marié).

5. *Aspects économiques et politiques.* — La prise en charge de la promotion de la santé dans une société pose un certain nombre de questions auxquelles plusieurs types de réponses peuvent être apportés.

D'où viennent les ressources humaines et techniques que telle société donnée peut consacrer à la promotion de la santé de ses membres ? Étant donné que ces ressources ont nécessairement des limites et que l'effort investi d'un côté ne peut l'être d'un autre, des priorités doivent être établies. Qui va en décider ? Qui va élaborer une politique de santé, en fonction de quoi et en vue de quoi ? Les responsables résisteront-ils aux pressions de l'industrie pharmaceutique et des producteurs de lait en poudre ? Entendront-ils les recommandations de l'O.M.S. ? L'usage et la commercialisation des médicaments se feront-ils au profit de la santé du plus grand nombre de citoyens ou au bénéfice de quelques-uns ?

Les enjeux et les questions se bousculent : médecine de qualité pour tous ? Éducation à l'hygiène, à l'équilibre nutritionnel, à une auto-prise en charge personnelle et sociale de la gestion de la santé ? Médecine pratiquée *pour* les destinataires ou *avec* eux ? Médecine décidée en haut ou autogérée ? Médecine sophistiquée ou légère ?

L'étude de plusieurs situations du passé l'a bien montré : tous les problèmes s'enchevêtrent. Les conceptions du bien-être et de la santé varient fortement d'une culture à l'autre. Le choix des priorités médicales relève des pouvoirs politiques, mais aussi des possibilités économiques. Il serait dès lors erroné d'isoler les questions de santé de l'ensemble des questions de société. Faut-il s'en étonner pour des problèmes aussi fondamentaux que la vie, la souffrance et la mort ?

SECONDE PARTIE

AUJOURD'HUI

HENRI DERROITTE

L'ACTION MÉDICALE DES SŒURS MISSIONNAIRES DE NOTRE-DAME D'AFRIQUE SYNTHÈSE D'UNE ENQUÊTE

En 1988, Sr Denise Bouvy, des sœurs missionnaires de Notre-Dame d'Afrique (Sœurs blanches), mettait au point un questionnaire destiné à ses consœurs travaillant à l'heure actuelle en Afrique dans des tâches médicales. À la fin de l'année 1988, elle envoyait ce questionnaire, accompagné d'un mot d'explication, qui devait permettre de préciser l'histoire et le présent de l'engagement médical des Sœurs blanches. Au total, ce sont dix-sept pays d'Afrique, auxquels s'ajoute le Yémen, qui furent sollicités par l'enquête. Et, chose remarquable, des réponses sont arrivées, dans un délai assez bref, de seize pays.[1] Seules, la Guinée et la Zambie n'ont pas répondu. Nous avions donc là rassemblé un matériau brut, de première main, de quatre-vingt-cinq pages, texte riche des remarques de près de trente Sœurs blanches. Sr Denise Bouvy n'ayant pas le loisir de synthétiser ces différentes livraisons, elle en a confié le soin au Centre Vincent Lebbe.

Avant de présenter ces différentes réponses, plusieurs remarques préliminaires s'avèrent nécessaires. Au Centre Vincent Lebbe, notre attention a d'emblée été attirée par la richesse et aussi la disparité du matériel rassemblé : richesse de tous ces témoignages de personnes directement impliquées dans un travail parfois envahissant ; émotion devant certaines souffrances exprimées, ainsi face à la

---

[1] Voici la liste des réponses reçues :
Algérie : rapport des Sœurs blanches de Kouba, 17 avril 1989, 2 p. –*Burkina Faso* : texte de Sr Nicaisse, Hélène Baron et Lise Giguere, 20 mai 1989, 5 p. –*Burundi* : texte de 3 p., s.n., s.d., rapport de Sr Jessy Goosse, 10 p., s.d. –*Éthiopie* : texte de 2 p. (extraits de lettres de Sr Madeleine Dierckx). –*Ghana* : texte d'1 p., s.n., s.d. –*Kenya* : texte de Sr Tinie Holscher, à Nairobi, 2 août 1989, 1 p. –*Malawi* : texte de 2 p., s.n., s.d. –*Mali* : texte de Sr Pierrette Pelletier, à Kolokani, 8 février 1989, 2 p. et compte-rendu de la première assemblée générale des religieuses infirmières du Mali (18/22 février 1986, Sikasso), 19 p. –*Mauritanie* : texte de Sr Madeleine Bouvy, s.d., 1 p. –*Ouganda* : texte de Sr Claire Michelle, à Kisubi, 1 août 1989, 3 p. –*Rwanda* : texte de Sr Gaby Van Den Borre, s.d., 2 p. –*Tanzanie* : texte de Sr Godelieve Landuyt, s.d., 1 p. –*Tchad* : texte de Sr Marie de Penanster, s.d., 4 p. et texte de Sr Gloria Sedes, Monique Gouyez et Marie de Penanster, 10 juillet 1989, 6 p. –*Tunisie* : texte de Sr M.-Thérèse Grard, à La Marsa, 4 juillet 1989, 3 p. –*Yémen* : texte de Sr Flore Étienne, février 1989, 2 p. –*Zaïre* : texte de 3 p., s.n., s.d. ; texte de H. Verstappen, 18 avril 1989, à Wamaza, 1 p., texte de Loly Otondo, s.d., à Mingana, 2 p. ; texte de Sr Jeanine Broquet, s.d., à Logo, 4 p. et extraits de textes de Sr Denise Bouvy, *Projet de promotion sanitaire, dynamisme pour un développement intégral – Expérience vécue au Zaïre*, 1984-1985, Institut théologique des jeunes Églises, p. 1-4, 30.

guerre en Éthiopie, face au SIDA ou à d'autres terribles maux ; mais en même temps, disparité dans les réponses, plus ou moins longues, plus ou moins précises.

Au niveau de la méthodologie, pareille enquête présente les lacunes de ses richesses. Tout d'abord, il est périlleux de poser les mêmes questions sur des pratiques forcément différentes à l'échelle d'un continent entier. Quels points communs entre la Tunisie ou l'Algérie où règne l'islam et le Zaïre où le christianisme est bien visible ? Quels rapprochements faire entre l'Afrique francophone et anglophone, sans parler du cas du Yémen ? Comment évoquer ensemble des pays qui ont récemment connu des troubles graves, tels le Tchad ou l'Éthiopie et d'autres, moins accablés, tels le Malawi ou le Kenya ? En outre, la même difficulté méthodologique ressurgit quand l'observateur constate que le questionnaire est le même pour des pays où les Sœurs blanches sont depuis un siècle parfois et d'autres (Mauritanie, Tchad, Yémen et Éthiopie) où elles sont depuis moins de vingt ans.

Telle qu'elle était formulée, l'enquête laissait mal apparaître si l'œuvre médicale était, à l'heure actuelle, prioritaire, principale, ou secondaire pour les sœurs de tel ou tel pays. Elle ne nous informait pas sur la nationalité d'origine des sœurs œuvrant dans ces tâches. L'enquête précisait que le nombre de Sœurs blanches engagées comme infirmières ou comme médecins était en diminution, mais qu'en est-il du nombre global des sœurs dans la même région ? Les deux courbes se ressemblent-elles ?

Enfin, et surtout, l'enquête ne montrait que très peu les options, les « stratégies », les hésitations, les silences de la congrégation face à l'œuvre médicale : est-ce perçu comme un lieu d'activité missionnaire à l'instar de la catéchèse, par exemple ? Est-ce que le message libérateur de Jésus-Christ doit se manifester dans le souci de mettre l'homme debout dans son intégralité ? Est-ce, au contraire, que l'œuvre médicale missionnaire n'a été qu'une suppléance ayant perdu sa justification dès lors que l'État prenait en charge la santé de ses citoyens ?

Bref, de ces quatre-vingt-cinq pages, nous retiendrons plutôt une juxtaposition de données, nous aurons éventuellement une vision globale, mais ce serait bien dangereux d'établir des généralisations, des comparaisons ou des évaluations. Ce matériel est riche de beaucoup de vie, il ne suffirait pas comme tel à un travail scientifique.

A. *Les débuts de l'œuvre médicale des Sœurs blanches*

Dans cette première section, nous ne retiendrons que les pays où les Sœurs blanches sont présentes depuis une longue période, c'est-à-dire depuis 1869 pour l'Algérie, 1882 pour la Tunisie et 1887 pour le Mali ; entre les années 1894 et 1911 pour la Tanzanie, le Zaïre, le Rwanda, le Burundi, l'Ouganda, le Malawi ;

entre 1912 et 1938 pour le Burkina Faso et le Ghana, soit un ensemble de onze pays. Des débuts de la congrégation dans le domaine de la santé, il est possible de relever plusieurs types d'action, sanitaire ou préventive, classiques.

1. *L'ouverture de dispensaires, parfois d'hôpitaux.* – Les Sœurs blanches soignaient tous les malades qui viennent se présenter au dispensaire. Du diaire de Gatara, au Burundi, une sœur note : « Beaucoup de malades se présentent au dispensaire. Ils sont de deux cents à quatre cents tous les matins ».[2] « On soignait les malades atteints d'ulcères phadégéniques, les malades anémiés, à qui l'on donnait de l'eau ferrugineuse obtenue en faisant tremper des clous de fer, les malades pulmonaires et les typhiques, etc… ».[3] Les sœurs ne faisaient parfois que répondre aux besoins de la population. Leur action était de type curatif mais aussi préventif. Elles donnaient une rudimentaire éducation sanitaire.

2. *La lutte contre les grandes épidémies.* – Plusieurs pays signalent aussi la présence des sœurs, quand c'était possible, sur le front de la lutte contre les grandes épidémies. À titre illustratif, relevons l'action des Sœurs blanches au Burkina Faso (ancienne Haute-Volta) en 1939 et en 1945 dans la lutte contre l'épidémie de méningite cérébrospinale et en 1944 dans celle contre la rougeole.

3. *L'attention particulière aux femmes et aux enfants.* – C'est aussi du Burkina Faso que vient la mention de l'opération « Goutte de lait », opération de secours aux nouveaux-nés orphelins, à partir de 1943. La plupart des réponses mentionnent l'attention particulière des sœurs envers les mères (éducation sanitaire, puériculture)[4] et les jeunes enfants.

Quant à l'origine de la prise en charge de la médecine et de l'éducation sanitaire par les Sœurs blanches, les réponses peuvent différer. Plusieurs lettres signalent une naissance sans structures, pour répondre aux demandes des populations, des pères missionnaires ou, plus tard, des évêques. Dans certains cas, les sœurs elles-mêmes sont à l'origine de cette option et cela peut poser des difficultés. En témoigne ce texte du Malawi : « À l'arrivée de nos sœurs, le vicaire apostolique avait demandé que nos sœurs s'occupent de la cuisine, de la buanderie des Pères, mais ce n'était pas la raison de notre venue au Malawi : Mère Marie Salomé[5] insista auprès du vicaire apostolique pour que les sœurs soient employées pour la véritable raison de leur venue : le travail apostolique ».[6] Le premier dispensaire fut ouvert en 1922.

---

[2] Diaire de Gatara, année 1931. Cité dans le rapport de Sœur Jessy Goosse, p. 2.

[3] Cité dans le texte du Burundi, p. 1.

[4] Voir principalement les réponses du Burkina Faso, du Rwanda et du Zaïre.

[5] Marie-Renée Roudaut, née en 1847. Devenue Sœur Marie Salomé (vœux en 1873), supérieure générale de la congrégation de 1882 à 1925 ; décédée à Alger en 1930.

[6] Ce texte date de 1911 et est cité dans la lettre reçue.

B. *Nomenclature des principales tâches d'ordre médical assurées par les Sœurs blanches (dans les trente dernières années)*

Nous nous bornons à signaler ici les domaines signalés comme importants dans les réponses des Sœurs blanches.

– Soin des yeux au Burkina Faso. Le texte cite bien sûr le « docteur lumière », le docteur Goarnisson,[7] Père blanc, mais il précise que sa collaboratrice depuis 1932 était une Sœur blanche, Sr Radegonde. C'est une autre Sœur blanche, une Belge, Sr M.-Louise Melotte qui a formé des sœurs infirmières africaines pour prendre la relève.

– Édition de livrets sur la malnutrition. Au Rwanda.

– Éducation à la vie sexuelle. Les sœurs sont formatrices des animatrices. La méthode de régulation, dite méthode Billings, est ainsi enseignée dans différents pays africains par les Sœurs blanches : Malawi, Mali, Zaïre. La sœur qui est au Yémen explique le choix de cette priorité par deux chiffres : le taux de fertilité par femme au Yémen est de 8,2, mais la mortalité infantile est de cent cinquante à deux cents pour mille.

– Accompagnement des handicapés. En Éthiopie et en Tunisie.

– Accompagnement des lépreux. Au Mali.

– Appui à des campagnes de vaccination. En Mauritanie, en Ouganda, au Zaïre, au Rwanda et en Tanzanie.

– Soins prénataux et accouchements. Au Tchad et au Zaïre.

– Éducation à l'hygiène et conscientisation des populations. Au Kenya, au Tchad, au Mali. On voit ici, dans le cas du Tchad, que l'œuvre médicale peut devenir quelque chose de beaucoup plus large. Pour la Sr Marie de Penanster, qui répond au nom de ses consœurs du Tchad, le travail de conscientisation inclut la création de comités villageois, le creusage de puits, l'aménagement de sources, la construction de latrines, de puits à ordures et de douches...

---

[7] Sur ce Père Blanc, décédé le 16 décembre 1981, voir le texte d'hommage du cardinal P. Zoungrana, *J'avais treize ans quand je vis pour la première fois le « docteur lumière »*, dans *On les appelle Pères blancs, Sœurs blanches*, Paris, Le sarment-Fayard, 1984, p. 8-9. Voir aussi J.-R. DE BENOIST, *Docteur Lumière*, Paris, S.O.S., 1975.

C. *Deux remarques sur l'organisation de l'œuvre médicale des Sœurs blanches*

Dans le rapport reçu du Rwanda, on peut noter que les implantations médicales des Sœurs blanches n'avaient pas d'emblée le souci de préparer un personnel autochtone. Au contraire, dans un premier temps, la médecine mise en place par les missionnaires dépendait pour sa subsistance de la mission et de l'argent étranger. On peut lire ceci : « Dans les dispensaires, les sœurs devaient se débrouiller pour les médicaments et le matériel : elles étaient tributaires des envois faits par la congrégation ou par des œuvres d'Europe. Ces unités de soin dépendaient de la mission qui entretenait les bâtiments ».[8]

Le diaire de Gatara, déjà cité pour le Burundi, évoque la question de l'emploi de la médecine locale dans les soins prodigués aux malades. En fait, les sœurs signalent qu'elles utilisent des plantes et des racines locales au moment où, du fait de la guerre 1939-1945, elles ne reçoivent plus les médicaments d'Europe. Voici un extrait du diaire : « Dépourvus de vermifuge, nous avons utilisé des racines de fougère mâle que l'on trouve dans le pays ; à la façon indigène. Nous avons eu de bons résultats ».[9] Et l'année suivante, en 1943-1944, on trouve : « Les tisanes aux fleurs de sureaux et d'eucalyptus remplacent les potions pectorales habituelles. Quelques remèdes du pays nous aident ainsi à soulager quelques maladies ».

D. *Évolution actuelle selon les Sœurs blanches*

Tout en tenant compte une nouvelle fois des particularités locales, on peut quand même tenter de systématiser les grandes lignes de l'évolution envisagée dans les différentes réponses. Sur ce point, il y a une certaine unanimité. Lors de la première assemblée générale des religieuses infirmières du Mali, à Sikasso, en février 1986, les sœurs ont établi un schéma en quatre points sur l'évolution de leur travail. C'est ce même schéma que l'on retrouve aussi dans les papiers venus du Tchad, de Tunisie, du Rwanda et du Zaïre.

1. *Aller vers plus de dialogue avec les responsables administratifs.* – Ainsi, au Rwanda, Sr Gaby Van Den Borre signale-t-elle que les sœurs doivent obéir aux directives du gouvernement, parce que « le Ministère de la Santé a organisé tout un planning pour que les Centres de santé soient répartis équitablement dans tout le pays ».[10] Autre exemple, au Ghana, où le Ministère de la Santé a comme priorité

---

[8] Texte de Sr Gaby Van Den Borre, p. 1.
[9] Diaire de Gatara, année 1942-1943, cité par Sr Jessy Goosse.
[10] Texte de Sr Gaby Van Den Borre, p. 1.

la mise sur pied de tout un programme pour les soins de santé intitulé « Santé pour tous en l'an 2000 ». La Sœur blanche du diocèse de Tamale, qui est infirmière, s'est donné comme règle de collaborer avec le Ministère pour ce plan.

2. *S'orienter vers le préventif.* – Au Mali, les sœurs infirmières ont exprimé cette option par un slogan : « Pendant un siècle, nous avons soigné. Pour le siècle prochain, éduquons à la santé ».[11]

3. *Former des infirmières, des animatrices de base.* – Ce trait est typique de l'évolution de l'engagement missionnaire des Sœurs blanches ; ce n'est pas un abandon, c'est la préparation d'une relève. Sr Marie-Thérèse Grard, s'exprimant depuis La Marsa, en Tunisie, note le chemin parcouru : « Peu à peu, dans les différents établissements, du rôle de responsables de service, nous avons préféré une tâche plus cachée d'infirmières sans responsabilité de direction, voulant laisser cette responsabilité à un personnel tunisien formé dans des Écoles de la Santé publique ».[12] Même évolution en Ouganda, d'où l'on nous explique que : « Nous avons donc fondé et dirigé des hôpitaux et maternités pendant des années. Cela a exigé des contacts outre-mer avec des organismes d'aide pour mener à bien la construction des bâtiments, faire face aux besoins en médicaments et équipements et assurer le recrutement de médecins, infirmières et autre personnel. Dès que cela fut possible, nous avons passé ces institutions à des congrégations internationales qui les ont développées ou bien à des congrégations africaines ».[13]

4. *Pousser les gens à se prendre eux-mêmes en charge au niveau de la santé.* – Cette résolution est suivie, pour ce qui est du Zaïre, d'une série de dispositions concrètes du genre : comment atteindre les gens dans leur quartier ? Faut-il faire cadeau des centres de soin, des projets agricoles ou bien faut-il tabler sur leur propre investissement matériel et humain ?

E. *Questions actuelles*

Sans recul par rapport à ce qu'elles vivent, les sœurs, dans l'enquête, relèvent aussi quelques-unes de leurs questions tout à fait actuelles.

– La question de la guerre au Tchad et surtout en Éthiopie : « Aujourd'hui l'isolement est total, tout se paralyse... Nous sommes dans une situation de désolation au milieu d'un peuple qui souffre de plus en plus de la guerre. En même temps, nous continuons notre lutte contre l'épidémie de méningite. Oui, nous

---

[11] Texte du *Rapport de la première A.G. des religieuses infirmières du Mali, Sikasso, février 1986,* p. 6.
[12] Texte de Sr M.-Th. Grard, p. 2.
[13] Texte de Sr Michelle, p. 1.

essayons de sauver quelques vies avec tant de peine tandis que d'autres s'entretuent ».[14]

– La question des mentalités locales : que faut-il faire face à une région où l'on pratique, par exemple, l'excision, comme au Mali ?

– La question de la difficulté matérielle des déplacements à cause du piètre état des voies de communications, comme c'est le cas dans certaines provinces du Zaïre.

– La question du SIDA et surtout de l'accompagnement chrétien des malades : c'est devenu une des tâches des Sœurs blanches du Malawi et du Rwanda.

– La question de la probité et de la déontologie. Ainsi, les Sœurs blanches en Ouganda ont-elles comme souci que les médicaments ne soient pas volés et arrivent à destination. Ainsi, au Zaïre, dans la région de Kindu, les sœurs signalent que de nouveaux dispensaires sont ouverts par des personnes non qualifiées, attirées par le goût du profit.

*   *

*

Au terme de la lecture de toutes ces pages, il est peut-être bon de citer encore un extrait d'une lettre, venue celle-ci du Mali et qui donne bien le sentiment général des Sœurs blanches face à l'œuvre médicale :

« Nous ne pouvons ignorer les directives du pays hôte. Travailler seul, c'est détruire : bâtir ensemble, c'est faire œuvre d'avenir. *Femmes*, concentrons nos efforts sur les tâches tendant à libérer les femmes : c'est toute la protection maternelle et infantile avec tous ses aspects. *Religieuses*, n'ayons pas peur d'apporter la dimension spirituelle à notre approche des problèmes de santé. L'homme meurt encore plus de désespoir que de cancer ou de malnutrition. Le nombre de suicides dans nos pays riches le dit assez. Le guérisseur traditionnel avait sur le médecin moderne l'avantage d'aborder son patient dans toutes ses dimensions : corporelles, métaphysiques, environnementales. Sentant leur retard, les écoles modernes ont sorti le mot : *holistique*. Ils parlent d'approche holistique de la santé. Nous n'avons à mimer ni les uns, ni les autres si nous croyons que Jésus-Christ guérit, qu'il libère l'homme de toutes ses peurs, qu'il le réconcilie avec lui et les autres, qu'il sauve l'homme tout entier. N'oublions jamais *notre mission d'espérance* ».[15]

---

[14] Lettre de Sr Madeleine Dierckx, du 14 mars 1989 à Zalambessa, Éthiopie.
[15] Texte du *Rapport de la première A.G. des religieuses infirmières du Mali, Sikasso, février 1986*, p. 6.

FRANÇOIS HOUTART

L'ACTION SANITAIRE DES ÉGLISES DANS LE TIERS MONDE SES FONCTIONS DANS L'INSTITUTION RELIGIEUSE ET DANS LA SOCIÉTÉ

L'action sanitaire des Églises dans les sociétés dites aujourd'hui le Tiers Monde s'est développée par le biais de congrégations ou d'institutions religieuses venues s'établir dans ces pays conjointement avec la colonisation. Leur origine exogène se perçoit souvent encore dans les motivations qui les sous-tendent, les structures qui les encadrent et même la manière dont elles s'exercent. Malgré les changements politiques et même si dans la plupart des cas les pouvoirs organisateurs (autorités religieuses) sont devenus autochtones, l'engagement des Églises dans ces secteurs d'action apparaît en grande partie comme le prolongement des activités qu'elles exerçaient dans les pays occidentaux. Or, il est indéniable que celles-ci, en Europe particulièrement, ont été marquées par tout ce que fut le passé ecclésial, le contexte économique et socio-culturel dans lequel se développèrent les Églises, les fonctions sociales qu'elles exercèrent et la manière dont elles définirent théologiquement leur propre existence.

Il est donc indispensable de replacer ces activités dans leur contexte global, ce qu'une démarche sociologique implique nécessairement. En effet, l'objectif de cet exposé est de mettre en lumière un double aspect de l'action sanitaire des Églises : d'une part le sens qu'elles revêtent dans la société et de l'autre ses fonctions par rapport à la place de l'institution religieuse dans la société. C'est dire qu'il existe des différences entre les situations et que c'est seulement leur analyse qui permet de déboucher sur des explications.

À cet effet, il est nécessaire que l'on s'interroge sur deux questions. Tout d'abord, pourquoi des institutions religieuses s'occupent-elles d'un domaine qui concerne les corps plutôt que les âmes ou s'investissent dans un secteur d'action qui ne leur est pas spécifique ? Ensuite, quelle est la signification de la santé, comme objectif collectif dans une société ? En effet, il ne s'agit pas de l'identifier seulement avec la reproduction physique des groupes humains, mais de percevoir aussi sa fonction dans la reproduction sociale des sociétés. Ainsi, dans les sociétés traditionnelles, l'action curative a été liée avec le pouvoir et dans les sociétés contemporaines, on aurait difficile à comprendre pourquoi, par exemple, l'organisation sociale de la médecine s'affronte avec la médecine privée, si l'on s'en tenait à analyser l'action sanitaire exclusivement pour elle-même.

Pour le premier aspect, je laisse le soin aux théologiens de dégager les fondements de cette action des Églises, en fonction des objectifs de l'évangélisation. Pour le second, il s'agit de dégager quelques lignes de réflexions au départ de situations concrètes, qui permettent de comprendre la place très différente qu'occupent les services de santé dans les sociétés et par conséquent, aussi, de percevoir les facteurs qui, au-delà de l'intention des acteurs, donnent une signification sociale à ces activités.

Deux préalables doivent être clairs à ce sujet. Tout d'abord, il s'agit d'une analyse de processus sociaux et donc de mécanismes non nécessairement conscients dans le chef des acteurs sociaux qui mènent les actions sanitaires. Qu'en fonction de l'évolution des sociétés, la santé passe du statut de privilège à celui de droit social, par exemple, ne dépend pas de la volonté des acteurs médicaux ou religieux, mais cela n'en transforme pas moins le sens de leur action. Ensuite, il ne s'agit en aucun cas, dans cet article, de porter un jugement sur les acteurs eux-mêmes, leurs intentions, leur dévouement, la qualité médicale ou religieuse de leur action. Nous voulons mettre en lumière des structures et des dynamiques sociales, qui colorent d'une signification spécifique et nécessaire les initiatives des acteurs sociaux quels qu'ils soient et dont la connaissance permet d'agir de manière plus adéquate par rapport aux objectifs.

Rappelons d'abord que l'Europe fut pendant de longs siècles une périphérie du monde arabe et que l'expansion missionnaire commença au moment où le rapport de force bascula, tout d'abord au bénéfice d'une économie mercantile à partir du 15e siècle et ensuite au 19e siècle, en fonction d'un capitalisme industriel en quête de matières premières et de marchés. Avant cette période, l'implantation chrétienne des premiers siècles en Afrique du Nord avait des caractéristiques fort semblables au reste de la chrétienté. Quant au christianisme syrien, qui fut florissant au sud de l'Inde et jusque dans les villes marchandes de la Chine, il était socialement marqué par la dominance de la structure de parenté et par l'identité clanique. Les services de santé s'inscrivaient dans cette même logique, qui dominait d'ailleurs le système religieux lui-même.

Durant la première expansion missionnaire, liée à l'entreprise mercantile, les orientations de base des métropoles influencèrent l'action des missionnaires. Cependant la fragilité institutionnelle religieuse elle-même ne permit guère le développement d'une action sanitaire très organisée. Il faut ajouter que le droit ecclésiastique interdisait la pratique de la médecine aux clercs, donc aux missionnaires.

La dernière expansion missionnaire est celle du 19e siècle. Assez vite cependant, la mission proprement dite est accompagnée d'une action sanitaire. Ce sont les missions protestantes qui prennent les premières l'initiative dans ce domaine, grâce à des sociétés missionnaires où les laïcs jouent un rôle prépondérant. Du côté catholique, ce sont les congrégations religieuses qui seront le véhicule de l'action médicale. Quant aux puissances coloniales, elles appuieront ces initiatives.

Avec l'indépendance des pays d'Asie et d'Afrique, la demande de services sanitaires connut une forte croissance, les objectifs des sociétés se définissant en fonction de la construction nationale, plutôt qu'en référence à la métropole. La santé devient un des objectifs du développement et les États nouveaux tolèrent ou acceptent une collaboration des Églises, généralement à trois conditions, qu'elles entrent dans leurs objectifs, qu'elles acceptent un pluralisme dans le service rendu et qu'elles mettent fin au prosélytisme par le biais des institutions d'éducation ou de santé.

Nous ferons d'abord quelques réflexions sur l'évolution globale de l'action sanitaire des Églises chrétiennes au cours du 20e siècle et ensuite nous poserons des problèmes spécifiques, tels qu'ils sont apparus au cours de plusieurs recherches entreprises dans ce domaine.

A. *L'évolution globale de l'action sanitaire des Églises dans le Tiers Monde*

Les tableaux statistiques qui suivent parlent par eux-mêmes et ne nécessitent pas de nombreux commentaires. Ils montrent que l'engagement sanitaire des Églises a considérablement augmenté après la deuxième guerre mondiale, notamment après l'indépendance des pays d'Afrique et d'Asie.

Le tableau que nous présentons contient des chiffres approximatifs. Ceux-ci ont été collectés dans de nombreux documents de valeur diverse, critiqués autant que possible et ensuite rassemblés en vue d'une publication synthétique. Ils ont donc une valeur d'indication. Ils sont repris aux sources suivantes. Pour les catholiques : *Annuario pontificio* (depuis 1946) ; *Le Missione cattoliche* (Rome, 1950) ; *Oriente cattolico* (1929, 1932, 1962) ; la Congrégation de l'Église Orientale ; etc. Pour les protestants, il s'agit essentiellement du *World Christian Handbook*, publié en Angleterre par Sir Kenneth Grubb entre 1947 et 1970.

1. *Services hospitaliers protestants.*[1] – Du côté protestant, l'évolution du nombre des hôpitaux a eu tendance à diminuer. Il ne faut pas oublier l'engagement important de ces Églises en Chine, qui après la prise de pouvoir par Mao Tsé-tung, nationalisa toutes les institutions de santé. Cela explique en partie le recul des chiffres dans les années cinquante. Il y eut une expansion nouvelle dans les années suivantes, puis un certain recul, dû partiellement à une attitude nouvelle de certaines Églises, qui acceptèrent assez facilement la reprise en main de certaines institutions par les pouvoirs publics, tout en continuant à y collaborer. Pour les dispensaires, l'évolution reste positive en Afrique, mais accuse un recul semblable en Asie, pour les mêmes raisons.

---

[1] 1969-1976 : Données de *World Christian Encyclopedia,* éd. par David B. BARRET, Oxford University Press, 1982.

Tableau 1. Évolution du nombre d'hôpitaux par continent et par année (indice 100 : année 1922).

Années	Continents							
	Afrique	Ind.	Asie et Océanie	Ind.	Amérique latine	Ind.	Total	Ind.
1909	70	60	485	69	7	39	562	67
1922	116	100	701	100	18	100	835	100
1933	249	215	1.125	160	17	94	1.391	167
1950	370	319	380	54	50	278	800	96
1957	400	344	469	66	48	266	917	109
1969-1976	348	300	274	39	63	350	685	82

Tableau 2. Évolution du nombre de dispensaires (indice 100 : année 1909).

Années	Continents							
	Afrique	Ind.	Asie et Océanie	Ind.	Amérique latine	Ind.	Total	Ind.
1909	208	100	808	100	14	100	1.030	100
1922	366	176	1.213	150	64	457	1.643	160
1933	731	351	2.172	270	37	264	2.940	285
1950	1.100	528	500	61	170	1.214	1.770	171
1957	776	373	767	94	150	1.071	1.693	164
1969-1976	807	338	385	48	167	193	1.359	132

2. *Services hospitaliers catholiques.*[2] – Du côté catholique, les statistiques de l'Amérique latine font défaut, car il ne s'agissait pas, sauf exceptions de territoires de mission. Or, seuls ces derniers faisaient l'objet de relevés réguliers. On n'en dispose que pour la dernière période, après que le St-Siège ait décidé de tenir des statistiques plus régulières. Le nombre d'hôpitaux a continué à augmenter, même si l'on tient compte du fait que les derniers chiffres ont inclu des

[2] 1969-1976 : Données de *World Christian Encyclopedia,* éd. par David B. BARRETT, Oxford University Press, 1982.

statistiques d'Amérique latine, qui n'existaient pas auparavant. Il apparaît assez clairement que les Églises locales, notamment en Asie, ont continué à développer des institutions. Cela est probablement dû au fait que les congrégations religieuses s'occupant d'action sanitaire ont effectué un recrutement local, qui a permis, non seulement de combler les rangs des missionnaires occidentaux, mais aussi de progresser en nombre. Pour les dispensaires, il semble que l'Asie accuse un certain recul, mais il n'est pas sûr que la définition statistique des actions menées soit clairement établie, ni que les chiffres aient été correctement établis. C'est cependant l'Afrique qui manifeste une évolution positive dans les chiffres, tout comme du côté protestant.

Tableau 1. Évolution du nombre d'hôpitaux (indice 100 : année 1911).

Années	Continents							
	Afrique	Ind.	Asie et Océanie	Ind.	Amérique latine	Ind.	Total	Ind.
1911	280	100	263	100	–		543	100
1933	267	96	369	140	–		636	117
1949	477	170	455	172	–		932	171
1969-1976	440	157	1.001	300	573		2.014	391

Tableau 2. Évolution du nombre de dispensaires (indice 100 : année 1911).

Années	Continents							
	Afrique	Ind.	Asie et Océanie[3]	Ind.	Amérique latine	Ind.	Total	Ind.
1911	880	100	943	100	–		1.823	100
1933	1.074	122	1.614	171	–		2.688	147
1949	1.358	154	1.530	162	–		2.888	158
1969-1976	2.008	228	1.140	121	1.111		4.259	234

---

[3] Philippines non comprises jusqu'à 1949.

On aurait pu croire que l'indépendance des pays d'Asie et d'Afrique aurait eu un effet très différent sur l'action sanitaire des Églises. En effet, dans les pays d'Asie, l'attitude relativement négative de certains milieux chrétiens envers les tendances nationalistes qui devaient mener à l'indépendance des divers pays, s'expliquait par la crainte de voir leur action réduite à peu de chose. Les Églises chrétiennes étaient en effet minoritaires et très teintées d'occidentalisme. Or, à part quelques cas, surtout dans les pays socialistes ou encore à Sri Lanka, sous l'influence du nationalisme bouddhiste, il n'en fut pas ainsi. En Afrique, où l'indépendance fut plus tardive, les besoins fondamentaux dans ce domaine, tout comme dans celui de l'éducation, ne faisaient qu'augmenter, face à une grande difficulté pour les nouveaux États de s'organiser en fonction de la demande accrue. Les Églises restèrent donc un des piliers de l'organisation sanitaire, au moins dans un certain nombre de pays.

Mais cela n'empêche pas que sur le plan de la signification sociale et politique de l'organisation de la santé, des questions nouvelles ne se soient posées de manière neuve et souvent très aiguë. C'est ce que nous voudrions aborder dans la suite de cet exposé.

B. *Logiques sociales et action sanitaire des Églises*

Comme nous l'avons dit en commençant ce travail, l'action sanitaire dépasse dans les sociétés le caractère purement biologique ou médical. Elle s'inscrit presque toujours à l'intérieur d'un processus beaucoup plus global que l'on pourrait appeler de reproduction sociale. Voilà pourquoi la santé a été très proche des significations religieuses, aussi bien dans les sociétés chrétiennes que dans les autres. Voilà pourquoi dans les sociétés précapitalistes, le pouvoir s'est attribué des vertus curatives en tant que formes d'interprétation du réel pour conjurer certaines maladies. Voilà pourquoi enfin, l'organisation de la santé fait partie des tâches d'un État moderne, seul capable de financer ce type d'activités, devenu de plus en plus technique et sophistiqué et qui, par le fait même, se situe dans le domaine politique.

Cela touche aussi la place des Églises dans les sociétés, car elles assument des responsabilités qui sont devenues d'ordre public et doivent donc établir de nouveaux rapports avec les États. Par ailleurs, cela donne aux Églises un pouvoir qu'elles ne sont pas toujours prêtes à abandonner, pour de bonnes ou pour de mauvaises raisons.

Il est toujours difficile quand on est impliqué dans une action précise de prendre une certaine distance vis-à-vis de cet engagement, pour le localiser dans un ensemble plus vaste et ainsi mieux percevoir quelle est sa place relative. C'est vrai pour tout acteur social, quel que soit le domaine de son activité, mais c'est aussi vrai pour n'importe quelle discipline. Ce que nous allons entamer maintenant à propos de l'action des Églises dans le domaine sanitaire, c'est une série de réflexions concernant l'environnement de cette action. En effet, le sens qu'elle revêt ne dépend ni exclusivement de l'intention des personnes, ni uniquement d'une définition interne au champ particulier dans laquelle elle se déroule. À l'intérieur d'une société donnée, le sens est fourni par la place qu'occupe l'action sanitaire à l'intérieur de la culture et de la société et donc le rapport établi entre ce secteur particulier et tous les autres, aussi bien d'ailleurs que par la fonction qu'il exerce dans la construction et la reproduction du social.

Voilà pourquoi nous allons choisir quelques aspects qui nous paraissent importants dans ce domaine et que nous avons eu l'occasion d'étudier dans divers types de sociétés. Il s'agira plutôt d'une série de perspectives plutôt que d'un ensemble complet. Nous aborderons successivement la question d'un point de vue culturel et d'un point de vue social. Il s'agira d'abord de la transformation du sens de l'action sanitaire et ensuite de problèmes liés avec l'institution ecclésiastique.

1. *La lecture religieuse des maladies et de la santé.* — Dans toutes les sociétés précapitalistes ou traditionnelles, la lecture religieuse des maladies et de la santé est centrale dans la culture. Cela fait partie des représentations du rapport de l'homme à la nature. Mais ces dernières ne sont jamais séparées de l'organisation des rapports sociaux. Ainsi, dans les sociétés lignagères, le pouvoir guérisseur est fortement lié à l'autorité des anciens ou des chefs et le rôle du sorcier est avant tout de confirmer le système social. Son action sur la nature et sur les maladies en particulier, de même que l'explication de leur origine, jouent un rôle important dans la reproduction des rapports sociaux lignagers, même si cela n'est pas perçu comme tel à l'intérieur de ces sociétés.

Par ailleurs, lorsque des groupes humains ont pu à ce point développer leurs moyens d'existence qu'il est devenu possible pour une partie de la population de ne pas s'impliquer directement dans la production agricole, de nouvelles organisations sociales naissent, de même que de nouvelles expressions culturelles. Les activités mercantiles et la vie urbaine d'une part, les productions artistiques, la pensée philosophique et les grands systèmes religieux de l'autre, en sont les manifestations. D'où la naissance également de formes nouvelles de médecine, telle la tradition ayurvédique en Inde ou la médecine traditionnelle en Chine. Or ces systèmes étaient généralement liés avec la vision religieuse du monde.

Ainsi chez les Aztèques ou les Mayas, la vision cosmique générale incluait dans un mythe explicatif l'ensemble des rapports à la nature et des rapports sociaux.[4] La maladie signifiait une rupture de l'ordre cosmique et impliquait nécessairement une cause humaine, dont il fallait déterminer l'origine. Par ailleurs, les divinités hiérarchisées, depuis le couple divin à l'origine de l'univers, jusqu'aux dieux locaux, exerçaient une influence dans le développement des maladies, tout comme dans leur guérison. Les rôles religieux et médicaux étaient confondus et leur valorisation sociale très élevée, d'autant plus qu'ils se

---

[4] F. HOUTART et G. LEMERCINIER, Les représentations de la santé dans les groupes populaires au Nicaragua, dans Social Compass, XXXIV/4, 1987, p. 326-327.

prolongeaient par des fonctions de conseil auprès du pouvoir politique. Sans doute la complexité sociale avait-elle débouché sur une grande diversification des acteurs, mais on pouvait constater en tout cas que la santé jouait un rôle clé dans la reproduction symbolique de la société, dépassant ainsi la simple fonction sanitaire en elle-même.

Dans de telles circonstances, l'introduction d'un nouveau système de santé, produit nécessairement un choc culturel et social considérable. On a pu le constater dans tous les continents. Avec la colonisation, ce n'est pas seulement l'organisation politique qui est remise en cause, mais c'est l'ensemble des représentations de l'univers. En Amérique latine, par exemple, l'arrivée des Espagnols n'introduisit pas un système médical de type scientifique, puisqu'il n'était encore que balbutiant en Europe à cette époque, mais d'autres pratiques, liées à d'autres croyances. Il en résulta le rejet et la destruction systématique, non seulement des temples et des fonctions religieuses précolombiennes, mais aussi de tout le système culturel d'explication des maladies et de leur thérapie. Les formes anciennes de guérison, les rites liés à la lutte contre les maladies, ne disparurent pas tout à fait, car cela aurait signifié une destruction pure et simple des populations amérindiennes, incapables de se reproduire socialement et biologiquement (ce qui se passa dans certains cas), mais ils passèrent à la clandestinité.

Le phénomène devint plus accentué encore quand la colonisation occidentale s'imposa avec ses canons rationnels propres et avec une vision de la santé et de la guérison en contradiction avec les systèmes anciens. Qu'il suffise de rappeler ce qui se passa en Inde ou à Sri Lanka. Dans ce dernier pays, il est frappant de constater que la récupération de l'identité nationale passa par le renouveau bouddhiste, lié à celui de la langue cinghalaise et de la médecine ayurvédique. Cela formait un tout, opposé structurellement et culturellement à l'autre système.

Il ne s'agit pas ici de porter un jugement de valeur et encore moins de type médical sur l'efficacité thérapeutique respective des divers systèmes, mais simplement de rappeler la nécessité de dépasser le domaine sanitaire en lui-même pour comprendre ces situations. La conscience de cette dimension est importante, sous peine de ne pouvoir résoudre des problèmes concrets ou même de provoquer des destructions culturelles, alors que l'on pourrait au contraire contribuer à une transformation progressive des cultures. Il est évident qu'il ne s'agit pas de faire de groupes humains des conservatoires de formes culturelles, sous prétexte de les préserver. Certaines connaissances sont aujourd'hui essentielles à tout être humain, entré nécessairement dans une société mondiale et bien des pratiques et des représentations du réel ne correspondent plus aux situations objectives. Le tout est de ne pas développer des processus culturellement destructeurs, mais au contraire de mettre les personnes en condition de transformer elles-mêmes leur vision du monde, leur interprétation des maladies et de la santé et leurs pratiques. C'est aujourd'hui un droit humain fondamental et cela ne signifie nullement l'adoption pure et simple des schèmes du monde occidental.

Un exemple peut illustrer cette position. Lors d'une enquête réalisée il y a peu de temps auprès de paysans du Nicaragua, un de ceux-ci, ayant été alphabétisé, répondait fort bien que certaines maladies proviennent de microbes. Mais après l'interview, il ajouta : « mais qui donc envoie les microbes ? ». En d'autres mots, il avait acquis une connaissance pratique importante, mais son système d'explication de l'univers faisait replacer cet élément dans une vision mythique, où la manipulation des éléments de la nature ne pouvait être le fait que d'êtres surnaturels, bénéfiques ou maléfiques, dont il faut s'attirer les faveurs ou au contraire éviter les colères.[5] Tant que l'univers dans lequel vit ce paysan n'a pas changé fondamentalement, ce système d'explication restera ce qu'il est. Son fils, membre d'une coopérative, commencera à avoir des doutes. Son neveu qui a émigré en ville, rejettera ce type d'explication. Le problème ne consiste pas à lutter contre les « superstitions », ni à imposer de l'extérieur un tout autre système de logique, mais bien de contribuer à la transformation de l'ensemble des conditions de vie de ce paysan, tout en lui permettant d'être acteur lui aussi, socialement et culturellement. Aussi étonnant que cela puisse paraître, il est plus important à long terme, y compris pour sa santé, de favoriser la réforme agraire.

Certains groupes chrétiens sont devenus conscients de cette dimension du problème, mais ils ne sont pas encore fort nombreux. La situation d'ailleurs n'est guère meilleure chez une grande partie des agents médicaux, dont la formation anthropologique ou sociologique est souvent des plus rudimentaires. Ils ne sont évidemment pas les seuls spécialistes à être prisonniers de leur discipline. C'est une des grandes maladies de la civilisation moderne. Or cela n'est pas indifférent du point de vue du sens que revêt l'action sanitaire des Églises dans les sociétés non occidentales ou dans des milieux populaires. La médiation d'une démarche qui englobe le tout de l'être humain se situe bien dans la ligne de l'évangile.

L'Église catholique a contribué pendant longtemps, par le culte des saints, à l'alimentation symbolique d'une représentation préscientifique de la santé et des maladies. Une transformation du sens de la dévotion est aussi une contribution à une manière nouvelle de poser le problème, sans adopter pour autant le caractère déshumanisant d'une médecine scientifique hyperspécialisée. Mais la tendance actuelle à réintégrer les guérisons dans le champs religieux, problème que nous n'abordons pas ici et qui a été largement étudié dans le n° *Religion, santé et guérison*, de la revue *Social Compass*, doit aussi être examinée à la lumière des sciences humaines.[6]

2. *La transformation du sens de l'action sanitaire et ses conséquences.* — Si la culture est impliquée dans l'action sanitaire, il en est de même des rapports sociaux. Dans un autre travail, nous avons montré comment l'évolution de l'action sanitaire avait été, en Europe, tributaire des changements sociaux. Il en est de même dans les sociétés en développement. Pour reprendre l'exemple du

---

[5] *Ibidem*, p. 334-347.
[6] *Social Compass, Revue internationale de sociologie de la religion*, XXXIV/4, 1987.

Nicaragua et l'étude que nous y avons réalisée pour le Ministère de la Santé, on constate que la santé recouvre des univers sociaux bien différents. Se transmettent encore, de façon semi-clandestine, une série de pratiques dont l'origine se loge dans les sociétés amérindiennes d'avant la conquête. D'autres ont leur source dans l'implantation culturelle espagnole et sont liées au culte des saints, ces derniers ayant pris le relais des divinités anciennes (qui se sont réfugiées dans les volcans). De telles pratiques thérapeutiques et symboliques proviennent d'une part de la vulnérabilité physique des individus et de leurs activités productives et d'autre part des rapports sociaux situés à la micro-dimension sociale.

Ainsi, la diarrhée des enfants est-elle souvent attribuée au « mauvais œil », le regard « chaud » de femmes enceintes pour la première fois et dont on ne connaît pas le père de l'enfant qu'elles portent. Or ceci n'a rien d'une explication « physique » du phénomène. Il s'agit au contraire d'une représentation à dimension sociale : le groupe doit connoter négativement la personne qui trouble l'ordre social de la micro-société. C'était une des raisons pour laquelle il était difficile de faire adopter dans des populations rurales l'U.R.O. (unité de réhydratation orale), traitement prôné par l'O.M.S. et cependant facile à appliquer, mais qui se heurtait à un obstacle d'ordre social totalement inconnu des agents médicaux. Là encore, le changement progressif de la société fera tomber en désuétude ce type de représentations. Mais il faut se rappeler que les transformations culturelles suivent un autre rythme que les changements économiques et même que celui de l'apparition des nouvelles formes sociales.

L'introduction au Nicaragua d'une forme capitaliste d'économie agraire, par la culture du café et puis du coton, alla de pair avec une nouvelle structure de classes. Il s'agissait de la deuxième moitié du 19e siècle et du 20e siècle. Le développement de la logique de la marchandise envahit, comme partout ailleurs, le champs des diverses activités collectives. La médecine ne fit pas exception. L'on vit se développer, à côté des anciens guérisseurs et de l'action sanitaire des Églises, une médecine privée, qui transforma le sens de la santé. Celle-ci entrait dans la logique de la marchandise, que l'on peut se procurer si l'on en a les moyens. Au fur et à mesure que ce type de médecine se développa, elle entra dans le processus social de la reproduction des classes issues du système économique et cela sans que les intentions des agents médicaux soient nécessairement en cause.

Mais pour les Églises chrétiennes, catholiques et protestantes, ce phénomène entraîna des conséquences importantes. Une partie de leur action resta directement au service des pauvres, sous forme de dispensaires, mais les principales institutions qu'elles avaient développées, avec le souci d'offrir des services de qualité, se transformèrent rapidement, par la force des choses, en institutions privées au service de ceux qui pouvaient se les offrir. La diminution du personnel religieux aboutit à les mettre entre les mains des médecins, compétents et certainement dévoués à leurs malades, mais pratiquement prisonniers des classes sociales ayant des moyens financiers. Pour beaucoup de raisons, il fut difficile pour les Églises de se détacher de ce genre d'institutions. Or la transformation du sens des services de santé dans la société aurait dû faire poser des questions de fond, qui le plus souvent restent occultées par des arguments pastoraux ou théologiques, il faut le dire, assez douteux.

Avec la révolution sandiniste, la santé fut reconnue comme un droit social et progressivement, tant bien que mal, étant donné les difficultés économiques du pays, les services sanitaires ouverts à tous se sont organisés jusque dans les campagnes les plus éloignées et le service gratuit des hôpitaux a été établi. Mais ce type de vision n'a pas encore pénétré, ni la mentalité générale de la population, qui considère que les médecins privés sont meilleurs, alors que souvent ce sont en fait les mêmes qui en plus d'une pratique dans les hôpitaux publics, exercent aussi en privé, ni celle du personnel médical. Il résulte de cette nouvelle situation que les institutions sanitaires des Églises apparaissent comme le secteur privé, à côté du secteur public et d'une certaine façon en concurrence avec ce dernier.

La situation est donc ambiguë. Pour certains il s'agit d'un système qui est resté lié à l'ancienne philosophie de la santé et il faut reconnaître que les institutions chrétiennes les plus importantes du pays se situent matériellement et idéologiquement dans cette perspective. Par contre, dans d'autres cas, les institutions religieuses se sont efficacement intégrées dans le système régional et national et ont ainsi permis d'accélérer le mouvement vers un service généralisé.

Il ne fait pas de doute que dans des cas de crise, comme dans certains pays d'Afrique, par exemple, l'existence des réseaux d'institutions sanitaires chrétiennes a pu jouer un rôle clé, à des moments de carence totale des services publics. Le sens de l'action médicale est donc dépendant des circonstances et ce que nous voulons montrer, c'est qu'il ne dépend pas seulement de l'intention des acteurs. Cependant ce sens doit être pris en compte, si l'on désire par l'action sanitaire donner un témoignage évangélique.

Nous voudrions donner un dernier exemple, celui des hôpitaux catholiques en Inde. Une étude réalisée en 1979,[7] montra que le réseau hospitalier, impressionnant dans son développement (deux cent vingt-et-un hôpitaux et treize mille huit cent vingt-cinq lits) et dont l'origine remonte au développement des congrégations missionnaires, avait été amené à se conformer à l'évolution de la société indienne, surtout après l'indépendance. Le clivage social se manifestait à travers la structure des prix et, malgré les efforts réalisés pour un certain nombre de lits gratuits ou pour un coût nominal, l'ensemble du système avait dû se plier au dualisme de la société indienne.

Les exigences normales de ce type d'institutions les avaient rendues de plus en plus coûteuses et les avaient fait entrer dans la logique du secteur privé. Or, environ quatre-vingt pour cent de la population indienne ne pouvait avoir accès à cette logique et par conséquent ce n'est pas ce genre d'action sanitaire qui pouvait répondre à ses besoins réels. Quelques congrégations religieuses, surtout

---

[7] F. HOUTART et G. LEMERCINIER, *The catholic hospital system in India*, Shakuntala Publishing House, Bombay, 1979. Voir aussi l'article de Debabar BANERJI, *Class inequalities and inequal access to health services in India*, dans *Social Action*, vol. 39 (juillet-septembre 1989), n° 3 ; volume consacré au thème : *The health system and inequalities*.

féminines, se posèrent des questions face à cette situation. L'une d'entre elles, composée en majeure partie de médecins, décida d'abandonner les grandes institutions et de se concentrer sur la médecine préventive au niveau des villages, estimant que cela répondait mieux à leur vocation de témoignage évangélique. Le courage que demanda une telle décision fut grand, car elle rencontra beaucoup d'incompréhensions.

Les changements sociaux, tout comme les exigences professionnelles et le coût croissant des équipements font donc changer le sens de l'action sanitaire des Églises. Mais seule une réflexion qui rend compte de ces facteurs peut aider à prendre dans ces circonstances des décisions valables.

3. *L'action planifiée dans le développement et le problème soulevé par la diversité des acteurs et des lieux de décision.* — Cette fois, nous abordons une question qui se pose à l'action sanitaire des Églises, non seulement en fonction des changements sociaux, mais aussi en rapport avec leur existence institutionnelle elle-même. Les Églises sont en effet des institutions, terme que nous utiliserons non dans son sens théologique, mais bien dans sa signification sociologique, c'est-à-dire un système social qui se reproduit dans le temps, en fonction de normes et de pratiques d'acteurs. Or, toute institution possède une visibilité sociale, un certain poids par lequel elle influence et est influencée par les autres institutions de la société civile tout comme par celles de la société politique.

L'exemple que nous allons prendre est celui des institutions sanitaires des Églises chrétiennes dans un État qui s'organise pour le développement. Il s'agit du Cameroun, où une recherche a été effectuée dans les années 1970.[8] En 1965, on comptait au Cameroun deux cent trois services de santé gouvernementaux et trois cent cinquante et un dispensaires dépendant des autorités locales. On comptait cent et dix services privés laïques et cent soixante-douze services de santé tenus par l'Église et les missions chrétiennes. Les services de santé chrétiens se répartissaient de la façon suivante : quatre-vingt-huit catholiques et quatre-vingt-quatre protestants de dix groupes différents, dont le plus important était constitué par l'Église presbytérienne du Cameroun, avec vingt-neuf institutions.

L'enquête révéla qu'il existait de grandes différences selon les Églises, dans le mode d'insertion de l'action sanitaire à l'intérieur de la structure ecclésiastique. Ces différents types d'intégration étaient en partie liés aux orientations religieuses qui présidaient au travail sanitaire, mais ils dépendaient surtout de la structure organisationnelle propre à chaque Église ou mission. Les différences d'organisation avaient nettement plus d'importance pour une éventuelle coordination des efforts que les divergences doctrinales.

Un premier problème qui se posait, étant donné l'aspect de plus en plus professionnel de l'action sanitaire, était une certaine contradiction entre la logique de cette dernière et celle de l'action missionnaire. En effet la différence de degré

---

[8] Jos DOOGHE, *Les Églises et la santé au Cameroun*, dans E. DE VRIES et F. HOUTART, *op. cit.*

d'intégration de l'action sanitaire dans les structures de l'Église, influençait le degré d'indépendance dont jouissaient les médecins pour organiser leurs activités. En général les médecins estimaient que cette interférence était trop grande et ne tenait pas assez compte des exigences et des besoins du travail médical. Ils se plaignaient aussi de la subordination de la stratégie médicale à la politique ecclésiale.

Parmi les raisons pratiques invoquées à cette époque par les Églises établies au Cameroun pour garder le contrôle de la stratégie médicale, il faut citer le fait que la plupart des médecins étaient des étrangers qui ne venaient travailler que pour une courte période. Or, la stratégie médicale exige une bonne connaissance de plusieurs facteurs : attitude des gouvernements, nature et besoins de la population, politique ecclésiale et relations avec les autres Églises.

Le deuxième problème était celui de la cohérence du développement sanitaire au niveau du pays lui-même. Une stratégie médicale, qui dépendait de si nombreux responsables ecclésiastiques, avait difficile à s'intégrer dans un plan quinquennal de santé publique. C'est pourquoi les initiatives de coordination et de coopération entre l'action sanitaire des chrétiens et celles du gouvernement, ainsi qu'entre les diverses confessions, n'étaient pas, la plupart du temps, le fait des autorités des Églises. À un niveau purement pratique, elles étaient le résultat d'une collaboration technique entre médecins et infirmières, dans les secteurs locaux où ils travaillaient ensemble. Par contre, la concurrence entre les services médicaux provenait de raisons doctrinales (quand les Églises étaient en compétition) ou politiques (si le gouvernement faisait de même).

En fait, le principal problème était que l'action sanitaire de l'Église au Cameroun fonctionnait comme un service privé et, dans ce contexte, les problèmes de financement et de personnel étaient fondamentaux. La nécessité d'un équilibre du budget de fonctionnement, combinée avec celle de demander des honoraires à une population pauvre, contrastait avec la gratuité des soins médicaux donnés par le gouvernement. Le caractère privé de l'action sanitaire déterminait ainsi dans une large mesure ses possibilités et ses limites. Elle avait aussi des conséquences dans la politique suivie vis-à-vis du personnel. Les infirmières, par exemple, étaient formées dans des écoles attachées aux hôpitaux des différentes confessions. Les programmes étaient différents selon les Églises et n'étaient pas les mêmes que ceux du gouvernement. Leurs salaires étaient beaucoup plus bas que ceux des infirmières du gouvernement, d'où une pression sociale pour obtenir une hausse. Dans cette conjoncture, ou bien l'action sanitaire des Églises chrétiennes risquait de coûter encore plus cher et de devenir une médecine privée réservée aux classes supérieures, ou bien l'exode des infirmières les plus qualifiées vers les services médicaux gouvernementaux risquait de devenir important.

Or, la volonté du gouvernement était clairement d'assumer toute la responsabilité de l'organisation de la santé publique. C'est ainsi qu'il s'était fixé pour tâche le développement d'un réseau complet d'institutions de soins. Comme il n'était pas à même de réaliser ses objectifs et comme l'action sanitaire chrétienne représentait un nombre important d'organisations, la coopération de ces dernières fut recherchée pour atteindre les objectifs du premier plan quinquennal. Dans cette perspective, plusieurs suggestions leur avaient été faites : créer de nouvelles institutions dans les régions sous-développées du point de vue médical, telles que la région Nord ; s'engager dans la médecine préventive et l'éducation sanitaire et, enfin, mettre sur pied un plan de cinq ans en indiquant les investissements projetés dans le domaine médical, de manière à permettre au gouvernement de savoir quelle contribution les Églises pouvaient apporter au plan.

Une série d'obstacles objectifs se présentèrent. Tout d'abord, la situation financière de l'action sanitaire chrétienne rendait difficile un engagement dans la médecine préventive. Ensuite, à cause de l'autonomie des confessions protestantes et de l'autarcie des diocèses catholiques, il était impossible que les Églises concentrent leurs efforts sur une région, particulièrement en dehors de leur propre territoire. Enfin, à cause de leur dépendance de l'étranger pour les fonds d'investissement, les Églises ne pouvaient pas planifier leurs investissements futurs. Les véritables centres de décision non seulement ne se trouvaient pas au Cameroun, mais ils étaient dispersés dans l'ensemble du monde.

L'étude se terminait par les conclusions suivantes, qui mettaient en lumière les contradictions objectives surgissant de la transformation de l'environnement politique des services de santé, du développement de leurs exigences techniques et financières et des exigences nouvelles d'une action socio-sanitaire :

> « La tendance actuelle de l'action médicale des Églises s'oriente vers le type social du service privé. L'extension de la demande et le coût croissant des soins de santé mènent inévitablement vers cette voie. Il est important d'en être conscient afin de réfléchir à la signification que prend l'insertion des Églises dans cette action, tant du point de vue de son efficacité propre que de celui du signe qui veut être donné.
>
> Les Églises et surtout certaines d'entre elles, soit à cause du type de motivation qu'elles proposent, soit à cause de leur organisation, éprouvent des difficultés à entrer dans les perspectives d'une action préventive. C'est évidemment un concept assez nouveau dans l'action sanitaire et traditionnellement les Églises ont travaillé dans les secteurs curatifs. Dans la mesure où la santé est devenue une dimension intégrée au développement, dans cette mesure aussi l'action préventive en devient une pièce maîtresse.
>
> La dispersion des Églises rend très difficile la coordination d'une action non seulement entre elles, mais aussi avec le gouvernement. Les Églises chrétiennes au Cameroun représentent dans le domaine de l'action sanitaire environ un quart des institutions. Elles comptent plus de trente pouvoirs organisateurs différents. Par ailleurs, une partie des décisions importantes pour une éventuelle planification ne sont pas prises dans le pays, mais à Londres, Paris, Bâle ou New York. Dans un domaine qui demande des prévisions à plus long terme que par le passé, une telle situation n'est pas favorable. Les efforts accomplis ces dernières années, et notamment à la suite de cette étude, pour arriver à une meilleure coordination entre les Églises n'ont guère abouti ».

On assistait donc dans ce cas assez typique à une transformation très profonde des conditions mêmes de l'action sanitaire des Églises. Leurs logiques institutionnelles propres entraient en conflit avec les exigences d'une intégration de la santé dans le développement. D'où la nécessité de revoir le problème et de trouver de nouvelles solutions.

4. *L'action sanitaire face aux logiques institutionnelles des Églises.* — Dans le point précédent, nous avons déjà soulevé le problème des logiques institutionnelles. Mais il y a bien des aspects à cette question. En effet, les conflits avec d'autres logiques institutionnelles, comme nous l'avons constaté à propos du Cameroun, peuvent provenir de l'évolution mutuelle des deux champs, santé et religion, dans des circonstances sociales et politiques nouvelles. Mais elles peuvent aussi provenir de la concurrence entre Églises dans un contexte donné ou encore d'une conception ecclésiastique particulière, comme nous allons essayer de l'expliquer au départ de deux autres exemples.

Le premier est choisi dans l'État du Kerala au sud de l'Inde. Cette région possède une proportion importante de chrétiens, plus de 40 %, ce qui est exceptionnel en Inde, mais qui sont répartis en diverses communautés. Il y a non seulement des orthodoxes, des protestants de diverses dénominations et des catholiques, mais comme c'est bien connu, parmi ces derniers, des catholiques de rite latin, des catholiques syriens malabars et des malankars. Or, dans le contexte indien, les grandes institutions de santé sont une source de prestige. Ainsi, le nombre d'hôpitaux des catholiques de rite latin se chiffrait en 1972 à vingt, contre seulement un en 1941 ; ceux organisés par les Syriens malabars, à cent et seize en 1973 contre trois en 1941 et ceux des Malankars à six en 1972, contre deux en 1959. Les dispensaires quant à eux se chiffraient en 1972 à trente-quatre pour les latins, quarante-cinq pour les Malabars et six pour les Malankars.[9]

Sans doute, les besoins de la population ont-ils augmenté durant cette période, l'évolution démographique et sociale y contribuant. Mais il est frappant de constater que les Églises investirent surtout dans les hôpitaux, beaucoup moins dans les dispensaires et presque pas dans l'action préventive. Les fonds d'aide des Églises occidentales y contribuèrent dans une grande mesure. Ce type d'investissement, qui fut massif et considérable sur le plan financier, répondait sans doute à une demande de certains secteurs de la société indienne, surtout ceux qui pouvaient avoir accès à une médecine privée, mais il procédait aussi d'une autre logique, celle d'une compétition entre rites et entre Églises.

Ce n'est pas seulement l'action sanitaire qui était en cause. Le même phénomène était visible dans le domaine éducatif. Quant aux églises et aux cathédrales, elles rivalisaient par la hauteur de leurs tours ou la dimension de leurs nefs, même quand elles étaient voisines. Il y avait donc une autre logique qui commandait les décisions, celle d'une compétition institutionnelle, ce qui à la fois

---

[9] F. HOUTART et G. LEMERCINIER, *Church and Development in Kerala,* T.P.I., Bangalore, 1979, p. 201-205.

sur le plan médical et sur le celui du témoignage évangélique, venait sérieusement brouiller les cartes. Il faut dire que dans plusieurs milieux chrétiens du Kerala, de saines critiques furent émises, tant du point de vue théologique que social et politique.

Le deuxième et dernier exemple nous ramène au Nicaragua. Avant la révolution sandiniste, l'Église occupait dans la société civile nicaraguayenne un espace social considérable. C'est elle qui fournissait de façon presque exclusive le sens de l'univers et de la vie sociale aux masses populaires. Elle était majoritaire dans le domaine de l'enseignement, avec un quasi-monopole au niveau secondaire. Sur le plan de la santé, les diverses Églises chrétiennes occupaient une place très importante. Enfin pour les projets de développement, aucune autre institution ne pouvait les concurrencer, même si les efforts étaient restés modestes.[10]

Avec la révolution sandiniste, l'Église catholique, à laquelle nous nous référons, perd son hégémonie dans l'espace social de la société civile, sans parler de son influence dans la société politique. Non qu'il s'agisse de persécution ou de limites mises à sa liberté d'action. Pas une école, pas un hôpital ou un dispensaire ne sont fermés, au contraire. Leur nombre tend même à augmenter. Mais dans le domaine du sens, il y a concurrence de production pour les milieux populaires, qui découvrent, grâce au Front sandiniste, ce qu'est une conscience politique. Les écoles sont multipliées par dix et l'Église devient minoritaire dans le domaine de l'éducation. Une nouvelle philosophie de la santé est introduite, puisqu'elle est reconnue comme un droit fondamental de toute personne et qu'il appartient à la société de s'organiser pour qu'il en soit ainsi. L'Église perd sa prééminence.

Enfin, c'est le pays entier qui devient « un projet de développement », avec la réforme agraire et de nombreuses autres initiatives sociales. Les projets des Églises y sont les bienvenus, à condition de s'intégrer dans des ensembles régionaux et nationaux. Les O.N.G. prolifèrent, mais les Églises ne sont plus les seules en ce domaine. Il est vrai que ce foisonnement de réalisations est rapidement handicapé par une guerre financée de l'extérieur par les États-Unis et par le boycott et le blocus économique exercés par le même gouvernement.

L'action sanitaire s'inscrit donc dans un ensemble assurant à l'institution ecclésiastique une certaine place dans la société. Le fait que cette société s'organise tout autrement sous l'effet d'une révolution populaire, transforme l'espace social de l'institution. Cette dernière peut réagir de deux façons différentes. Ou bien essayer de récupérer son espace antérieur, parce qu'elle estime que seule une position hégémonique lui permet de remplir sa mission et c'est ce qui se passe au niveau des autorités religieuses au Nicaragua actuel. Ou bien prendre l'initiative d'une nouvelle production de sens religieux sur les origines et les finalités de la vie humaine, en référence avec la situation créée par la révolution. Ce sont donc

---

[10] F. HOUTART, *Transformation de la religion du paysannat et de l'espace social de l'institution religieuse dans un processus de transition : le cas du Nicaragua*, Centre Tricontinental, Louvain-la-Neuve, 1986.

bien des problèmes d'ecclésiologie qui sont en jeu et pas seulement des pratiques médicales.

Dans un cas comme celui du Nicaragua, les institutions d'éducation ou de santé deviennent, au moins pour la majorité d'entre elles, un sérieux obstacle à une nouvelle pensée et à une nouvelle pratique d'évangélisation, parce qu'elles sont soumises à une logique institutionnelle, elle-même fruit d'une certaine manière de concevoir l'Église et sa mission. L'exemple donné par certaines d'entre elles, cependant, comme le collège des jésuites à Managua ou plusieurs institutions de santé dans le pays, prouve qu'il y a moyen de se situer autrement et de repenser une présence chrétienne qui ne s'appuie point sur un pouvoir, mais bien sur un service.

C. *Réflexions finales*

1. *Nouveaux objectifs et nouvelles significations.* — L'action des Églises sur le plan sanitaire, mais également éducatif et social, fut à l'origine motivée par l'évangélisation directe c'est-à-dire par les possibilités d'approcher et de communiquer avec les populations pour leur conversion à la foi chrétienne et, plus tard, pour assurer leur persévérance. Dans de très nombreux cas, un accord fut passé entre les Églises et les pouvoirs administratifs des colonies pour confier aux premières des fonctions sinon exclusives, au moins importantes dans ces domaines. Depuis un certain nombre d'années (depuis l'indépendance pour beaucoup de pays), l'éducation et la santé sont devenus des objectifs collectifs faisant partie intégrante du développement des sociétés. Un nouveau type d'objectif se dessinait et entrait inévitablement en concurrence et même parfois en opposition avec l'objectif défini par les Églises pour leur action. Deux types de conséquences en découlent.

Tout d'abord, sur le plan des rapports entre les Églises et les États, il apparaît clairement que ce sont ces derniers qui définissent les objectifs. Les Églises peuvent continuer leurs actions, à condition de se conformer aux normes de la société. Elles sont acceptées parce qu'on en a besoin dans l'époque actuelle, au même titre que l'on accepte une aide étrangère ou la participation de groupes privés dans le développement économique. Il y a des variations selon les régimes politiques, mais le schéma général est le même. Par conséquent, dans la ligne normale de ce processus, le jour où les États du Tiers Monde se sentent capables d'assumer ces fonctions sans la médiation des Églises, ou bien ils s'en passent, en nationalisant les institutions des Églises ou en permettant leur fonctionnement comme un système privé, ou bien ils entrent en conflit avec les Églises, dans la mesure où les objectifs ou les valeurs transmises ne coïncident pas.

Sur le plan interne du fonctionnement des institutions des Églises, il y a aussi des conséquences importantes. Le prosélytisme n'est plus acceptable, puisqu'il s'agit de services publics. Le public change. Dans certains cas le nombre de non-chrétiens devient prédominant ou tout au moins augmente en proportion importante, parce que la condition du service assuré est qu'il puisse s'ouvrir à tous. Dans d'autres cas les services sont réservés à la population chrétienne principalement, celle-ci soutenant elle-même les institutions. Enfin, dans un nombre grandissant de cas, les nécessités financières forcent les institutions des Églises à fonctionner sur le modèle d'un système privé et donc à rechercher les ressources parmi les éléments plus fortunés de la population, chrétienne ou non, ce qui a des conséquences non seulement sur le public, mais aussi sur la fonction sociale des Églises.

Si le public change, les normes d'engagement du personnel se transforment aussi. Le nombre de laïcs ayant une formation professionnelle augmente. Par ailleurs, la coordination à l'intérieur de chaque Église, mais aussi entre les Églises devient une exigence fort importante, si l'on veut correspondre aux normes de l'efficacité. Il en est de même de l'intégration dans les plans nationaux de développement et donc de la coopération avec les gouvernements. L'aide extérieure prend aussi un nouvel aspect. Elle s'organise au sein des Églises en fonction du développement et plus seulement en fonction de la mission. Mais même dans cette perspective, bien souvent le temps et les moyens manquent pour analyser les situations, afin de savoir s'il s'agit véritablement d'une contribution au développement. C'est le cas surtout lorsque les réseaux d'institutions de santé liés aux Églises fonctionnent comme des systèmes privés.

2. *Difficultés de définir les objectifs nouveaux.* — Face à cette évolution rapide, les Églises ont difficile à redéfinir leurs objectifs. C'est vrai au niveau des actions sanitaires, éducatives et sociales, mais ce l'est également à celui de la mission elle-même. Il existe d'ailleurs une relation mutuelle entre les deux. Le système de valeurs prévalant dans les Églises missionnaires fut historiquement construit sur une dichotomie entre société et Église, entre temporel et spirituel, entre au-delà et temps présent. La brusque transformation des sociétés, où le développement ou le changement des structures sociales devient une valeur centrale exigeant une mobilisation de toutes les forces disponibles, place les Églises devant une redéfinition de leur système de valeurs. Elles peuvent continuer à se penser comme par le passé en tant que religions de salut n'intégrant pas la vision d'un développement humain contemporain et donc vivre en marge de cette perspective. Elles peuvent aussi adopter tout simplement le système de valeurs de la société existante et vivre selon un accommodement non critique. Elles peuvent enfin repenser leurs systèmes de valeurs et ses légitimations, en fonction d'une relecture de la révélation, au départ des situations nouvelles.

Qu'il suffise de citer les controverses actuelles sur le sens de la mission, sur ses relations avec le développement ou la transformation des sociétés, de même que l'élaboration des diverses théologies nouvelles. Ces efforts indiquent qu'il existe une recherche d'un système de légitimation répondant à de nouvelles valeurs. Ce qu'il faut signaler de manière plus explicite ce sont les essais de définitions d'objectifs et de légitimations répondant à de nouvelles valeurs pour les actions concrètes dans le domaine de la santé. Les uns vont dans le sens d'une contribution au développement, arguant du fait que les Églises ont depuis toujours travaillé en faveur de ce dernier. Les autres y voient une nécessité pour que les Églises puissent fournir un environnement solide à la foi des chrétiens. Généralement les arguments tendent à justifier des situations existantes, sans faire une critique des fonctions latentes et sans se baser sur une analyse des situations concrètes. L'appel à la théologie apparaît alors comme une élaboration idéologique plus que comme un discours renouvelé sur la foi.

Alors que se développe une pensée sur l'action spécifique des Églises, pensée critique vis-à-vis des sociétés, au départ d'une vision eschatologique et historique et en même temps, et de plus en plus, basée sur une analyse sociale, les orientations concernant les actions concrètes dont nous avons parlé semblent l'ignorer. Bien rarement un lien est établi entre les deux. Alors même qu'une pensée critique se développe par exemple en Amérique latine vis-à-vis d'une société asymétrique, le système sanitaire catholique continue à constituer à peu près partout un des éléments de cette dualité sociale. Il en est de même, mais considérablement plus encore, dans le domaine de l'enseignement.

Quand l'aide des Églises des pays riches vient renforcer l'action institutionnelle des Églises du Tiers Monde, elle risque donc de se trouver elle aussi en contradiction avec les véritables objectifs d'une action spécifique des Églises, c'est-à-dire l'influence du système des valeurs. Certes, il ne s'agit nullement de remettre en question la validité d'un engagement des chrétiens en tant que groupe dans le domaine de la santé, ni même de prôner l'abstentionnisme institutionnel. Il s'agit seulement d'assurer les bases d'une cohérence entre les objectifs et les pratiques, en reposant constamment la question du sens. Or ce dernier ne peut être découvert qu'au sein des totalités, c'est-à-dire de l'ensemble des conditions sociales dans lesquelles s'inscrit une action particulière, en l'occurrence l'action médicale des Églises dans le Tiers Monde.

À son tour cette découverte est conditionnée par deux facteurs principaux. Le premier est la connaissance des réalités sociales et donc aussi leur analyse. Le second est la capacité de repenser théologiquement les objectifs et les pratiques des Églises chrétiennes, en fonction de ces réalités. Tout cela peut apparaître bien éloigné des soins aux malades, alors qu'en fait il s'agit bien de ne pas dévier de leur efficacité, d'une part, et de l'option évangélique pour les pauvres, de l'autre.

MICHAËL SINGLETON

DU SALUT À LA SANTÉ
DEMANDES AFRICAINES ET OFFRES D'ÉGLISES

A. *Un exorde où les parties sinon le tout deviennent moins claires*

Un ethnocentrisme inconscient guette ceux-là mêmes qui sont censés par vocation le combattre. En effet, l'ethnologue part à la rencontre du peuple qu'il a choisi, avec des grilles d'analyses et surtout des découpages de matières acquis au cours d'une formation qui aura été, par la force de l'histoire contemporaine, largement occidentale ou occidentalisée. Sur le terrain, il cueillera ses données par une observation participante dont le caractère inéluctablement partiel et partial n'a été paradoxalement saisi que de nos jours.[1] À son retour, il élaborera ses *data* jusqu'à ce qu'ils prennent la forme de faits, il les travaillera jusqu'à ce qu'ils deviennent des faits grâce à des jugements qui épistémologiquement ne peuvent que s'enraciner dans les préjugés d'un imaginaire propre à sa culture d'origine. Cela donne lieu typiquement à la monographie classique, qui part du matériel pour aboutir au mystico-métaphysique en passant par la morale : aux préambules sur le milieu naturel et les modes de production succèdent les chapitres principaux consacrés aux systèmes de parenté et aux structures politiques, l'ensemble étant clôturé, coiffé même, par des considérations cosmologiques.

Or, là où d'autres cultures découpent la toile de la vie (phénoménologiquement continue bien que toujours changeante) dans des pans qui ressemblent grosso modo aux cloisons établies par l'Occident, il n'est pas dit qu'elles les aborderaient ou les hiérarchiseraient de la même façon. Si l'anthropologie avait connu le jour en Inde, par exemple, il se pourrait très bien que les monographies auraient commencé d'office ou d'instinct (ce qui sociologiquement revient au même) par le sacré pour ne descendre vers le profane qu'en fin de parcours.[2] Mais surtout il est loin d'être sûr que toutes les cultures distinguent les mêmes sous-systèmes, que par exemple toutes en gros reconnaissent une distinction entre l'économique et le politique ou que toutes distinguent plus ou moins clairement entre le bien-être humain, la santé animale et la salubrité environnementale. Pour ne parler que des deux domaines où, par la force du destin, nous nous sommes quelque peu spécialisé : l'islam ne

---

[1] Pour une synthèse critique de la tendance à réduire le message de l'anthropologie à ses moyens d'expression, cfr l'article de J. SPENCER, *Anthropology as a kind of writing*, dans *Man*, 24, 1, 1989, p. 145-164.

[2] J'ai dans mes archives un texte ronéotypé d'un brave instituteur malien qui, retraité, s'est mis à écrire l'histoire de son peuple : il la démarre en pleine cosmologie.

sépare pas Église et État, et la cosmologie de l'Afrique ancestrale, n'ayant pas de mot pour « religion », peut tout aussi bien être dite sacrée que profane.[3]

Néanmoins, même si une formation philosophique vous empêche de tirer immédiatement toutes les conséquences d'une sociologie de la connaissance, on ne peut pas être formé à l'anthropologie sans subir une certaine relativisation de ses propres catégories. C'est ainsi que je suis parti pour la première fois professionnellement sur le terrain en Tanzanie, en 1969, persuadé par exemple que dans des contextes particuliers, la polygamie pouvait être vécue tout aussi moralement que la monogamie et que la grande famille pouvait avoir, dans l'Afrique profonde, des fonctions politiques légitimes que la famille nucléaire n'avait plus dans notre civilisation contemporaine. Mais, par contre, je ne m'étais pas rendu compte que la distinction entre famille et politique, loin d'être naturelle, était en grande partie construite par ma propre culture en fonction des différents projets qu'elle avait parcourus au cours de son histoire. Mes Wakonongo, ayant poursuivi pendant cette même période d'autres projets et ayant connu une histoire tout aussi unique, avaient délimité, dans la sphère des activités humaines, des champs que mes définitions de la famille et de la politique ne couvraient que très imparfaitement. Néanmoins, la force de ma propre programmation m'obligeait à couler mes observations dans ces deux moules de fabrication occidentale.

Cette même équivoque ethnocentrique frappa mes annotations à l'égard du champ que ma culture m'avait conditionné à considérer comme proprement médical. Intéressé surtout par ce qu'un passé théologique m'avait fait croire être la problématique de la religiosité primitive, ce n'est qu'à l'occasion que je prenais note de la « médecine traditionnelle ». C'est ainsi qu'ayant été sollicité en 1972 dès mon retour de la Tanzanie, pour faire une communication à un colloque sur la médecine africaine, ma première réaction fut de refuser. Je n'étais pas médecin et je ne m'étais pas particulièrement préoccupé de ramasser du matériel dans le domaine ethno-médical. Puis je m'étais dit « Après tout, pourquoi laisserais-je aux professionnels le monopole du discours sur la santé ? ». J'ai donc retiré de mes carnets tout ce qui me paraissait avoir un lien direct avec la médecine au sens strict du terme... c'est-à-dire, en fait et avec le recul critique, au sens tout à fait restrictif du terme.

L'article terminé et publié,[4] je m'étais dit : pour finir c'est bien qu'on m'ait offert cette occasion d'exploiter des données tout à fait périphériques à mes préoccupations principales, car autrement je n'aurais jamais travaillé un matériel

---

[3] Nous avons montré ailleurs que le symbole suprême parfois associé au phénomène du culte des ancêtres n'avait rien à faire avec le Dieu du monothéisme militant dans toute sa splendeur judéo-chrétienne ; dans un texte récent, nous sommes revenus sur cette « absence » de religiosité primitive (signe de la présence d'autre chose autrement plus significative). Cfr *Ancestors, Adolescents and the Absolute : an exercise in contextualisation*, dans *Pro Mundi Vita*, n° 68, 1977 et *Popular Religion in Africa : the People and their « religion » in Africa*, dans *Pro Mundi Vita*, n° 6, 1988, p. 29-36.

[4] *Medicine men and the medical missionary*, dans *Cultures et développement*, VII, I, 1975, p. 33-52.

cueilli par hasard. C'était au début des années 1970. Dans la décennie qui suivit, j'ai publié pas mal de choses sur des problématiques africaines, entre autres : la possession par les esprits, les faiseurs de pluie, la gestion de la faune sauvage, la sorcellerie, le culte des ancêtres, les nouveaux mouvements religieux... Tout cela représentait un ensemble de thèmes que non seulement je voyais comme hétérogène, mais que je croyais avoir peu à faire avec la médecine en bonne et due forme. Puis, venant à rassembler quelques-uns de ces écrits en 1982 pour mes étudiants à l'Institut des sciences de l'environnement de Dakar, tout d'un coup il m'est apparu qu'au contraire, tout cela avait énormément et essentiellement affaire avec la santé au sens le plus large, mais aussi le plus profond du terme. Tout ethnologue que je suis, j'avais été pendant des années la victime inconsciente de l'impérialisme « catégorique » de ma propre culture.

Mon sentiment naissant que faire de l'ethnographie en Afrique c'est faire l'ethnologie d'une philosophie et d'une pratique de la santé fut renforcé après coup par certaines lectures, entre autres celle de M. Douglas qui écrit des Lele du Kasai : « the idiom of medicine so dominated (their) religious forms that it was hard to distinguish two separate spheres of action ».[5] Mais c'est surtout la leçon magistrale que m'avait donnée un grand guérisseur tanzanien qui m'a fait comprendre toute la distance qu'il peut y avoir entre *health* (santé) et *wholesomeness* (salut).

B. *« Nataka uzima ». Une demande africaine qui englobe et transforme la santé*

Vers la fin de mon premier séjour en Tanzanie, il m'a été donné de rencontrer l'espace d'un après-midi, à Mabama près de Tabora, un certain Rashidi Nyumbani, un personnage impressionnant et qui m'a fort impressionné. Il avait créé au milieu de la brousse, en domestiquant les forces qui y régnaient, un village hospitalier. Les gens y accouraient de tous les coins de l'Afrique de l'Est pour se ressourcer auprès de lui. Lors d'une longue conversation, il nous expliqua comment, dans sa jeunesse, il avait été enlevé et emmené à travers une étendue d'eau pour résider un certain temps dans une case où, un jour, il entendit une voix céleste lui demander ce qu'il voulait. Rashidi répondit « *nataka uzima* », ce qui veut dire, si on prend un dictionnaire swahili-français : « Je voudrais la santé » et donc, pour les francophones occidentaux que nous sommes : « Je voudrais être en bonne forme physique, que je n'aie pas affaire avec le secteur médical, que je n'aie besoin ni de médecins ni d'hôpitaux ». Car pour nous la santé à proprement parler est un problème d'ordre bio-médical. Si on nous pousse à réfléchir au-delà de ces réactions spontanées (et donc les plus significatives des représentations collectives en cours chez nous), nous serions peut-être prêts à envisager un sens figuré et donc plus faible, où notre état de santé relèverait en partie d'un sentiment subjectif de

---

[5] *The Lele of the Kasai,* London, IAI, 1963, p. 204.

bien-être global, et même que cet état d'âme dépende partiellement de facteurs sociaux. Mais si nous sommes « vraiment » malades, si nous souffrons d'une « vraie » maladie, c'est-à-dire si une partie de notre corps, sans qu'elle l'ait cherché, s'est fait agresser par une entité pathogène (virus, microbe ou autre chose du même genre exogène et hostile), alors nous faisons appel au médecin pour qu'il écrase et élimine l'ennemi, nous rendant ainsi à notre état de santé primordial.[6]

Notre définition de la santé, que nous estimons scientifiquement réaliste et nullement restrictive, nous fait penser que Rashidi voulait en fait devenir médecin. Nous serions même prêts à le considérer comme un médecin avant la lettre, comme un médecin malgré lui. Car d'un côté, en dépit des aspects folkloriques, ritualistes et irraisonnables de sa pratique, il se pourrait, pensons-nous, qu'il soit foncièrement sur le bon chemin de la médecine scientifique. De l'autre, il n'est pas impossible qu'à son insu il ait mis le doigt sur certains remèdes réellement efficaces à cause de leurs principes biochimiquement actifs. Certains seraient même enclins à penser que la médecine moderne pourrait apprendre de ce genre de tradi-praticien[7] à tenir compte d'éventuels impacts de facteurs psychiques sur le somatique (ulcères d'estomac dus au stress) et même parfois d'une certaine influence du milieu humain sur la santé (les maladies du travail). C'est ce noyau qui, anticipant sur la médecine scientifique, fera que la médecine traditionnelle serait relativement, mais marginalement, efficace.

Mais Rashidi et les siens n'étaient pas, même pas en puissance, des francophones occidentaux ou occidentalisés. Ils étaient à cent pour cent ou presque des Tanzaniens du cru. En désirant l'*uzima*, qu'est-ce que notre *mganga* pouvait bien vouloir ? Il voulait tout ce qu'il fallait pour être bien en vie... et donc que les pluies soient régulières, que le gibier abonde, que le maïs produise énormément d'épis, que le troupeau prolifère, que ses femmes enfantent régulièrement et vivent en harmonie, qu'elles ne soient pas possédées par des esprits, que sa communauté l'estime de son vivant et l'honore comme ancêtre, qu'il soit plus fort que les sorciers qui ne manqueraient pas de lui en vouloir à cause de son bonheur, d'envier non seulement son bien-être mais surtout son être bien... en un mot son *uzima*.

Or, non seulement Rashidi voulait tout ça, mais il l'avait déjà en grande partie obtenu.[8] C'est précisément pour cela qu'il s'appelait *mganga* (que nous croyons

---

[6] Nous ne saurions que trop recommander le livre de F. LAPLANTINE, *Anthropologie de la maladie* (Paris, Payot, 1986) pour une analyse des imaginaires médicaux contrastés.

[7] Un terme préconisé par l'O.M.S., mais dont l'équivoque ethnocentrique ne peut être enlevée que si on accepte que le médecin moderne est aussi un tradi-praticien, dans la mesure où sa médecine n'est pas Une Prétendue Médecine En Soi, mais tout simplement une ethno-médecine parmi d'autres, la médecine de l'ethnie occidentale.

[8] Lors d'un colloque en décembre 1985 à l'U.L.B. sur les médecines parallèles, le délégué de l'O.M.S. croyant me coincer souleva la question de l'efficacité de la médecine traditionnelle. Mais il était clair qu'il restreignait la notion d'efficacité aux effets sur le seul corps physique, tandis que la médecine « traditionnelle » ne travaille sur le corps physique qu'à partir du corps social et à ce niveau son efficacité est non seulement réelle mais irremplaçable. La sève blanche que le *mganga* de mon village en Tanzanie administrait par incision dans les seins des jeunes mamans en panne sèche n'était sans doute pas dotée d'un agent biochimiquement lactogène... il n'empêche que les

pouvoir traduire en bien par « docteur », en mal par « charlatan » et en restant neutre par « guérisseur » ou en voulant être scientifique par « tradi-praticien », ce qui n'empêche aucune de ces traductions de s'approcher du « tout » spécifique représenté par le *mganga*). C'est pour cela aussi qu'on l'appelait *mganga*, car c'est grâce à son *uganga* que, *deo volente*, il a obtenu son *uzima*. *Uganga* : encore un terme ethnocentriquement intraduisible ; nous le rendons par « remèdes » si nous sommes sympathiques à la médecine traditionnelle et par « gris-gris » si nous n'y voyons en fin de compte que des supercheries superstitieuses… pour nous induire en erreur tant dans l'un que dans l'autre cas. Car, convaincus que distinguer représente toujours un pas en avant, nous sommes incapables de comprendre que certaines distinctions et divisions du travail peuvent être, comme un certain pont, de trop. On pourrait objecter que le caractère oral de la civilisation bantoue donne à l'observateur superficiel l'illusion d'une univocité là où les gens, selon des contextes vécus dans leur irréductibilité successive, savent très bien que *mganga* signifie tantôt herboriste et tantôt prêtre, tantôt faiseur de pluie et tantôt psychothérapeute… Mais les Wakonongo ayant un vocabulaire extrêmement riche et précis dans des domaines tels que la forêt ou l'anatomie, le fait qu'ils n'aient qu'un seul mot, *mganga,* là où nous en avons une multiplicité incompressible (médecin, psychologue, prêtre) montre qu'il s'agit d'un choix de société profond.

Il ne nous viendrait jamais à l'esprit, puisque nous avons une notion préalable limitée de la maladie et donc de la santé, de faire appel à un médecin quand notre chien tombe malade, quand notre potager ne produit plus, quand notre mariage est menacé, quand notre patron nous en veut, quand un sentiment de culpabilité nous envahit ; pour régler tous ces problèmes bien distincts nous avons recours à des spécialistes aux territoires bien délimités : aux vétérinaires, aux agronomes, aux psychologues, aux syndicalistes, aux prêtres. En Afrique ce ne sont que des aspects d'une même problématique (l'*uzima*) et tous peuvent être résolus par la même personne, le *mganga*. Herboriste et exorciste, docteur et devin, assistant social et psychothérapeute de groupe, vieux sage et prêtre païen, respecté et respectable, responsable du milieu tant naturel qu'humain, le *mganga* est tout ça, fait tout ça et plus, mais indistinctement, ce qui change tout.

C'est tout cela que Rashidi demandait et offrait en même temps à ses clients. C'est tout cela que nous pouvons inclure par décision définitionnelle dans le terme « salut ». C'est ce salut qui est demandé, non seulement par Rashidi, mais par pas mal d'autres Africains, qu'ils soient en brousse ou en ville, qu'ils soient stéréotypés comme traditionalistes ou modernisants.

Un cas du Nigéria nous montre qu'il ne s'agit pas uniquement d'une demande faite à partir d'un lieu paysan, passéiste, mais qu'elle peut surgir aussi dans un milieu urbain contemporain. Adeyemi, un leader typique de la grande banlieue de

---

mamans se sentant prises en charge par une communauté compatissante se décongestionnaient et leur lait montait en conséquence.

Lagos « *was known for his ability to deal with the whole individual* ».[9] Sur une période de dix semaines où il s'occupa de soixante-huit cas conséquents, allant des conflits entre voisins aux démarches auprès des hautes autorités administratives en passant par des questions foncières, ce brave homme consacra vingt jours à des activités thérapeutiques : recherche de médicaments et sacrifice rituel.

Prenons un dernier cas au Zaïre, dans un contexte « transitionnel ». Au cœur du mouvement (charismatique avant la lettre) du *Jamaa* se trouve non pas la notion de *nguvu*, chère à une certaine (pseudo)philosophie bantoue, mais le désir de *uzima,* qui est classé « avec deux autres principes : *uzazi* (fécondité/filiation) et *umoja/mapendo* (unité, amour) ».[10] C'est le salut, beaucoup plus que la santé, que les gens d'un certain milieu cherchaient et trouvaient en se joignant au mouvement *Jamaa,* tant contesté et critiqué par les autorités ecclésiastiques, en partie parce qu'il confondait tout, le sacré et le profane, le prêtre et le laïc.[11]

Nous constatons en sociologue, nous ne critiquons pas en prophète. De notre point de vue socio-logique, les Églises ont leurs raisons légitimes de critiquer et même de sévir contre la demande des sectes… tout juste comme celles-ci n'ont pas tort de questionner et même de condamner l'offre de celles-là. Socio-logiquement, une Église vu l'idéologie qu'elle s'est faite et la place que la société lui fait, est souvent moins bien placée qu'une secte pour offrir le salut qui est recherché par une partie de ses fidèles (pour ne pas parler de ceux qu'elle cherche à fidéliser). C'est ce qui ressort de nos études sur les nouveaux mouvements religieux en Afrique.[12] C'est ce qui ressort d'une (re)lecture des évangiles : ceux qui ont fréquenté le phénomène des sectes, que ce soit en général ou en Afrique, de loin dans l'histoire ou de près sur le terrain, ne peuvent que se sentir chez eux dans le

---

[9] S.T. BARNES, *Patrons and Power : creating a political community in metropolitan Lagos,* Manchester, MUP, 1986, p. 79-93.

[10] J. FABIAN, *Philosophie Bantoue. Placide Tempels et son œuvre vus dans une perspective historique,* dans *Études Africaines du CRISP,* T.A., n° 108-109, 12 juin 1970, p. 22. Dans une lettre du 15 septembre 1989, l'éminent ethnolinguiste F. Rodegem me renvoie à deux sources convergentes concernant l'étymologie du mot swahili *uzima :* « en bantu commun, A.E. Meeussen, *Bantu lexical reconstructions,* MRAC, Archives d'Anthropologie, n° 27, 1980, p. 7 donne *–gima : whole, healthy ;* en rundi, *–zima :* vivant, bien portant, en bon état, intègre, entier, normal – F. Rodegem, *Dictionnaire rundi-français,* Tervuren, MRAC, Annales, n° 69, 1970, p. 576 – j'ajoute : sans souillure morale ; intact, inchangé, complet ; réfléchi, sérieux, sage ; *ubuzima* (classe 14) : vie, état de santé, santé, moyen de subsistance, soutien, embonpoint ».

[11] Cfr W. DE CRAEMER, *The Jamaa and the Church : a Bantu Catholic Movement in Zaïre,* Oxford, OUP, 1977 ; surtout le chapitre VIII, *Reactions of the Institutional Church to the Jamaa.* C'est ce même salut qu'on attendait traditionnellement du chef « politique ». « À peine un chef mort qu'on lui désigne un successeur mais des années peuvent passer sans qu'on l'intronise. C'est lors d'un manque prolongé de gibier et surtout quand la maladie menace qu'on l'intronise. « N'est-ce pas là avant tout le rôle du chef couronné : plus de maladies, plus de mort ? » » dit l'interlocuteur indigène à l'auteur, R.P. MERTENS, *Les chefs couronnés chez les Bakongo orientaux,* Bruxelles, Hayez, 1941, p. 47.

[12] *Explorations in Ecumenical Topography,* dans *Pro Mundi Vita, African dossier,* n° 10, 1979, p. 1-51.

Nouveau-Testament : chasse aux esprits, phénomènes charismatiques, rejet des valeurs bourgeoises en cours (famille, propriété, etc.) et une vision et des visées globalisantes, justifiées par un appel à un symbole transcendant à haute résonance apocalyptique. Et surtout une conception du salut qui englobe la santé. Là où une Église est obligée par la force des choses socio-logiques de s'occuper prioritairement de la gestion d'églises, de se préoccuper de la communication magistérielle et de privilégier la vie sacramentale relevant directement d'une spécialisation dans le sacré (l'eucharistie, la prêtrise), une secte, par la force d'autres choses socio-logiques est tout aussi contrainte d'accentuer la spiritualité subjective, l'inspiration individuelle, l'oralité opérative : expulsion des démons, guérison des malades. Je connais en Afrique très peu de nouveaux mouvements religieux qui se soient souciés au départ du sacrifice de la messe et du sacerdoce. Par contre, exactement comme dans le Nouveau-Testament et pour les mêmes raisons socio-logiques, j'en connais énormément qui chassent les esprits et guérissent les malades.

C'est au Nigéria, le pays des mille et une sectes et églises, que cette divergence entre offre et demande nous est apparue le plus clairement.

C. *Quand l'offre ne rencontre pas la demande*

Quand l'offre ne rencontre pas la demande... on peut soupçonner qu'une divergence (culturelle) en cache une autre, autrement plus sérieuse puisque d'ordre socio-logique celle-là. Lors d'une enquête effectuée en 1973[13] pour la hiérarchie catholique nigériane parmi les populations du sud-ouest du pays (Yoruba surtout), un écart est apparu entre ce que les autorités ecclésiastiques offraient aux fidèles et ce qu'une partie significative de ceux-ci souhaitaient. Le haut clergé indigène envisageait précautionneusement une éventuelle africanisation des aspects accidentels des structures sacramentaires de l'Église catholique, s'ouvrait timidement au dialogue œcuménique et se demandait comment insérer le meilleur des laïcs dans la gestion des institutions non proprement cléricales. Les préoccupations du petit peuple de Dieu étaient ailleurs et, parmi leurs préoccupations majeures, figurait le salut au sens où nous l'avons défini. Formulé d'une façon générale, ils voulaient savoir comment réussir leur vie et éviter l'échec. Concrètement et sous forme de cas limite négatif, cela voulait dire comment échapper au malheur, à la maladie et à la mort.

Lors d'un retour au Nigéria en 1975, j'ai feuilleté un tas de vieux journaux. À lire les annonces nécrologiques, on se rend compte qu'une des demandes majeures des fidèles est le moyen de rendre compte de la mort : je cite des phrases tirées des quelques notices nécrologiques que j'ai découpées et qui figuraient en dessous du nom et parfois de la photo du défunt.

---

[13] *Let my People go...*, Bruxelles, Pro Mundi Vita, 1974.

« Les méchants ont fait le pire, mais Dieu les jugera ».

« Nous pleurons votre départ… si votre mort inopinée a été manigancée par des hommes, nous confions leur sort à Dieu ».

« Ta mort m'apprend beaucoup sur les gens – je voudrais que tu puisses revenir ne serait-ce que pour constater à quel point des gens sont ingrats, méchants et dangereux… je prie le Seigneur pour qu'Il les 'conscientise' ».

« Elle n'a jamais été mariée, n'a jamais eu d'enfant ni n'en a jamais adopté… que son âme reste en paix ».

« Votre mort inopinée est encore un mystère, mais nous nous consolons à la pensée qu'elle fut paisible ».

« Cela fait dix ans à ce jour que contre votre gré vous nous avez été enlevé par les méchants, vous empêchant de récolter ce que vous avez semé ».

« Nous espérons fermement que vous êtes là maintenant où la jalousie, l'envie, l'intrigue, des insinuations injustifiées et la persécution ne peuvent plus vous faire du mal ».

« Souvenez-vous de Madame X, morte il y a un an sans qu'un membre de sa famille ait pu lui dire adieu ou essuyer les dernières gouttes de sueur de son front… Dieu est mystérieux… peut-être aviez-vous trop aimé ceux qui vous haïssaient… votre robe nuptiale maculée de votre sang était belle aux yeux des innocents, mais restera pour toujours un signe de honte et de culpabilité pour ceux qui ont provoqué votre mort inopinée ».

Dix pour cent des sept cent cinquante laïcs interrogés lors de notre enquête ont répondu affirmativement à la question : « Est-ce que vous ou quelqu'un des vôtres est tombé malade – et même serait mort – à cause des sorciers l'année passée ? ». Ce qui fait que, dans une paroisse moyenne de deux mille cinq cents âmes, deux cent cinquante auraient un besoin urgent d'assistance dans la lutte contre la sorcellerie, la force par excellence qui contrecarre l'*uzima*. Et si une autre question révéla que plus de la moitié des paroissiens pensent que le prêtre a le pouvoir de régler le compte des sorciers, seulement deux et demi pour cent faisaient annuellement appel au sacrement des malades. Quatre-vingt-dix pour cent répondaient « oui » à la question : « Est-ce que vous pensez que les catholiques aimeraient que le prêtre puisse bénir ceux qui ont eu affaire à des sorciers ? ».

À la fin de ce bref inventaire de terrain, le phénomène d'une demande, produite par certaines conditions sociologiques et qu'on peut définir comme une demande pour un certain type de salut, s'impose ainsi que l'impossibilité (socio-logique) pour un certain genre d'Église de la satisfaire. Se pose par conséquent pour cette Église le problème des limites de son offre.

D. *Entre le laisser-faire et le vouloir-tout-faire, que faire ?*

Dans le monde des affaires, quand il y a un écart significatif entre demande et offre, plusieurs stratégies se présentent pour surmonter l'obstacle. D'un côté, on peut adapter son produit à la demande. De l'autre, au lieu de travailler sur l'offre, on peut essayer de transformer la demande. À la limite, on peut même détruire cette dernière pour y substituer une autre plus conforme à ce qui est offert. Enfin, il est loisible d'accepter, avec des états d'âme qui peuvent aller du désespoir à la sérénité, en passant par la résignation réaliste, qu'on ne peut pas faire grand chose pour rapprocher la demande et l'offre. Puisqu'on ne peut pas changer son produit sans le dénaturer, mieux vaut renoncer à la prétention de satisfaire à n'importe quelle demande, même légitime.

L'Église missionnaire et militante a oscillé et oscille encore entre ces pôles. Quand elle se trouvait du côté des dominants, elle a non seulement offert, mais tout simplement imposé sa marchandise, sans même se soucier de susciter une demande, supposant soit que son offre, émanant de Dieu, n'était pas à laisser ou à prendre, soit que métaphysiquement (*cor inquietum*) la demande y était au moins implicitement. Quand elle se trouvait en position de faiblesse, elle pensait pouvoir s'adapter à la demande tout en sachant qu'elle ne pouvait adapter que des aspects accidentels, puisque l'essentiel de son offre, étant d'ordre divin, était non négociable... des prêtres africains disant la messe dans leur langue maternelle, oui, mais des prêtresses, jamais.

La seule stratégie que l'Église, que les Églises n'ont jamais su pratiquer est celle qui consisterait à accepter que leur offre a des limites. Et pourtant socio-logiquement c'est la seule stratégie fiable. Faire en sorte que tout le monde se situe par rapport à Jésus est une chose (et une chose qui pourrait à la limite donner lieu à un mi-lieu qu'on pourrait au sens large appeler « ecclésial ») ; (re)mettre tout le monde dans le même lieu ecclésiastique en est une autre... non seulement u-topique, mais sociologiquement parlant tout simplement a-topique, un pur non-lieu.

En énonçant ce principe socio-logique nous n'avions aucune Église concrète en tête. Le principe régit Une Église-modèle-type, construite pour les besoins de l'analyse socio-logique. Mais si maintenant nous descendons au niveau existentiel, où les réalités concrètes dépassent (certaines plus que d'autres) nos grilles d'analyses, nous pouvons envisager le cas de ce que l'Église catholique romaine contemporaine offre à l'Afrique et ce qu'une partie de cette dernière demande. L'offre de cette Église est conditionnée en partie par l'histoire récente de la civilisation occidentale, en particulier par l'imaginaire qui régit et institue le médical, ainsi que par l'institutionnalisation de la santé qui en découle. Cette Église n'est pas arrivée sur le continent noir avec le seul message évangélique, indemne de toute influence des logiques et des lieux qui ont jalonné l'histoire occidentale. Elle n'a pas rencontré des peuples vierges de tout milieu et mentalité propres.

(Pré)supposer une convergence de fond (le même désir de et la même distinction entre salut et santé) est la dernière chose à faire, la toute première est de dresser l'inventaire de son propre lieu actuel, pondérer les lieux par où on est passé, articuler les lieux vers lesquels on se dirige, pour ensuite (re)connaître les lieux de ceux à qui on a affaire. Ayant fait cet exercice, les limites des convergences entre offres et demandes actuellement en cours deviendront

transparentes. Un pieu rond passe mal dans un trou carré. Ce n'est socio-
logiquement pas par hasard si l'Église n'a jamais rencontré beaucoup de succès
auprès des pasteurs ou des pygmées. De même, la distinction qu'elle opère entre
salut et santé ainsi que les divisions du travail qui s'ensuivent ne peuvent être bien
perçues et reçues convenablement que par des (sous)cultures ayant opéré ou
pouvant opérer sensiblement les mêmes idées et institutions.

Donc, tout discours d'adaptation et d'adoption doit partir d'un réalisme
sociologique. L'Église catholique romaine ne peut qu'offrir sa conception de la
médecine à l'Afrique et il y a des limites socio-logiques aux modifications qu'elle
peut apporter à cette offre dans l'immédiat, vu les contraintes conceptuelles et
organisationnelles qui sont à l'origine même de cette offre. La demande africaine
(ou mieux la demande de certains Africains) passe à côté de ce que cette Église
offre. Plutôt que de vouloir à tout prix satisfaire à cette demande en restructurant
son offre (ce qui de toute façon ne ferait qu'aliéner ceux qui se sont déjà contentés
d'elle) ne serait-il pas plus plausible et performant pour l'Église catholique
romaine dans l'immédiat d'améliorer tout simplement à la fois qualitativement et
quantitativement la philosophie et pratique médicale sociologiquement à sa
portée ? Cette amélioration passe dans un premier temps par la reconnaissance et
le respect des lieux et des logiques d'autrui, mais peut dans un deuxième temps
aboutir grâce à un cheminement collégial et convivial à un rapprochement
transformateur des offres et demandes en lice.

Accepter qu'il puisse y avoir des individus et des institutions mieux placés
actuellement que soi-même pour satisfaire à la demande africaine n'est pas facile,
ni psychologiquement ni philosophiquement. Pourtant, sociologiquement, il ne
s'agit que du bon sens le plus élémentaire. Pour une Église, renoncer à sa
Catholicité peut même paraître dé-missionnaire. Et poutant Jésus n'avait-il pas
reconnu de son vivant que le salut qu'il apportait pouvait passer par des filières
parallèles ?

GERRIE TER HAAR

HEALING AS LIBERATION
THE CONCEPT OF HEALING ACCORDING TO ARCHBISHOP MILINGO

In the study of Churches and healing in the so-called Third World, the case of Emmanuel Milingo, former Catholic archbishop of Lusaka, provides us with an excellent example of the potential of healing. In the 1970s Archbishop Milingo became widely known as a healer who especially gained a reputation for his successful treatment of spirit possession but whose healing ministry was strongly opposed by the Catholic Church. Few other issues have shaken the Roman Church in recent years so much. Few questions have been debated so passionately as the controversy caused by Archbishop Milingo's healing ministry.[1]

The obvious question is to ask what precisely gives the subject its controversial character. My proposition will be that the answer has to be sought in the aspect of *liberation* which is so central to Milingo's view of healing. We know from the history of the Church that whenever liberation is at stake the Church feels nervous. For where liberation is needed there must be oppression, and no church is deaf to the implied accusation that, as a body, it has failed in its highest task: liberation through Christ. Milingo's healing ministry exposed this failure clearly within the Catholic Church in Africa, in a way which in its effects is similar to the effect of liberation theology in Latin America. In both cases liberation and emancipation go hand in hand, and spiritual freedom becomes the basis for the struggle to be freed from all material oppression, including domination by a Western-biased Church. The radical way in which Milingo shaped these ideas through the concept of healing undermined the role of the Church in Africa to such an extent that he was removed from his see and relegated to Rome under the watchful eye of the Vatican.[2]

---

[1] For a more detailed discussion of the controversy, see G. ter HAAR, *Religion and Healing: the Case of Milingo,* in *Social Compass,* 34, 4, 1987, p. 475-493.

[2] In April 1982 Milingo was summoned to Rome after a papal investigation had taken place, the results of which have never been disclosed. In August 1983 he resigned from his see and accepted a post in the Vatican as a special delegate to the Pontifical Commission for Migration and Tourism. At the same time, however, he was allowed to continue his pastoral work with the sick in Rome.

A. *The spiritual roots of healing*

In order to understand the full meaning of Milingo's healing ministry it is important to consider it in its proper context. Milingo had become archbishop of the capital see of Lusaka while a young and dynamic priest deeply involved with working for the poor and deprived. Zambia had only been independent for a few years. The capital, Lusaka, faced all the problems of a fast growing city forced to modernize rapidly. There were, for example, no health services in the slums and townships of Lusaka, and Milingo therefore set up his own Zambia Helpers Society to provide such services to the poor.[3] At the same time he was known for his spiritual talks on the radio where he provided the public with moral lessons derived from the Bible and related to their day-to-day lives. This dual attitude, the combination of spiritual reflection and practical pastoral work, has been characteristic of Milingo ever since he was a seminary student. The one could not exist without the other, although the order was clearly defined: the spiritual dimension, from which then the material dimension naturally evolved, came first. The same pattern can be descried in his later healing work which he started only a few years after he had become archbishop. His first act as archbishop was not to set up a healing ministry but to found a religious congregation, the Daughters of the Redeemer[4], to whose spiritual development he dedicated much of his time through personal letters, bulletins and talks which, again, showed the same attention for both spiritual and material affairs. The healing ministry which was to develop some years later was a logical consequence of Milingo's spiritual insights as an archbishop, in the same way as the Zambia Helpers Society had been a natural result of this when he was still a priest. In other words, it is *spirituality* which forms the key to the understanding of Milingo's healing ministry and which is the basis of it.

Milingo's type of spirituality is not only Christian, it is also firmly rooted in the African religious tradition. Essential to it is the belief in a spirit world which is located in-between the world of man and the world of God, the world below and the world above ; « a world of transformation », somewhere between heaven and earth. It is in this world, Milingo states, that the people from heaven taste the atmosphere of the earth and those from the earth taste the atmosphere of heaven.[5]

---

[3] The Zambia Helpers Society, which was established in 1966, still exists, although nowadays it has changed its focus from the townships to the rural areas around Lusaka where medical services are still scarce.

[4] The congregation of the Daughters of the Redeemer was founded in 1969, only a few months after Milingo's enthronement. It formally holds the status of a `Pious Union' since as a result of the controversy regarding Milingo full development of his congregation within the archdiocese of Lusaka has been blocked after his removal.

[5] See E. MILINGO, *Plunging into Darkness*, 1978, Introduction. Milingo generally refers to this world as the « world in-between ».

It is a world which includes the ancestral and other protective spirits but which is also the abode of evil spirits. The communication with this « world in-between » is part and parcel of African spiritual experience. In fact, it is the only field, Milingo believes, where the Africans have still remained themselves, retaining their own identity.[6] For most Africans, therefore, it is not at all surprising to hear Milingo relate his conversations with evil spirits, including the Devil himself, as their presence is considered to be as real as the presence of human beings, of ancestral spirits, or God for that matter. But for those who have lost this sense of integration it is hard to understand such a type of religiosity, the more so since, due to modern developments, the concept of evil has lost much of its meaning in the West where Christianity was eventually shaped.

B. *The role of evil*

According to Milingo, many of today's problems in the world are due to the presence of evil spirits. They normally roam about but from time to time make their presence felt through human beings whom they try to enslave by taking full control of their body and mind. Milingo shares such beliefs with many of his fellow Africans, and with non-Africans as well. The belief in the possibility of possession by spirits, whether considered good or evil, is in fact a very common phenomenon in many human cultures. However, talking about spirit possession in the context of Western culture is a rather delicate matter, and whoever dares to make this the subject of a serious discussion risks being considered to have taken leave of his senses, as happened indeed to Milingo.[7] This negative attitude is clearly reflected in common parlance. If someone is said to be `possessed' it means that he is in a hysterical state, acting as though mad, as if, metaphorically, an evil spirit or even the devil himself plays havoc in him. Language is often revealing and in this case too it does not leave us with any doubt : somebody who is called possessed is seen as fit for the mental hospital while references to the devil or other evil spirits make clear that such a person is considered a danger to society.

Yet there is another and more objective way of looking at spirit possession which can be scientifically substantiated. Possession, in this analysis, is a religious term which gives expression to the belief that a person who shows certain symptoms has been taken possession of by an invisible being in whose existence and effective powers these people believe. Such symptoms may be (and often are in fact) displayed in quite spectacular behaviour marked by dissociation and attended by rather vehement and uncontrolled movements of the body which in empirical-scientific terms one would describe as a form of trance, hyperkinetic

---

[6] See *Plunging*, p. 15.

[7] After being summoned to Rome, Milingo was subjected to several medical and psychological investigations. However, the medical doctors found him totally sound in body and mind.

trance to be more precise and to distinguish it from the hypokinetic, the stiller type of trance known in mysticism. Both are universal human potentialities because people all over the world share the same basic psycho-somatic constitution.[8] Whether or not these potentialities will be used, in what way and to what degree, depends largely on the cultural mechanisms at work. Cultural conditions in the West have led to extreme suppression of these potentialities with the negative effect mentioned before, and Christianity has contributed a lot to that. In many religions, however, spirit possession is an important process which opens up a field of communication with what is often described as « the other world » or, in the case of Milingo, as « the world in-between », in all cases referring to the world beyond ordinary human experience, a world of invisible beings which, according to the believers, can influence the lives of their human counterparts for good or evil. In short, spirit possession is a *religious* concept with an *ambivalent* content.

These same two elements can be traced in the healing ministry of Archbishop Milingo who in the Zambian context made effective use of the only and ultimately good spirit in Christianity, the Holy Spirit, in order to liberate those who believed themselves to be possessed by evil spirits. In doing so he linked the Christian idea of the powerful Spirit with African traditional beliefs in a spirit world where the role of evil is of primary importance. In Zambia, as elsewhere in the world, many people believe in the personification of evil in the form of evil spirits which, according to their respective traditions, they may address by different names.[9] His contact as a priest with ordinary people and his pastoral concern for their every-day existence had provided Milingo with a sharp insight into the ways of living and thinking of common people. His ability to identify himself with this part of society did not undergo any significant change when, in 1969, he became an archbishop. As a result, in 1973, when for the first time he was personally confronted with the impact and effect of spirit possession, he did not dismiss this as a form of superstition which one should not take seriously.[10] On the contrary, since for Milingo as well as for his clients the existence of a spirit world is a self-evident fact, subsequent action should be taken in accordance with that reality.

---

[8] See G. ter HAAR and J. PLATVOET, *Bezetenheid en Christendom*, in *Nederlands Theologisch Tijdschrift*, 43, 3, 1989, p. 177-191. The article includes references to various scholars who have carried out research into different aspects of trance as an altered state of consciousness.

[9] In Zambia, evil spirits are nowadays commonly referred to as *mashave*. Historical differences in types of possession seem to have been largely eroded to the extent that people will refer to them as though all were synonymous.

[10] The year 1973 was a turning point in Milingo's life and marks the beginning of his healing ministry. In April that year a woman called on him in despair after unsuccessful treatment at a mental hospital. Milingo prayed with her and experienced the power of the Lord. The woman was subsequently healed. An account of this event can be found in his pamphlet *Healing. « If I tell you, you will not believe me ! »*, 1976.

The personification of evil is not unknown in the Christian tradition where, as we all know, evil became the Evil One, assuming the shape of the Devil, in this case Satan. However, under the combined modern influences of rationalism, individuality and ego-consciousness the spirit of evil has become increasingly less tangible in the Western world to the extent that it has been reduced to little more than a metaphor, as has become the case with the Holy Spirit as the spirit of good. As a product of years of Western missionary education (Milingo received his first formal education at the age of twelve when he left home to enroll in a missionary school and only left this rather isolated environment at the age of 28 when he was ordained as a priest) Milingo had been influenced by the same school of thought. He had learnt to reject the traditional belief in a spirit world and adopt the accepted Catholic view. His pastoral practice however, combined with a growing sense of self-identity, which was inspired and stimulated by the experiences emanating from the Second Vatican Council, made him realize that the Church in Africa was on the wrong path. Like the missionaries, Milingo too wanted to implant the Christian faith in the hearts of the African people, but he became convinced that in order to achieve this the first thing to do was to take their traditional beliefs seriously, that is to accept them as real and meaningful. For Milingo there is no contradiction between the Christian message and those traditional beliefs which give expression to the existence of and submission to traditional African spiritual powers. In his writings he has gone to great lengths to explain why and on what grounds he believes there to be no conflict between Christian and African religious beliefs, following in the footsteps of the spokesmen of African theology.[11] The central point of African theology in Milingo's view, should indeed be the existence of a spirit world, including evil spirits.

Evil spirits, as Milingo sees it, are by their very nature responsible for causing disorder in a person's life and at times they may even be held responsible for somebody's death. He writes :

> « These spirits come in a person to dwell in him/her, and therefore to exercise the power of domination. They may use spells to influence a person and to intimidate him/her. They may subject a person to hallucinations and visions. In some cases they come in a person as an entity , settling in the chest, the back, the top of the head and the heart. As soon as they settle in a person, mysterious diseases, which often cannot be pointed out by X-Ray, begin to be felt by the victim ».[12]

---

[11] For Milingo's views of African theology, see in particular his pamphlet *Black Civilisation and the Catholic Church*, 1977. A more precise definition of « African Theology » can be found in another of his writings, *Liberation through Christ : African Point of View*, 1977, p. 42, where this is described as « the approach to help an African understand God in his own natural concepts, mental patterns and from what he daily experiences in his traditional worship »

[12] *Black Civilization*, p. 15-16.

In Zambia many people ascribed their symptoms to the working of such spirits.[13] Milingo's work as a healer was aimed at removing these essentially bad spirits, not to be confused with, for example, ancestral spirits whose anger may have been raised. Contrary to such angered ancestral spirits, evil spirits cannot be expiated. They have to be driven away in order that the patient be healed. The ultimate evil is represented by the witch, defined by Milingo as a human being who has completely committed his life to evil, in this case the devil. « The witches are the consecrated disciples of the devil, and their straight forward definition is evil concretized in a human form ».[14] In this definition we find another clear example of Milingo's ability to connect African traditional with Christian religious concepts as a way to allow Africans to understand Christianity in their own context. At the same time we come closer to seeing why Milingo's healing ministry was hard to swallow for the Roman Church as its liberatory character not only affected theology but in its effects went far beyond the realm of doctrine, to the point where it spilt over into a radical criticism of the domination exerted by the Western Church.

C. Healing as a Christian mission

In Milingo's healing ministry liberation became a central issue, taking on different forms and bringing out different aspects. Healing, in his view, is a comprehensive concept. It does not limit itself to a physical cure but is concerned with all aspects of suffering, including those which affect the moral and spiritual life of the person involved, thus addressing the whole person. Similarly, it does not limit itself to the individual, but also affects the life of the community and of society at large. Healing means taking away any disturbance in life which prevents a person from being himself ; in other words, to release someone from a stumbling-block to human fulfillment.[15] Looked at it this way healing becomes a basic act of liberation. That is where the Church comes in and where healing becomes a real ministry, for the all-embracing type of healing Milingo is referring to has to be seen as a continuation of the liberation work of Christ. One of Milingo's most serious complaints is that the Christian Church has long neglected its innate powers, due to what he calls its historical pride. Instead of following the gospel of Christ, he argues, the Church has been pre-occupied with its structures and organization, and « like the colonialists, it has been involved in the scramble for regions and people », allowing itself to be dragged into a competitive battle in which doctrine became more important than the actual gospel.[16] The

---

[13] See G. ter HAAR and S. ELLIS, *Spirit Possession and Healing in Modern Zambia : An Analysis of Letters to Archbishop Milingo*, in *African Affairs*, 87, 347, 1988, p. 185-206.

[14] *Black Civilization*, p. 20.

[15] E. MILINGO, *The Demarcations*, Lusaka, Teresianum Press, 1982, p. 100-101.

[16] See his pamphlet *The Church of the Spirits. Is it to blame ?*, 1978, p. 8.

healing ministry not only brings the gospel back to the heart of the Church, thus liberating it from its « historical pride ». More importantly, it restores the presence of Jesus Christ in its midst. This is a crucial issue for Milingo who takes the person of the historical Jesus as his example as He went about healing people while preaching the gospel.

In this context it is no surprise that in all his healing work Milingo firmly bases himself on the Bible, with particular reference to the gospel. He has been consistently emphasizing the triple message which Christ left on his departure for his Church : to preach the gospel, cast out demons, and heal the sick, pointing out that there are not three different missions involved, but just one.[17] The three constituent elements may not be separated as their power depends on their mutual cohesion in addressing the whole person. In other words, in Milingo's view the healing ministry is part and parcel of the missionary task of the Church, and as such an obligation. It is no mere private hobby. He clearly expresses this in his healing services which consist of three major parts. The first part is concerned with inner healing, the second part with liberation in the more restricted sense of exorcism, while the third part is specifically directed at physical healing. The order shows the logic behind this procedure. In order to be fully liberated one has first of all to be at peace with oneself by reconciliating with God and one's neighbour. Confession, forgiveness of sins and purification are important elements of the ritual during this phase, sin being seen as a major stumbling-block to the healing of a whole person, the consequences of which, according to Milingo, go beyond the spiritual wounds and cross over to the physical life of a person.[18] That is not to say that illness is the result of individual sin. What it means is that all suffering in the world has to be seen in the light of man's original sin: his rebellion against God. The phase of inner healing paves the way for the second phase, the stage of exorcism, that is the liberation through the power of Christ in the person of the Holy Spirit from all evil forces that may have taken possession of a person. Only after these spiritual preparations has the condition been created for the healing power to be extended to the physical body, provided that God considers it the right moment.

Milingo prefers to call his ministry *Christian* healing since the bringing in of the power of Christ constitutes a basic idea in his theology. Liberation in the form of exorcism, as we saw, plays a central part in the healing ritual. In Africa, as well as in the West, Milingo believes the remedy against all evil forces, including evil spirits, may be found in the Christians' belief in the power of Christ. Such evil forces, he believes, are like demons who try to steal men and women from the hands of Christ, who deceive them and try to replace the presence of God by theirs.[19] The demons live among people in a hidden way. For example,

---

[17] To corroborate his view, Milingo usually refers to passages from the Bible (such as *Mt*. 9,35 ; *Mt*. 10,7-9 ; *Lk* 6,22-23), which specifically deal with this subject.

[18] See *Demarcations*, p. 106.

[19] *Church of Spirits*, p. 7.

they hide in various diseases and ailments, trying to cause as much trouble as they can. They hate human beings because these have still the freedom to decide for God on the one hand or for Satan and his devils on the other.[20] Satan, as the Lord of demons, represents the ultimate Evil just as Christ, the Lord of angels, represents the ultimate Good. Combatting Satan and his demons is not a task man can do alone. To fight evil he has to bring in the power of Christ who has proved stronger than the devil. To that end man must call upon the presence of God and harness himself with the armour of the Holy Spirit so that he will spiritually place himself on the same level with the evil spirits. Once that is the case, the confrontation can take place which will lead to the forced departure of the evil spirits or other evil forces. So, it is the spiritual condition again which becomes the prerequisite for liberation.

It is particularly the aspect of liberation from the bondage of evil spirits which has caused the greatest controversy around Milingo's healing work, even more so since it was often accompanied by the dramatic form of expression which characterizes manifest possession. But Milingo has little time for theologians who « cannot stand a mention of Satan as one of the causes of today's mess in the world » and who refuse to accept that his work finds its roots in God :

> « I cannot accept their denial on the basis that what they say is theological and approved by the Church. There is a big difference between a person who sees things in the perception of the world above, and one who only sees them through his academic theological knowledge. I dare say that I have much more in common with the people who live in this world, but commune with the world in-between and the final world, where God our Father and Creator is ».[21]

Christians, he maintains, fully share in the powers of Christ to fight Satan and his « agents », in whatever form they come. He feels that theologians often have misguided the Church through their « scientific » and « systematic » theology, to the extent that as a result of their ignorance many of them have unknowingly become agents of the devil.[22] Here we touch upon yet another dimension of the concept of liberation as put forward by Milingo through his healing ministry and where the concept of emancipation comes in.

D. *Towards an African liberation theology*

Although they have a much wider bearing, Milingo's ideas about healing were originally shaped in the Zambian context. It was in this particular context that he discovered the need for, and the potential of, the Church to heal. It was also in

---

[20] *Healing*, p. 11.
[21] *Ibidem*, p. 20.
[22] *Ibidem*, p. 21.

Zambia that he first became aware of the liberating power of healing. So far we have been concentrating on healing as liberation of the individual person. However, although Milingo is deeply convinced that that is where liberation starts, it is not just the individual who has to free himself from the burden of sin in order to be healed. It also applies to sections of society, including the Church as a body whose credibility has suffered as a result of the personal sins of its leaders. In Africa for example, Milingo points out, the Church has continually sided with the ruling classes. It did not care about oppression, exploitation and injustice, and it found no difficulty in living at peace with those who committed these sins. The Church taught the Africans to practise certain virtues but failed itself to be Christ-like and to live in accordance with her own doctrines. He therefore quotes with approval Gustavo Gutierrez who has called for a new ecclesial consciousness and a redefinition of the task of the Church in the world.[23] Milingo sides here explicitly with the Third World liberation theologians who demand from the Church a re-orientation of its basic principles and the way these should be applied. The call for renewal of the Church also means that the Church must free herself from her Western sense of superiority and to accept that Africa is no longer a daughter but a sister. Or, in Milingo's own words :

> « The paternalistic attitude of Europe towards Africa should be curbed and mitigated. We thank her for what she has done for us, and we appreciate her worries and anxieties about us. But we believe that she as a grandmother to us, should now worry much more about the problems of her old age, than about us ».[24]

In other words, the Church itself needs healing through liberation. In the late 1970s, when he was still heavily involved in his healing work in Zambia, Milingo developed his ideas on the healing ministry further into a liberation theology for Africa which, in fact, shows close similarity to the ideas underlying his ministry.[25] The wounds of colonialism were fresher than they are now, while countries like Angola and Mozambique were still fighting for their independence and South Africa experienced a new wave of protest actions against its apartheid policy. These were all issues which touched Milingo in heart and mind, and it is interesting in this context to note that the first Easter message he ever pronounced in his capacity as an archbishop, as early as 1970, was totally dedicated to the subject of oppression and injustice in these countries of Southern Africa and, more specifically,   to the Churches' share in it. The speech, in the typical

---

[23] See *Liberation through Christ*, p. 14-16. The pamphlet consists of a number of talks originally given at the Divine Word Centre in Ontario, Canada, in 1977.

[24] *Ibidem*, p. 8.

[25] The theme of liberation forms the undercurrent of many of Milingo's writings. However, the most specific and extensive reflections on the subject can be found in his pamphlets *Liberation through Christ* and *The Church and the Liberation Struggle*, 1978.

straightforward style of Milingo, provoked a lot of protest from the Churches concerned, but Milingo had left his visiting-card. In retrospect this event, or more precisely the circumstances leading to it, may be seen as a point of departure for the later development of his ideas on a liberation theology for Africa. Milingo believed that Africa, a continent in ferment, needed liberation, and the solution is to be found in Christianity. Unfortunately Christianity has proved ineffective when it comes to influencing society and transforming it into a new community. In Milingo's view this is because God, as He has been offered to Africa, has become distant and inaccesible for ordinary Christians, indifferent to the fate of man. His love and goodness, his actual presence, are not felt in man's day-to-day life. Africa therefore has to first liberate itself from this image of the distant God which is so alien to its own tradition and demand the right to bring in its own spiritual experiences, to the enrichment of the whole Church.

The key message is that if Africa is to be liberated, it must be accepted as a continent with its own spiritual identity. This implies recognition of the possibility of direct communication with the world beyond and respect for the belief in a world in between which may enhance and facilitate such communication. But how does that relate to the wider idea of social and political liberation ? Here, too, the clue is to be found in spirituality, with the idea of possession as the common denominator. In Milingo's view the foundations of a liberation theology are in God himself. Man has separated himself from God by original sin and consequently he goes without divine life. He lacks the presence of God, he is literally and figuratively no longer « God-possessed ». Sin has thus made its entrance into the world, expressing itself in various forms of evil, be it at the individual level or at the wider socio-political level. In both cases the only way out is through the individual and the answer lies in bringing back the presence of God and ridding oneself from evil by becoming Christ-possessed once more. This way, political liberation, too, concerns first of all the liberation of politicians, because for Milingo liberation theology is basically a theology of re-demption. Milingo deeply believes that no lasting liberation, or redemption, is possible if this has not been preceded by individual liberation through inner healing. Because :

> « as long as the members of any given society are lacking the awareness of God's control over all human affairs, chaos will come from their minds and hearts. Then there will be no peace and love in that society. Liberation is needed for both the individual and the whole community ».[26]

In other words, in order to engage himself successfully in the wider liberation struggle, man must first start working at his personal liberation. This outcome may be a little disappointing at first sight to those who believe that liberation has

---

[26] *Development : An African View*, 1976, p. 37.

more to do with structures than with individuals, and more with the outside than the inside world of man. In that case they fail to see that *evil* itself is a structural cause in Milingo's view, and that therefore one cannot make such a distinction. Whereas for most people, particularly in the West, the inner and the outer world represent two separate domains, for Milingo it is self-evident that the two are linked together. Therefore I do not think the argument should be seen as a plea for sitting back and waiting for redemption. On the contrary, it should be seen as a call for a continuous and active involvement with the world while *at the same time* working on one's own perfection. While in Africa, Milingo himself was sufficient proof of the effective combination of both tactics, being renowned for his public stand against corruption, poverty, power abuse and other forms of social and political injustice. By denying the inseparable connection between the two spheres of life man leaves his spiritual sources unused which could be employed for the transformation of society. In that respect, Milingo believes, the West might learn something from Africa. If the Western world, including the Christian Church, could begin to accept the presence of evil within and among men, then the first step would have been made towards a drastic solution, getting down to the root of the problem. For in the same way as inner healing is believed to extend to the outer world, so the effects of individual liberation will extend themselves to society, as spiritual freedom will spread itself to the material world. The healing of the individual is the prerequisite for the healing of society.

*   *

*

It is clear that Milingo's spiritual basis rests upon two pillars, deriving from the African religious tradition on the one hand and the Christian religious tradition on the other. In the course of time the latter has become more and more charismatic in character, which is mainly a result of the total lack of response for his spiritual views on the part of the established Church. Milingo's spiritual development has out of necessity gone through different phases although he has remained faithful to his original views. The biggest change, however, has been caused by his enforced removal from Africa, as a result of which he has been cut off from one of the main sources of his inspiration. Being taken away from the African context his prophetic voice has been effectively silenced and only his priestly voice is nowadays generally heard. If the Vatican Church is to be blamed for anything in what has become known as the « Milingo affair », then it should be, I believe, for that. Coming back to my original proposition, I maintain that it was not the healing itself but the aspect of liberation which constituted its spiritual foundation that alarmed the Church. As the effects of Milingo's approach began to influence people in Africa the Church felt endangered. For Milingo's theology of liberation contained a serious criticism of the role of the Church in Africa and required in a spiritual and material way the restoration of human dignity to people whose identity had long been obscured and their rights ignored. To that end he used his healing ministry, being (more by intuition than by means of rational analysis) aware of the causality between social oppression and personal disruption. Whereas for the superficial observer his healing ministry might seem little more than an individual and private affair, the Church was quick to realize its wider implications in the form of a fundamental social critique of the sort which could dangerously fuel a revolutionary elan which neither the Church nor the state in Zambia wished.

Now, in 1989, more than seven years after his removal, Milingo has built up a healing ministry in Rome, from where he covers a large part of the (mainly Western) world, under the umbrella of the charismatic movement. Being away from Africa, cut off from his roots, the sting has been taken out of his work as he can no longer relate his spiritual views to a socio-political reality he is familiar with.[27] However, things seem to be changing again now that he has more or less settled and found his way in a new society. Although it is unlikely that he will ever be able to perform again as he did in his own society, Milingo is making another effort to built a spiritual foundation under his healing ministry through the erection of a centre for spiritual development in Rome.[28] Since his views have not undergone any fundamental change since he left Africa he will no doubt make use of the same concepts as before, trying to apply them again in such a way that the effects of the spiritual development of the individual will spill over into the field of social life. In what form this is going to be shaped and whether it will be successful it is still too early to predict. But if it is successful, one can be sure

---

[27] In a personal interview in 1987, during the preparations for a Dutch television documentary about his healing ministery, Milingo made the following statement in answer to a question on how far his position in Rome allowed him to continue his fight against social and political evils. « I don't think I've got the same privilege. First of all, I was in the position for which I really felt the responsibility as archbishop of Lusaka. I am now living in circumstances where I come across different problems and my way of answering these does not demand a platform of attacking for instance political evils. Those who come to me bring their individual problems. I do answer them according to their different responsibilities in society. So I am still attacking, so to say. » He continued saying that if an occasion would be offered to him where he could speak out again publicly, for example at an international conference, he would still show the same consciousness of not hiding evil, because « a spade is a spade, and at whatever risk, I will have to oppose what I consider goes against human rights ». The documentary, *Vurig van Geest,* was made by Gerrie ter Haar, Riek ter Haar, and Mary Michon for IKON-television in the Netherlands and shown on 19 June 1987.

[28] In July last a number of people gathered in Rome, including the writer of this paper, for meeting to discuss the structure and programme of such a centre, based on Milingo's type of spirituality. As one of its guiding principles it was established that an inseparable link should exist between the inside and the outside world of man. Or, in other words, it was fully recognized that individual spiritual development may not be separated from (responsibility for) events in the outside world.

that new problems will arise because healing and liberation are still seen as a dangerous combination, especially when they are buttressed by spiritual strength.[29]

---

[29] Indications for that can already be found in the problems which Milingo regularly faces with representatives from the Catholic hierarchy in Rome as well as in other parts of Italy who try to prevent his activities.

CHRISTOFFER GRUNDMANN

A POWERFUL MEANS TO AN END ?
HEALING, MISSIOLOGICALLY INTERROGATED

It is taken for granted nowadays that healing belongs to the very ministry of the Church. All the respective activities are easily identified with the healing brought about by Jesus of Nazareth and with the charismatic gift of healing present during apostolic times.[1] Such identification as understandable as it is, is highly questionable though. It is an unhistorical simplification of a very intricate matter equating a socio-cultural phenomenon typical of late 20th century with the hellenistic ϑεῖος ἀνήρ and its peculiar adoption by early Christianity. To corroborate this hypothesis and in order to initiate a soberminded theological discussion I firstly will give an overall assessment of the phenomenon of healing as it appears today. In the second part of my presentation I will focus on one particular aspect of healing, medicine and mission, namely medical missions. Drawing from the material thus presented the third, the final section focuses some topics deserving further theological discussion in this context.

A. *The Phenomenon of Healing in late 20th Century*

It cannot be denied that the present interest in and the occurrence of the phenomenon of healing as it is experienced today is inseparately linked with the global socio-cultural situation in the fall of the 20th century. The interest healing receives nowadays is linked to high-tech civilization, medicine especially, as well as to the strive for national and cultural identity, especially on the African continent. The longing for individual healing, the fear of pain and the efforts taken to protect one own's health correspond with the disire for healing on a non individualistic level, namely for reconciliation with nature, politics and history at least in the affluent countries of the world. The hight-tech civilisation has brought about a menace to all mankind in a degree unexperienced and unknown so far.

In the wake of the upsurge of alternative models of science and politics trying to stem the disastrous consequences of our scientific-technocratic century, healing methods other than the scientifically substantiated one receive public interest too. Such quest for « alternative » methods of healing and the longing for a « wholistic medicine » originates in the dissatisfaction with the established

---

[1] As in *Acts* 3, 1-10 ; 5, 12-16 ; and *1. Cor.* 12, 9 f i.

medical model, and took on a religious momentum in Japan. For most of the 400 or so « New Religions », « Modern Religions » (as they officially labelled by their governement) which have come up during our century (*Seichō no Ie ; Sekai Kyuseikyō* f.i.) healing, in the sense of « faith healing », plays an important and constitutive rôle. No doubt, these religions compensate the loss of roots and the alienation experienced by the individuals in urban industrial settings and at the same time help overcome personal frustrations ; an observation identical to that of the syncretistic religions in Latin America, like the *Umbanda* (Brasil) and the *Voodo* (Haiti). The scope of diseases acquired in a quickly urbanized and industrialized area entailing alienation and homelessness, slum and pavement dwelling – the scope of diseases acquird here and for which healing is being sought are of a kind for which scientific medicine is not adequately equiped. The more our diseased civilization spreads around the globe, the more non-medical means of healing are required.

The « New Religions » and the syncretistic religions of our time put much emphasis on the so-called « faith healing », very often contrasting it in a polemic manner with scientific medicine. But the more the aspect of « faith healing » is stressed the more it becomes obvious that the interest in healing in this context is a mere reaction against the secularized and rationalistic impact of modern civilization. Healing as a means for an individual or a small group of like-minded people to avoid the toilsome struggle with the intricate reality ; healing as a most effective and therefore powerful means to escape and deny the responsibility for changing the disease causing conditions.

The problem of enlightened civilization and secularization plays a dominant part as well in the Charismatic Movement. Here too we find the tendency to avoid explanation and the predominance of personal or insider group experience over soberminded reflection. And as alternative models of healing challenge established medical models, so charismatic healing established churches and theologies indicating the newness of the phenomenon, not necessarily its principal relevance. The following examples shall illustrate some of the severe difficulties in handling the issue by the established churches. In June 1986 under the heading « Rwanda Roman Catholic Bishops disapprouve women's faith healing » the Ecumenical Press Service (EPS) reported : « Rwanda's Roman Catholic Bishops have issued a statement disapproving of the healing activities of 22 year old Eugenia Mukakalisa. The Bishops say her healing gifts are « dubious », object to the title *Mukiza* (savior) supporters have given her, and warn about poor sanitary conditions at Coko where she is based. « Christ cannot approve of such disorder », the Bishops say, asking Christians to be

> « very cautious of people who pretend to have supernatural visions or to be invested with a divine mission. We do also remind you that none is allowed to preach in churches or on the hills without the explicit permission of his Bishop ».

The woman began her healing activities in April 1985, after, she said, she heard Jesus and his mother speaking to her. Nairobi based Africa Church Information Service reports crowds continue to come to Coko, though they are smaller then before the Bishop's negative advice.[2]

By far more famous is the case of Archbishop Emanuel Milingo, who, – responding to the desperate spiritual needs of Zambia's « first century Christians », still deeply imbedded in traditional spirituality – in 1973 discovered in himself special gifts for healing and driving out evil spirits. These gifts, he has always maintained, were rooted only in the complete dedication of his life to Christ. His healing sessions drew vast crowds and achieved astounding results, but soon he was accused of unorthodoxy, of neglecting his « normal » archiepiscopal duties, and even of immorality and dishonesty. After being summoned to Rome and subjected to intensive investigations he resigned his see. His loyality to the church has remained consistent, and today he is a special delegate to the Pontifical Commission on Migration, Refugees and Tourism.[3] Being closely associated with the Charismatic Movement he now conducts extra-mural healing services once a month attended by thousands, mainly Europeans.

As far as Protestant Churches are concerned we do see the same. Because the established classical European and American Churches or Denominations proved unable to meaningfully resolve the problems of the indigenous societies (like those of national and cultural identity, that of disease and illness) the « African Independent/Indigenous Churches » respectively (AIC) came into being, numbering at present 6.000 and odd, according to H.J. Becken, the *Église de Jésus Christ sur la Terre par le Prophète Simon Kimbangu* being one of the oldest and largest. Rooted in the tradition set by Christian mission they developped and ecclesiastical model of their own which appears to be more authentic and genuine African because it incorporates the vital importance of indigenous problem solving, namely a non-technical one. The Lutheran Church of Madagascar tries to incorporate the charismatic healing by means of the « shepherds », but for the church government this is not without problems. It can be said that for many of the African nations and peoples healing has become a powerful means for their national, cultural and ecclesiastical identity, reflecting the post-colonial political situation and growing awareness of self-identity. One has to carefully take notice of socio-cultural anthropology as well as of ethno-medicine to arrive at a comprehensive understanding of healing in this context.

Since healing touches upon the entire perception of world and life of any given community, touches upon the entire *Weltanschauung*, one cannot avoid addressing religious questions, when talking about healing. This holds good for the rites and symbols of divination by a medicine man and of the treatment by the spiritual healers as well as for high-tech medicine. Any medical system is an expression of

---

[2] Ecumenical Press Service, 86.06.33.

[3] Emmanuel MILINGO, The World in-between. Christian Healing and the Struggle for Spiritual Survival, London, 1984.

a particular *Weltanschauung* and has first of all to be understood against this background. But of course this is not the sole and only criterion. Any medical system and any kind of healing practice has to be analysed in their results as well, to see what they really are about. A simple comparison or defeat of non-christian healing activities would not do any good for a proper understanding. That was (and still is) a narrow minded prejudice of a particular kind of missiology which just sees the medicine-man or *nganga* and diviner as only the embodyment of spirits and devils. But what actually is a medicine-man ? A *nganga* ? A diviner ? An exorcists ? A witch-doctor ? A herbalist ? And at the same time : what really is a physician ? A nurse ? What is the role these people play within their particular socio-cultural setting ?

Is it said too much if one states that catholic as well as protestant theology so far failed to adequately handle the phenomenon of healing ? That they, in being forced to act upon it, simply brand it as a matter of sects or simply neglect it ? Have the churches really addressed themselves to the problem of secularization, the face of a coin of which healing is the other ? Of course, the more the religious dimension of health, disease and healing vanishes and thus the more cultures get secularized they get insights in physiology and psychology of men, in pathology of diseases and in socio-hygienic interdependencies. But it has to be payed for by the increasing loss of meaning. To a secularized mind disease is no longer a questioning of one way of life and healing no longer a potential chance to get one's life reoriented. And, if in these cultures healing happens without or beyond scientific means it is labelled as « faith healing » and as such unexplainable.

The less people are secularized the more they stress the religious aspect of healing and since to them any healing is a gracefully granted prolongation of life, preventing untimely death, one does not need to talk explicitly about « faith healing ». This applies to all healings. Their, in the art of healing knowledgable people take on religious responsibilities and duties as well because it is required of them not just to bring about healing but to show that this happening is fraught with meaning. It is expected of healer-priests to enable the client to now avail of the extended life span meaningfully. That is the stronghold of the medicine man and diviner. That accounts for their social acceptance within their respective communities. If the treatment is successful, if healing has taken place and got experienced their interpretation of life got justified. No further argument is needed. Why to be surprised then that they have become the declared enemies of Christian missions ? How could the missionaries prove their own divine power and authority except by bringing about healing too ? It is not just incidently that among the hellenistic cults it was the Aesculapian cult which withstood Christianity the longest. Who was the more powerful, « the Saviour », as Aesculapius was addressed by his devotees or the « Saviour of the World », as the Christian confessed Jesus Christ to be ? To make people realize truth and accepting her as such is not just a matter of words or deeds. It is a matter of the power of persuasion ; the most powerful of which is healing. As such it got purposely employed as a means to an end in Christian mission as will be shown in the following.

B. *Healing as a means to an end in Christian Mission*

The compassionate care for the deserving, the sick especially, has been present throughout the history of Christianity. Beginning with the time of the Apostles.[4] Christianity, according to H. Sigerist, introduced « the most revolutionary and decisive change in the attitude of society towards the sick » for

> « Christianiry came into the world as a religion of healing, as the joyful Gospel of the redeemer and of redemption. It addressed itself to the disinherited, to the sick and the afflicted, and promised them healing, a restoration both spiritual and physical ».[5]

We do know of a hospital like *xenodochion* founded in 372 already by Basil the Great (330-379), do know of the Benedictian rule according to which the care of the sick had to be given much attention. We are well informed about the special care for lepers in the Middle-ages and about the establishment of religious orders devoted to the care of the sick like the Order of St. John of Jerusalem (1113), the Hospitaller of St. John of God (Do Good Brothers, 1540) and the Bethlehemites of Mexico (1667). We even do know of medical and pharmaceutical activities of the early missionaries to the Americans, to Africa, the Philippines, China and Japan and have numerous accounts of the institution of « Miserecordia Societies » at the conqueror's settlements by the Portuguese, Spaniards and Italians. Later, in the Protestant tradition, we know of the initiative by Gotthilf A. Francke to commission the first physician ever to work overseas as such, namely Lic. med. Kaspar Gottlieb Schlegelmilch, who was sent to work in the Tranquebar Mission in 1730, but who died shortly after his arrival. Five years later Count Zinzendorf sent Dr. Grothaus M.D. to Sant Croix, West Indies.

On the whole it can be said, that up to the middle of last century this tradition in what may be called compassionate care impressively shows that the bodily needs had always appealed to the Christian faith and that the Christians responded to it to the best of their ability and medical skill. But, safe in apostolic times, not much could be done except to apply the timetested remedies and to exercise compassionate care in the expectation of an eternal reward.[6] Not necessarily always with sympathy for the afflicted. It was not yet possible to employ healing as a powerful means of mission. This only happened when in the middle of last

---

[4] C.f. *Mc.* 16, 17-18 ; *Acts* 3, 1-10 ; 5, 12-16 etc.

[5] H. SIGERIST, *Civilization and Disease,* 1943, p. 69 f.

[6] According to *Mt.* 25, 31-46.

century medicine mutated a scientific art which most effectively could alleviate diseases which had been fatal to mankind since the time of the fall.

The unprecedented medical, surgical and pharmaceutical achievements in the second half of 19th century and onwards coincided with the heyday of Christian mission activities. They brought about the new phenomenon of medical mission(s) and the ministry of the so called medical missionary. Since never before mankind had acquired such a knowledge and skill of treating diseases and, at the same time, never before had realized the responsability for bringing about healing to others, the euphoria with which the idea of medical mission(s) got accepted is well understandable. In comparatively short a time medical missions got erected all around the globe as benevolent philantropic agencies – partly to counteract colonial exploitation, partly to serve as an alibi. As far as mission strategies were concerned they served as spearheads in mission activities, especially in Islamic countries, for it was the effectiveness of the cures and their reliability which made medical missions become « the heavy artillery of the missionary army » as it was put once in a meeting of the Student Volunteer Missionary Union (SVMU) in 1900 in London, and the medical missionary « the representative of all that was most admired in the missionary movement ».[7]

This was freely acknowledged by the medical missionaries themselves as in the case of Dr. L. Maxwell M.D., the Director of the London Medical Missionary Association, in 1914. In an article entitled *God's Hand in Medical Missions* he remarked :

> « There is something in the history of their (namely : medical mission) development which is in itself a contribution to the miracle of history in its relation to the Kingdom of God... The great missionary work to the world had begun, but was progressing very slowly. It needed what the medical art in service to Christ could alone give. But mark this : – if the medical and surgical art had remained as it stood (namely in 1840) the assistance rendered by it would have been comparatively limited... There would be no great progress until God gave us the power to operate without pain... God opened a great and wide door... by Lister's famous discovery of « how to guard against septic poisoning after operations » and by Dr. Patrick Manson's (sic) « discovery of the role of the mosquito in malaria »... This constantly increasing knowledge has made the position of the medical missionary one of singular value for the propagation of the gospel ».[8]

But medical mission has been a controversial issue from its very beginning. The first medical missionary ever, The Rev. Dr. Peter Parker M.D. who very successfully worked in a hospital at Canton, China, got dismissed by his mission

---

[7] C. WILLIAMS, *Healing and Evangelism. The place of Medicine in later Victorian Protestant Missionary Thinking*, in *The Church and Healing. Studies in Church History*, vol. 19, ed. by W.J. Sheils, Oxford, 1982, p. 271 f. ; quotations : p. 290 ; p. 285.

[8] *Medical Missions at home and abroad. Medical Missionary Association*, London, New Series Volume 15/1914, p. 68-69.

board (the American Board of Commissioners for Foreign Missions/ABCFM), in 1845, « since his work appeared to be of almost entirely medical character ». The then Senior Secretary of the ABCFM, Dr. Rufus Anderson argued :

> « I am certain that too much reliance has been placed upon it (i.e. the medical mission at Canton), and that the great éclat of the world that has attended it, is fitted to increase our apprehension that it is not the way to secure the glory of God in the Gospel of his son and, of course, not the way most likely to secure the blessing of the Holy Spirit ».[9]

While advocates of the matter in question argue that « the history of medical missions is the justification of medical missions » (McAll, Medical Missions, in : The Encylopaedia of Missions, New York and London 1944, 2nd ed., p. 445), others object and doubt : « whether a missionary does not lose rather than gain influence... by the exercise of medical knowledge » as H. Venn, the then Secretary of the Church Missionary Society did in 1851.[10]

The difficulties faced by atholics, which made them join the venture of medical mission(a) as late as 1922, when the *Missionsärztliche Institut* at Würzburg got established, centered around the term « medical mission » as well around the « medical missionaries », namely their character of « religious » and « laity » in the mission apostolate according to Canon Law. The exemption grated to individual priests in the missions to do medical work were very few, but they did happen at least. It is interesting to see that as early as 1628, when the Irish College was founded in Rome, a proposal was made to the effect to train every year two students from each of the pontifical colleges in medicine after the completion of their theological studies « in order to obviate the harm being done to the Catholic religion by the influence exerted by Jewish doctors while treating Catholic patients. But as the record goes

> « the Cardinals voted against the proposal because the colleges has been erected to provide priests for the parishes, because people needed spiritual more than bodily medicines, because the graduates « after having learnt the art of medicine will not readily return to their fatherland », and finally because this would be too great a financial burden on the colleges ».[11]

And it should not be forgotten that the founder of the White Fathers, now the Missionaries of Africa, Cardinal Lavigerie, did train some forty African medical catechists at a special institute at Malta (1876-1896) with the goal of effectively

---

[9] STEVENS-MARKWICK, *The Life, letters and journals of the Rev. Hon. Peter Parker M.D.*, Boston and Chicago, 1896, p. 265.

[10] Quoted in P. WILLIAMS, *Healing and Evangelism...*, p. 272.

[11] *Sacrae Congregationis de Propaganda Fide Memoria Rerum*, vol. I, 1, Roma, 1971, p. 495 f.

assisting in Christianizing Africa. To him medical skill and knowledge were a powerful means to an end which he consciously wanted to employ, like most of the Protestant mission boards did.

When more than a generation later the idea of medical mission gathered some momentum within the Catholic Church as can be seen in the *Missionsärztliches Institut* (Würzburg) already refered to and in Anna Dengels founding of the Medical Mission Sisters in 1925 at Washington D.C. and finally by the *Instruction on Medical and Nursing Missionaries* issued by the Propaganda Fide in May 1936, the emphasis was not so much on healing as a means of mission but on the responsibility for the health of the people, children and mothers especially among which the *plantatio ecclesiae* was being sought.

While to most of the individual Protestant medical missionaries their guiding principale was to « imitate Christ » in bringing relief to the disease-ridden peoples, to quite a number of (female) medical missionaries of Catholic origin the task they devoted themselves to was to « imitate Mary » bringing Christ into the world like Mary did ; this being the case with the Medical Missionaries of Mary (MMM), Ireland. The difference between both the imitation motives has to be noted. Without a conscious recollection of the long standing *imitatio Christi* motif people interpreted the capability of scientific medicine to effectively cure diseases as a special gift of God to this generation and the « purely disinterested benevolence » with which it was claimed to be dispersed, identified it with Christ's healing power, hardly realizing that medical cures on the whole work successfully even without. The *imitatio Mariae* motif guards agains such misinterpretation but at the same time shifts the emphasis from healing to sanctification. What we end up with is a broad variety of arguments to justify the employment of the healing art as a means to an end the missionary enterprise. Strikingly enough the principal missiological question of how healing correlates with redemption hardly ever was raised. The final section tries to meet this challenge.

C. *Healing theologically missiologically interpreted*

Like the experience of illness healing too is common to all mankind, denoting the recovery of strength and comparative ease after a time of dis-ease. It cannot be reduced or confined to a particular season, religion on society. A life supporting, sometimes life creating power expresses itself in the process of healing which to the core is inexplicable. Even the contemporary high-tech medicine depends on this as decisive for the failure or success of sophisticated medical treatment. The religious dimension of healing is rooted in this vital dependence.

In the Jewish Christian tradition healing will be understood as a personal and bodily expression of God's ongoing creation (*creatio continua*) and as a token to the individual of God's desire to restore humans to what they ought to be (*imago*

Dei). While disease and dying are understood as somatic expressions of the fall, healing is seen as a sign of the new creation which God is going to bring about finally.

Different medical systems are an expression of different approaches to handling suffering and disease. They correspond, speaking theologically, with the universality of ambiguity of all things and phenomena, entailing the grave possibility of misinterpretation.[12] That is not just a matter of a difference in words, it is a matter of life. It makes a severe difference indeed if demons are responsible for the cause of an epidemy or if it is the unhygienic conditions of a particular place due to the irresponsible disposal of waste by others. While this permits one to actively fight against the root causes the other perception demands the function of a witch-doctor to identify the evil causing one, sparking off pitiless witch hunting which spoils the community life.

The first thing to be addressed has to be the doctrine of creation and the fall. If healing is indeed common to all mankind in whatever way it may be, it cannot be claimed as something genuine of the Christian church. But healing can take on a specific Christian feature none the less if it is perceived as a potential encounter with redemption and salvation. This is not understood just by itself. It has to explictely be pointed out, because it is only by God's own revelation in Christ that we do know of his personal desire for men's salvation. To make people avail of it requires the explicit proclamation of the Gospel to show them that it is expression of a personal will of the creator allmighty to save the life of this individual person now, just at this particular time. Since all healing activities have to be questioned against the background of their results one cannot avoid to address the nowadays unpopular question of the discernment of spirits. What are the manifold healing activities and therapies really about ? Do they further or hinder life, the life of just the individual or just the society or the life of the individual in society ? Do they permit an unbiased handling of disease and treatment ? Healing therefore cannot be reflected profoundly in bypassing pneumatology.

But even if theological reflection has come up to this point it would fall short of adequately handling the subject if the eschatological dimension gets ignored. Healing as a sign of the kingdom of God anticipates the eschaton, meaning : it is a foretaste of what God wants men to be finally. Healing prevents an untimely death, but not death as such. And even more : healing cannot be granted for sure, neither by modern medicine nor by the *nganga* or medicine man, nor by the *Unnani* or Ayurvedic medicine, nor by acupuncture.

Healing as a sign of salvation is not at the disposal of Christians. Even the disciples had to bear with this. The disappointed father of the epileptic child complains to Jesus : « I brought him to your disciples, and they could not heal him ».[13] Christians have to witness for God allmighty. They have not to

---

[12] See : *Ro.* 1, 18 f ; *Gen.* 3, 1 f.
[13] *Mt.* 17 16.

manipulate him. The church, though often tempted, cannot take possession of the now and then granted revelation of God. As soon as she tries to do this, as soon as Christians claim to demonstrate the power of God by means of miraculous healing, Christian faith has turned into religious imperialism, and has made healing a powerful means to an end, which as such is the characteristic of healing sects. The eschatological dimension of healing does not jeopardize the healing activities. It helps to endure the tension between what is experienced now and what is promised to become reality soon. At the same time it makes us aware of what can be achieved now and what can not. The eschatological aspect of healing enables man to cope with the problem of pain and suffering too.

Healing, a powerful means to an end ? Christian mission is not called to demonstrate the healing power of God which is not at her disposal, Christian mission is called to bear witness to God allmighty, the one, who is desirous of bringing about life abundantly to all mankind, of which healing is part of course. Witnessing for healing as a gift of God by means of scientific medicine (or any other culturally accepted way of problem solving) and thereby facilitating the call of redemption which has to be responded to personally, that constitutes the specific ministry and justification of medical missionaries. It cannot be denied that God may indeed avail of healing as a powerful means – but to his ends !

RÉFLEXIONS SUR LES PROBLÈMES ACTUELS

Cette seconde partie se clôture par quelques brèves réflexions, de trois ordres : un médecin protestant hollandais ayant travaillé au Cameroun évoque son expérience de praticien et livre son opinion sur les médecines traditionnelles (P.B.G. Peerenboom) ; un prêtre catholique zaïrois, sur la base de cas vécus, apporte un témoignage sur la question (François Kabasele) ; un théologien catholique européen tente de dégager quelques principes pratiques de conduite (Jean Palsterman).[1]

A. *Un médecin face aux pratiques traditionnelles*
   (par P.B.G. Peerenboom)

J'ai l'impression qu'on voit souvent la médecine traditionnelle seulement dans on lien avec la mystique. Mon expérience me dit qu'il y a une médecine traditionnelle qui est seulement pratique et je n'ai pas eu l'impression qu'elle intégrait des éléments religieux. Il y a des gens qui proposaient des remèdes traditionnels sans intégrer des arrières-plans religieux ou mystiques, comme un pharmacien occidental qui délivre des médicaments. Dans les villes, il y a des gens qui se disent guérisseurs mais qui n'ont rien à faire avec les traditions. Ils veulement seulement gagner de l'argent et c'est tout.

Dans l'hôpital protestant où j'ai travaillé, c'était pratique courante d'envoyer des malades chez les guérisseurs, spécialement pour les cas de fractures. Il y a un guérisseur que je connaissais bien. Je lui envoyais des malades et lui m'envoyaient ses clients en cas de complications ou quand il y avait des plaies. Jamais quelqu'un n'a dû être plâtré (sauf une fois) : tous les gens savaient que le guérisseur pouvait s'occuper d'eux pour ce problème-là. Il n'y a pas ici de dimensions mystiques ou religieuses.

J'estime qu'il serait anormal que l'Église juge et condamne la médecine traditionnelle africaine. En Europe aussi, il y a des gens qui ont recours à des médecines parallèles : accuponcture, etc. Il est vrai que derrière l'accuponcture, il y a aussi une idée religieuse, mais les chrétiens européens qui y ont recours ne se demandent pas ce qu'il y a derrière ce traitement. Ils en recherchent seulement

---

[1] Ces différentes réflexions ont été enregistrées lors du colloque *Églises et santé dans le Tiers Monde. Hier et aujourd'hui*, Louvain-la-Neuve, 19-21 octobre 1989.

l'efficacité. Est-ce que l'Église devrait juger ce traitement ? C'est une question à laquelle moi je ne donne pas de réponse.

B. *Thérapeutiques traditionnelles et foi chrétienne*
(par François Kabasele)

Je voudrais rapporter deux faits : au Zaïre, une ordination sacerdotale est un événement qui rassemble beaucoup de monde, des chrétiens comme des non-chrétiens. Pour les Africains, ce jour est festif parce que un d'entre eux a accès à une nouvelle puissance d'être. Lors d'une de ces cérémonies, voilà que le ciel s'assombrit, de gros nuages arrivent, des éclairs et le tonnerre se rapprochent. À cause d'une tornade la célébration devra sûrement être annulée et les participants renvoyés. On annonce alors aux membres du clergé qu'il y a dans la foule un homme qui a le pouvoir de chasser la pluie. Un prêtre réagit : « Après tout, si son action peut nous permettre de prier et de louer Dieu, c'est un bienfait. Oui, on peut le laisser agir. » L'homme en question disparaît derrière des cases, quelques moments plus tard, la pluie cesse.

Alors que je finissais de célébrer une messe dans un village de brousse, une dispute éclate entre le pasteur local et un fidèle. Cette personne avait déposé des feuilles qui servent à la guérison des abcès sous la nappe de l'autel, là où je venais de célébrer l'eucharistie. Le curé cherchait quelle sanction prndre contre l'homme. Je lui ai dit que si cette personne croit que le sacrifice de Jésus-Christ est un sacrifice qui peut aider la guérison, que les plantes seules ne suffisent pas, elle est en ordre avec l'orthodoxie chrétienne ou du moins avec la théologie de l'eucharistie.

Pour les Africains, la véritable causalité est au-delà de ce qui peut se passer naturellement ; nous ne nions pas les circonstances naturelles, mais nous considérons qu'il y a toujours un « au-delà » qui tient tout en mains. Pour moi, il n'y a pas de contradiction entre la thérapeutique traditionnelle et la vision chrétienne. On peut, par exemple, invoquer les esprits des ancêtres dans une clinique chrétienne. C'est assimilable au médecin chrétien qui ferait un signe de croix avant d'opérer. Ce geste ne met pas en cause sa compétence et sa science, il met seulement à l'avant-plan sa foi en Dieu qui tient tout et guide tout.

Il n'y a donc pas d'opposition intrinsèque entre médecine traditionnelle et foi chrétienne, mais cette affirmation ne signifie pas qu'il n'y ait aucun abus contraires à la fois et à la morale. Il ne s'agit pas de revenir aux pratiques ancestrales comme telles, ni de les balayer comme nulles. Il s'agit de les laisser se rencontrer avec la médecine moderne. De cette rencontre naîtra une synthèse qui sera plus forte que l'une et l'autre.

C. *Principes empiriques de conduite*
(par Jean Palsterman)

Lorsqu'on aborde, du point de vue de la théologie morale, le rapport avec l'invisible, se pose immédiatement un problème méthodologique. Nous n'avons pas de méthode intellectuelle pour parler de l'invisible. Il me semble que si l'on veut aborder ce domaine, il est essentiel de porter son attention sur les aspects visibles qui accompagnent l'évocation de cet invisible. Dans des processus de guérison décrits au cours de ces journées, on a certes évoqué l'alliance avec l'invisible, mais on a aussi attiré le regard sur le lien de dépendance par rapport au guérisseur. Dans les phénomènes de guérison spirituelle, il y a d'une part recours à des forces invisibles, mais également lien de dépendance extrêmement stricte à l'égard du thérapeute. Être guéri dans un tel contexte, c'est aussi s'engager dans un processus *ad vitam* de dépendance à l'égard d'une confrérie ou d'un thérapeute.

Des conversations avec mes étudiants africains m'ont appris qu'il y a deux types de médecine traditionnelle. Il y a d'abord les interventions les plus banales, les plus courantes : pour des raisons de proximité géographique le plus souvent, on s'adresse à un guérisseur pour soigner une affection. Plutôt que d'aller à l'hôpital, on utilise les moyens du bord, c'est plus rapide et moins cher. Mais il y a aussi des célébrations spirituelles de guérison ou d'exorcisme. On entre alors dans un processus plus long, qui réclame une participation d'un groupe d'initiés, qui se manifeste dans une cérémonie solennelle. Dans cette dynamique, le malade est lié d'une manière extrêmement stricte avec le thérapeute. Pour évaluer ce qui se passe dans cette relation, je ne vois pas d'autre solution que de passer par l'étape que j'appellerais de « principes empiriques ».

Quand on insiste sur les principes empiriques, termes parfois utilisés dans l'histoire ancienne de la théologie morale, on ne parle pas des grandes valeurs universelles (« il faut nous aimer les uns les autres », « il faut aller vers l'humanisation », « il ne faut pas faire à autrui ce qu'on ne voudrait pas qu'on nous fasse »). La valeur des principes empiriques dépend de leur faculté de fonctionner et d'apporter des réponses.

Le premier principe empirique que je propose est de veiller chaque fois que c'est possible à la prudence et de distinguer autant que possible fonction religieuse et fonction médicale. Hormis bien sûr certains cas exceptionnels, veillons à garder comme fil conducteur la distinction des fonctions religieuse et médicale, non pas comme un principe absolu, mais comme un principe provisoire pour que l'on puisse mieux gérer l'existence humaine individuelle et collective.

Le deuxième principe empirique que je propose concerne l'affolement. L'affolement est pour moi autre chose que l'angoise existentielle, c'est autre chose que la souffrance morale que connaît bien la psychiatrie et la psychanalyse freudienne, c'est autre chose que la névrose dépressive. L'affolement est quelque chose qui vous met « hors de soi », où l'on devient prêt à tout. L'affolement, c'est par exemple quand on apprend qu'on a contracté une maladie très grave, c'est aussi lorsqu'une femme seule se retrouve enceinte : pendant quelques instants, on ne sait plus quoi. Dans l'affolement devant la maladie, mon deuxième principe empirique me conduit à dire qu'il faut s'en tenir à des moyens simples, des moyens ordinaires, à des moyens sans mystère, bien connus, y compris de moi-même. Il est possible qu'en dehors de ces moments d'affolement, il y ait des raisons pour s'ouvrir à quelque chose de plus neuf, de plus exceptionnel et je ne dénie évidemment pas la légitimité pour l'homme de s'engager dans un processus mystérieux. Simplement, ce type d'engagement, il ne faut pas le prendre dans une situation de panique. Il ne faut pas oublier que ce processus de l'affolement ou de la panique est un phénomène contagieux et cumulatif : si un malade est affolé, la famille et l'environnement risquent de le devenir. Le temps du discernement et de la décision coïncide-t-il avec le moment où l'affolement s'apaise ou au contraire où l'affolement grandit ? On ne s'engage pas dans un processus complexe où l'on se retrouve subordonné à un pouvoir dans un moment d'affolement. L'engagement vis-à-vis d'une autorité religieuse peut être intéressant à condition qu'il soit pris dans un temps de paix et de sérénité.

STUDIES IN
CHRISTIAN MISSION

1. WILLIAMS, C.P. *The Ideal of the Self-Governing Church*. A Study in Victorian Missionary Strategy. 1990. ISBN 90 04 09188 2
2. STINE, P.C. (ed.) *Bible Translation and the Spread of the Church*. The Last 200 Years. 1990. ISBN 90 04 09331 1
5. PIROTTE, J. & H. DERROITTE (eds.) *Églises et santé dans le Tiers Monde. Hier et Aujourd'hui — Churches and Health Care in the Third World*. Past and Present. 1991. ISBN 90 04 09470 9

In the Press:
4. CARMODY S.J., B.P. *Conversion and Jesuit Schooling in Zambia*.
ISBN 90 04 09428 8
6. BRENT, A. *Cultural Episcopacy and Ecumenism*. ISBN 90 04 09432 6

In Preparation:
3. OOSTHUIZEN, G.C. *Cultural Diseases and the Role of the Prophet in the Indigenous Churches*. ISBN 90 04 09468 7
7. RUOKANEN, M. *The Catholic Doctrine of Non-Christian Religions According to the Second Vatican Council*. ISBN 90 04 09517 9